JOSIANE BALASKO

Du même auteur

Danielle Darrieux, une femme moderne, Hors collection, 2017.

Clara Laurent

JOSIANE BALASKO

Une vie splendide

Préface de Jean-Paul Gaultier

Tallandier

Les citations sont issues des entretiens que l'auteure a menés avec Josiane Balasko et les différentes personnalités citées dans les remerciements, sauf mentions précises en notes de bas de page.

48, rue du Faubourg-Montmartre – 75009
www.tallandier.com

Préface

La première fois que j'ai vu Josiane Balasko, c'était au milieu des années 1970 dans un petit café-théâtre de Montparnasse. Elle était seule en scène… un vrai bulldozer ! Tellement drôle, vive et décapante ! Je me souviens qu'elle disait d'elle : « Je fais 1,50 m sur 1,50 m. » Elle assumait complètement son physique, avec un sens de l'autodérision qui me plaisait. Elle avait une gouaille, une impertinence, un genre d'humour qui n'était pas tellement répandu à cette époque chez les femmes. Parmi toutes les actrices qui se produisaient dans les cafés-théâtres, elle était ma favorite. Elle n'avait pas peur de déranger, de s'aventurer hors des sentiers battus et de jouer avec ce que certains percevaient comme une vulgarité, mais qui pour moi n'en était pas.

Ensuite, je l'ai vue sur scène avec le Splendid. C'était révolutionnaire, ce qu'ils faisaient. Mais j'étais timide, je n'osais pas aller la voir après un spectacle… J'ai enfin rencontré Josiane au début des années 1980 alors qu'on côtoyait les mêmes personnes – j'ai conçu les costumes d'Anémone dans le film de Patrice Leconte *Ma femme s'appelle reviens*, et Josiane a engagé des mannequins que je faisais défiler, Ariane Lartéguy pour son film *Les hommes préfèrent les grosses* et Farida Khelfa pour

Les Keufs. On a sympathisé. J'aimais sa joie de vivre. Je me souviens qu'à cette époque, aux Oscars de la mode, Josiane a porté une de mes créations : une jupe crinoline, un bustier avec des seins coniques en caoutchouc au bout desquels des papillons faits en plumes tournaient grâce à un mécanisme électrique ! Lorsqu'elle m'a appelé pour réaliser les costumes de son film *Ma vie est un enfer* au début des années 1990, c'était très joyeux. Je me souviens qu'elle voulait une robe princesse faite sur mesure. Elle avait des idées précises : elle voulait cette robe avec un cœur. C'est moi qui ai décidé de placer le cœur sur les fesses, là où il ne fallait pas ! Plusieurs années après, j'ai encore habillé Josiane dans *Absolument fabuleux* avec des costumes d'une excentricité absolue. Pour recevoir son César d'honneur en 2000, elle a choisi dans ma collection une robe très drôle, faite de plumes de pintade et d'autres oiseaux : elle n'a peur de rien !

Je suis né en banlieue parisienne à Arcueil, dans un milieu simple, et le côté populaire de Josiane Balasko me touche beaucoup. On partage un même goût pour les puces de Saint-Ouen. Chez elle, à Pigalle, la déco, ça a un côté presque Pierre et Gilles. Quand j'ai vu qu'elle avait un ou deux Vallauris, je lui ai offert les miens pour compléter sa collection ! En tant que créateur, j'ai toujours été beaucoup inspiré par le cinéma et les actrices. Et Josiane Balasko est une grande actrice. Je l'aime dans *Le Père Noël est une ordure*, dans *Trop belle pour toi* (j'ai confectionné sa robe pour la montée des marches à Cannes), dans *Un grand cri d'amour*, *Le Hérisson*… Mais *Gazon maudit*, selon moi, est son chef-d'œuvre. Avec ce film et l'arme extraordinaire du rire, elle a fait beaucoup avancer la cause homosexuelle, autant pour les hommes que pour les femmes. Ses performances artistiques m'ont toujours touché. J'aime les femmes hors normes et Josiane est une source d'inspiration par son énergie. C'est bizarre, parce que c'est au-delà de son physique lui-même : sa personnalité est si forte qu'en définitive, elle l'*habille*. Quand je dois choisir des costumes pour Josiane, je cherche des choses qui ne vont qu'augmenter ce que j'aime déjà chez elle.

Dans mes bureaux, il y a au mur une grande photo d'elle prise par Jean-Baptiste Mondino dans les années 1990. C'est elle qui avait choisi son look à la Lucille Ball (une actrice américaine qu'elle adore), avec un foulard sur la tête et un tee-shirt à l'effigie de « Rosie la riveteuse[1] ». Elle est belle. Pour moi, il n'y a pas d'archétype total de la beauté et Josiane en est l'exemple même : elle est belle par son intelligence, son talent, ses réalisations. Elle a une vraie beauté.

Jean-Paul Gaultier

1. Le tee-shirt représente sur fond jaune une femme en bleu de travail, bandana rouge à pois sur la tête, l'air déterminé et qui montre les biceps, accompagnée du slogan : « *We can do it !* » Réalisée en 1943 aux États-Unis pour motiver les salariées dans l'effort de guerre, « Rosie la riveteuse » fait depuis partie de l'iconographie féministe dans la pop culture.

Prologue

« Quand on parle de Balasko aux gens, ils l'adorent,
parce qu'elle est grosse, parce qu'elle s'en fout,
qu'elle y va, qu'elle a son franc-parler,
qu'elle est très rieuse, et parce que les gens sentent
chez elle une forme d'humanité formidable…
Mais elle s'ingénie quand même à mettre
trois couches de bitume sur tout ça. »

Patrice LECONTE

« Josiane fait partie des femmes qui obligent
les autres femmes à comprendre quelque chose
des femmes, qui aident à comprendre qui on est.
J'ai toujours pensé ça de Josiane,
comme si elle avait cette force en plus. »

Claire DENIS

Depuis une cinquantaine d'années, Josiane Balasko fait partie de notre paysage. Membre historique de la populaire bande du Splendid, la comédienne habite puissamment l'imaginaire collectif. « La neige, elle est trop mooolle… ! » (*Les Bronzés font du ski*), « Je ne vous jette pas la pierre, Pierre, mais j'étais à deux doigts de m'agacer ! » (*Le père Noël est une ordure*)… Autant de répliques restées dans les mémoires grâce aux innombrables passages télévisés de films devenus cultes au fil des années.

Silhouette bien en chair, bouille joviale, Balasko est la star à laquelle les femmes peuvent facilement s'identifier et qui leur fait du bien. En 1989, dans *Trop belle pour toi* réalisé par Bertrand Blier, son charme discret est préféré par Gérard Depardieu à la beauté hiératique de Carole Bouquet. En 1995, avec *Gazon maudit* qu'elle réalise et dans lequel elle tient le rôle principal, l'actrice brise le tabou de l'homosexualité féminine dans un grand éclat de rire. Le film attire 4 millions de spectateurs. L'humour, l'arme de séduction massive de Balasko, lui a permis de s'imposer en dépit des normes de beauté et de minceur infligées par l'industrie du cinéma. À l'heure des réseaux sociaux, une nouvelle génération se partage des séquences de ses films cultes, ou visionne sur Instagram ses lectures de contes[1]. Ancrée dans son époque, Josiane Balasko continue à tourner des films populaires, mais aussi des films d'auteur exigeants.

L'envie d'écrire sur Josiane Balasko a germé dans mon esprit en 2017. La comédienne vient alors de créer l'événement en jouant au théâtre des Bouffes du Nord *La Femme rompue* (1969), un texte coup de poing de Simone de Beauvoir. Je lui envoie une lettre et y joins le livre que je viens d'écrire, *Danielle Darrieux, une femme moderne*. Des semaines passent. Un matin, je reçois un coup de téléphone : « Bonjour, c'est Josiane Balasko. J'étais en voyage, je viens de trouver votre lettre à mon retour. J'ai

1. Lors du premier confinement en mars 2020, Josiane Balasko a décidé de lire en direct des contes traditionnels puisés dans sa bibliothèque en s'installant face à sa webcam dans sa cuisine.

lu votre livre, il est très bien. Bon, vous voulez écrire sur moi… mais je ne suis pas encore morte. » Je lui explique alors ma démarche. « Venez me voir au théâtre, on parlera après ! » conclut-elle.

Sur le plateau nu du théâtre Hébertot, seule en scène, Josiane Balasko dit les mots crus et puissants du personnage inventé par Beauvoir. Impressionnante, mais aussi dérangeante, elle crie une heure durant la détresse de la « femme rompue », abandonnée de tous… Après la représentation, je la guette dans le hall d'entrée du théâtre. Elle arrive enfin, étonnamment frêle dans sa tenue de ville sans apprêt. Un homme, longs cheveux noirs et carrure trapue, se tient à proximité. Je reconnais son mari, George Aguilar, avec son beau visage d'Apache. Timidement, je m'approche. Affable, après quelques échanges, Josiane Balasko m'invite sans cérémonie à passer la voir chez elle deux jours plus tard.

L'immeuble de l'actrice se trouve dans une rue non loin de la place Pigalle. La sonnerie à peine actionnée, j'entends des chiens aboyer. Quelques instants après, la porte s'ouvre sur la comédienne qui m'invite à franchir le seuil tout en prévenant : « Attention aux molosses ! » En fait, ce sont trois petits chiens de races croisées qui jappent furieusement. De vraies sentinelles miniatures. Entrée dans le couloir, j'aperçois une imposante tête de bison empaillée.

Au centre névralgique de la maison, la cuisine – grande, lumineuse et simple. Josiane nous y prépare des cafés, tandis que George passe la tête : « *Hi, Clara ! How are you ?* » puis retourne à ses occupations. Sur la terrasse de la cuisine vient flûter un merle noir : « Il bouffe les croquettes des chiens ! » s'esclaffe Josiane. Un chat ronronne dans un coin. On s'installe sur un canapé moelleux du salon. Un des mini-molosses vient renifler entre mes jambes. « On sent pas le cul, Didier[1] ! » tance en riant la maîtresse des lieux. Le chien se pose docilement à côté d'elle. « C'est le seul qui fait ça, explique-t-elle, il n'est pas coupé, il renifle aussi le cul du chat. »

Le salon est joyeux et kitsch. Tableaux bigarrés, photos et dessins ornent les murs, tandis que des objets en pagaille disent le penchant de Josiane pour la brocante… Des statuettes de chiens de toutes tailles et couleurs se font l'écho de l'amour de la comédienne pour les canidés… Des poupées encore emballées dans leurs boîtes sont alignées sur une étagère. En m'approchant, je reconnais Marilyn Monroe, mais aussi Lucille Ball et Mae West, des actrices d'Hollywood qu'elle admire. Enfin, des livres de science-fiction, des classiques et des romans contemporains témoignent de son goût pour la littérature. Tout cela est éclectique, comme la femme qui habite la maison.

Et c'est sur les chapeaux de roues que j'entame ce qui ressemble diablement à mon premier entretien au long cours avec Josiane Balasko ! Et moi qui pensais qu'elle m'invitait pour discuter de mon projet… Eh bien non, le travail a déjà débuté. Elle est comme ça, Josiane, elle fonctionne au *feeling* et répond à mes premières questions en ponctuant ses phrases de son fameux rire éclatant. Magnéto.

1. Balasko a joué un petit rôle de cartomancienne dans *Didier*, le film d'Alain Chabat (1997), où ce dernier incarne un homme métamorphosé en chien, qui a la fâcheuse habitude de renifler le derrière des femmes…

1

Zazie dans le bistrot

« Alors, déclara-t-elle, je serai astronaute.
– Voilà, dit Gabriel *approbativement*.
Voilà, faut être de son temps.
– Oui, continua Zazie, je serai astronaute
pour aller faire chier les Martiens. » Gabriel
enthousiasmé se tapa sur les cuisses :
« Elle en a de l'idée, cette petite. »

Raymond QUENEAU, *Zazie dans le métro*

« J'ai été baptisée à l'âge de deux ans. À ma naissance, mes parents n'avaient pas assez de fric… Il était temps qu'on sauve l'enfant des griffes du mal si je venais à mourir ! » La petite Josiane, née le 15 avril 1950, est une enfant de l'après-guerre, fleur du pavé parisien. À dire vrai, Fernande Balaskovic, née Gattechaut, et son mari Ivan Balaskovic n'ont pas prévu l'arrivée de ce nouveau bébé. Ils crèchent 13, rue Bleue, dans le IXe arrondissement, avec leur fils Pierre, dix-sept ans, et Violette, la mère de Fernande. Les trois galetas reliés entre eux se situent au dernier étage de l'immeuble, celui des chambres de bonne, avec les toilettes communes sur le palier. Fernande a trente-huit ans lorsqu'elle constate, inquiète, qu'elle n'a plus ses règles. Son médecin prétend alors qu'elle doit avoir un fibrome. Il cherche en fait à éviter un éventuel avortement, attitude assez répandue à l'époque dans le corps médical. Un nouvel enfant, dans la situation financière dans laquelle se trouvent les Balaskovic, c'est un souci. Fernande enfourche fréquemment sa bicyclette dans l'espoir que l'effort fera « passer » l'embryon. Mais rien n'y fait, il reste solidement accroché. Déjà tenace, la Josy ! Fernande se fait donc une raison. Elle décide même de prendre les choses du bon côté avec Ivan, et repeint une des trois pièces sous les toits. Au fond, un enfant, c'est la vie, alors, accueillons-le joyeusement !

Son prénom, Josiane le doit à son grand frère. Un jour, dans le bassin d'une piscine municipale du quartier, Pierre rencontre une jeune femme qu'il trouve drôlement épatante. Enthousiasmé par sa rencontre, Pierre lance à la cantonade le prénom de son béguin en rentrant à la maison. Déjà un peu suranné au début des années 1950 (la mode est aux Nicole ou Martine), « Josiane » sonne peuple. Petite fille, il lui arrivera de fantasmer d'autres prénoms, comme ce jour où, accompagnée de Fernande et Mémé-Violette, elle se perd dans les grands magasins de la rue Lafayette. Lorsqu'une vendeuse veut appeler au microphone les parents de la fillette éplorée, Josiane prétend se nommer « Michèle ». Pas très pratique pour retrouver la petite dans la foule ! Plus tard, dans ses premiers cours de théâtre, Josiane tentera de se faire appeler Clémentine, pourtant Josiane, ou Josy pour les intimes, s'imposera.

Fernande et Ivan

Le quartier parisien du square Montholon est le décor de la vie de la fillette jusqu'à ses quatre ans. Dans l'après-guerre, il y règne une vraie mixité. À chaque étage des immeubles haussmanniens correspond une classe sociale, comme dans le *Pot-Bouille* de Zola où cohabitent les rupins et le petit peuple. Dans les pièces du dernier étage de la rue Bleue où loge la famille Balaskovic, les parents occupent une chambre, Pierre habite une autre, tandis que la petite partage la dernière avec Mémé-Violette. On se fréquente entre voisins. Les discussions animées font résonner les voix à l'accent *pointu* pittoresque à la manière d'Arletty. La petite Josiane aime bien Mme Sauvanet, « vachement gentille », qui promène son énorme pied-bot en chantonnant : « J'ai un pied qui remue et un autre qui ne va guère ! » Il y a aussi le digne M. Bauer. Rescapé des camps de la mort, un peu bossu, il est tailleur de profession.

La grand-mère de Josy aime à dire qu'elle a le même âge que la tour Eiffel, inaugurée en 1889 pour l'Exposition universelle de Paris. Violette est née un 6 janvier à Manosque où son père exerçait comme chef de gare… Elle a épousé Henri Gattechaut, un négociant en vin, qui mourra avant la naissance de Josiane. De l'union de Violette et Henri naît Fernande en 1911 à Nice. Les jeunes époux ne restent pas longtemps dans le Sud. Bientôt, ils s'installent en Normandie pour tenir un petit restaurant. Les années passent. Comme leur affaire tourne, ils ressentent le besoin de recruter un homme à tout faire. Se présente alors à eux le jeune Ivan Balaskovic.

Nous sommes à la fin des années 1920 et beaucoup de ressortissants des pays de l'Est et d'Europe centrale émigrent en France à la recherche d'une vie meilleure. Ivan est né en 1903 à Osijek (en Croatie actuelle) de paysans pauvres qui l'élèvent difficilement avec ses frères et sœurs. On prête souvent à tort des origines juives à Josiane Balasko[1] : « Je ne démens pas, parce que c'est pas une maladie ! » Parvenu à l'âge adulte, Ivan trime comme ouvrier à la mine et décide de quitter la Yougoslavie pour tenter l'aventure. Passant par l'Autriche et l'Italie, il y exerce comme serveur. Arrivé enfin en France, il atterrit un jour en Normandie et voit l'annonce des époux Gattechaut. Le jeune Yougoslave au visage carré est engagé. Fernande, alors jeune fille, n'est pas indifférente à cet homme venu des lointains Balkans et qui parle le croate, mais aussi l'italien et le russe. Ivan tombe lui aussi amoureux. « C'était au grand dam de mon grand-père, parce que pour cette époque, avec les préjugés, il était quand même un genre de *bougnoule*, quoi ! Que sa fille se marie avec un émigré, avec tout ce qu'on pouvait imaginer dans ces années-là, c'était pas simple… »

Finalement, le père Gattechaut obtempère. Fernande et Ivan peuvent convoler en justes noces. Direction Paris ! Les jeunes époux se font représentants de commerce, vendant des montres et des bijoux. Une activité qui leur permet de mettre un peu d'argent de côté.

1. Notamment sur Internet, lieu de tous les fantasmes…

Saint-Ouen

Devenir patrons, avoir leur propre bistrot : voilà ce à quoi Ivan et Fernande aspirent. En 1954, l'occasion se présente dans la banlieue parisienne, à Saint-Ouen, non loin de la rue du Capitaine-Glaner. Ils quittent la rue Bleue pour reprendre un troquet minuscule situé juste à côté des usines Citröen. Avant d'aller au turbin, les ouvriers prennent un noir sur le zinc, ou un calva, ou les deux mélangés ! Ils reviennent à midi « remplir leurs gamelles » en s'installant sur les quatre tables que compte le troquet. La petite Josiane entend alors les discussions animées des ouvriers. On parle politique. La guerre n'est pas loin et le « parti des fusillés » – les communistes – jouit d'un grand respect. Mais il arrive aussi que fuse un « Sale coco ! T'as qu'à y aller, en URSS ! ». Ivan ne se mêle pas de ces questions. Parler politique, ça n'est pas bon pour les affaires.

D'ailleurs, il a fallu contracter des dettes pour le troquet, si bien que le père de Josiane travaille également comme veilleur de nuit dans un hôtel afin de joindre les deux bouts. On retrouve donc surtout Fernande derrière le comptoir, sans oublier Violette qui veille sur la petite. Avant l'arrivée des clients, l'enfant reste dans la cuisine séparée de la salle par une minuscule cloison et, souvent, pique des crises : « J'étais odieuse. Je hurlais ! Je ne sais pas pourquoi. J'adorais ma grand-mère, mais je l'ai fait chier, la pauvre femme ! » La famille habite dans une pièce unique exiguë au-dessus du troquet. Josiane dort entre sa mère et sa grand-mère, dans le même lit. Qu'Ivan soit veilleur de nuit tombe plutôt bien… « Un jour, j'ai décidé de pisser au lit, comme ça. » Obscurément, pour faire savoir qu'elle aimerait un peu plus d'espace ? Les finances n'étant pas au beau fixe, c'est le système D. Fernande se rend souvent à Drouot pour trouver des appareils d'occasion, comme un réfrigérateur, et Josy aime bien accompagner sa mère à Paris dans la salle des ventes. Parfois, c'est avec Ivan qu'elle se promène au marché aux puces de Saint-Ouen. C'est amusant d'observer son père chiner des objets hétéroclites posés sur les étals au sol.

Pierre, le grand frère, ne vit plus à la maison. Élève brillant à l'esprit scientifique, il a entamé des études d'astrophysique. Il se désespère de voir que sa petite sœur est nulle en maths, alors que pour lui, « c'est les doigts dans le nez ! ». Il se marie en 1957 avec une étudiante qu'il a rencontrée dans son école d'ingénieurs[1]. Lors des noces de son aîné, Josy, tout habillée de blanc, en profite pour se goberger de crèmes glacées. Elle a désobéi à sa mère qui lui a défendu d'en manger parce qu'elle est sujette aux angines. « Le lendemain, j'ai été prise d'une courante monstrueuse, mais j'ai pas osé le dire à l'institutrice et j'ai fait sous moi. Je me rappelle encore aujourd'hui cette sensation épouvantable… » Au lieu de ramasser ses affaires pour quitter la classe, Josiane demeure pétrifiée. L'institutrice ne comprend d'abord rien à ce qui se passe, lorsque Josiane fond en larmes… Une dame de service vient essuyer la fillette de sept ans avec un torchon, avant qu'elle ne rentre chez elle, prise d'une affreuse honte…

1. Pierre rentrera bientôt au CNRS comme astrophysicien.

Retour à Paname

La rue d'Alsace longe les voies ferrées de la gare de l'Est. À côté du centre de tri postal se trouve un petit bistrot nommé tout simplement Le Café de la poste. C'est là que les Balaskovic s'installent en 1958, car Fernande avait envie de revenir vivre dans la capitale. Ce troquet-là a beau être modeste, il a fallu de nouveau s'endetter. La famille loge juste au-dessus, dans un deux-pièces au confort rudimentaire. La petite dort avec Mémé-Violette. Des années plus tard, Josiane fera toujours le même rêve : elle découvre une chambre supplémentaire dissimulée dans l'étroit appartement familial, et se demande comment elle a pu en ignorer l'existence ! Lorsque la petite Josiane, huit ans, regarde par la fenêtre de l'appartement de la rue d'Alsace, ses yeux plongent sur les rails des chemins de fer à perte de vue. Les trains passent, l'esprit vagabonde.

Parmi les clients du bistrot enfumé se trouvent de nombreux « ambulants », comme on les appelle : des employés de la SNCF, la plupart provinciaux, qui vers 8 heures du soir attrapent le Paris-Strasbourg pour trier le courrier durant la nuit. Ils viennent dîner au Café de la poste au premier service vers 18 heures. Josy aime ces ambulants, jeunes et sympathiques. S'il y a suffisamment de place à table, elle partage avec eux leur repas, et c'est formidable de ne pas être obligée de manger avec ses parents. La liberté !

La comédie humaine

Il y a parmi les habitués de véritables personnages. Un certain M. Étienne tient un atelier de reliure à quelques encablures du bistrot. Ancien acteur, il en impose avec ses faux airs de Sacha Guitry. Un autre client régulier amuse Josy avec sa jambe de bois. Quand il est soûl, ce qui arrive fréquemment, il pivote dessus, raison pour laquelle tout le monde le surnomme « Tourniquet ». Un autre encore, taiseux immobile, se fait appeler « le poète ». L'air mystérieux, il intrigue Josy avec ses cheveux longs tirés en arrière et particulièrement gras… Bébert, lui, est un vieux bonhomme qui parle avec un accent parigot à la Carette[1]. Il peut rester des heures, payant toujours ses consommations en toute petite monnaie. Curieusement, il s'absente parfois durant des mois, puis réapparaît et s'installe de nouveau de longues heures devant son café et son sandwich sur le zinc. Un jour, Josy apprend que Bébert a la fâcheuse habitude de piquer l'argent du tronc des églises ! D'où ses absences : la justice l'envoie de temps en temps purger sa peine à la Santé… Bébert converse volontiers avec un client jovial qui se laisse surnommer « Frise-Poulet ». Parfois, enfin, une dame ou deux, lourdement maquillées, viennent prendre un verre. Des « poules », comme les appelle Fernande.

1. Julien Carette, acteur de nombreux films de Jean Renoir, fait partie de ces acteurs spécialisés dans les seconds rôles qui ont fait le sel du cinéma français en noir et blanc et qui ont été surnommés par l'historien du cinéma Raymond Chirat « les excentriques du cinéma français ».

Ces personnages hauts en couleur, qu'on croirait sortis d'un film de Julien Duvivier, impressionnent la rétine de la petite Josiane et nourrissent son imaginaire. Au fond, le bistrot est déjà une scène de théâtre : les clients truculents font des entrées et des sorties comme le feraient des comédiens. Ils se racontent abondamment car l'alcool délie les langues. Les bons mots fusent : « Ta descente, j'aimerais pas la remonter à vélo. » L'inventivité est au rendez-vous. Les clients du bistrot se produisent devant le public des autres habitués qui boivent leurs coups. Le patron, ou la patronne, est un peu le chef d'orchestre. Ainsi, la petite Josy est aux premières loges d'une comédie humaine captivante. Elle n'en perd pas une miette. Sans le savoir, la future auteure fait son miel.

Zazie

Josiane fréquente alors l'école communale de la rue de Belzunce, entre la gare de l'Est et la gare du Nord. Parfois, avec une copine du quartier, elle va regarder la télévision chez un client qui gère un hôtel au coin de la rue. Au début des années 1960, tous les foyers sont loin d'être équipés et c'est assez excitant d'assister à des émissions de l'ORTF dans la salle de la réception de l'hôtel. Mais Josy aime surtout dessiner sur les nappes en papier des tables du bistrot. Et elle a déjà un sacré coup de crayon, la petite ! Malicieuse, dégourdie, elle a un tempérament à la *Zazie dans le métro*, le roman de Raymond Queneau publié en 1959. Justement, Louis Malle est en train d'en préparer l'adaptation au cinéma. On cherche celle qui incarnera Zazie, la fillette effrontée à la langue bien pendue. Josy entend parler du casting. Elle porte exactement la coupe au bol qu'il faut ! Et c'est drôle, dans *Zazie dans le métro*, le seul personnage qui parvient à faire taire la fillette est un certain « Fédor Balanovitch ». Quant au tonton de Zazie, ne vit-il pas au-dessus d'un bistrot ? Que de coïncidences…

Hélas, Josy ne peut pas se présenter pour le rôle. Une méchante maladie vient assombrir son enfance. Elle souffre d'angines à répétition, et l'une d'elles, mal soignée, a engendré un léger souffle au cœur et des rhumatismes articulaires. On lui administre de fortes doses de cortisone qui font grossir. C'est une bonne sœur qui vient lui faire ses piqûres à la maison et la petite est contrainte de rester chez elle pendant six mois. Mme Sauvanet, l'ancienne voisine de la rue Bleue, vient la garder. Josiane suit des cours par correspondance. Au moins, elle n'est plus obligée d'assister le jeudi au catéchisme qui l'assomme, ni d'aller à la messe les samedi et dimanche matins. Ânonner par cœur ces prières, quel ennui ! Vivement la première communion pour être autorisée à ne plus aller à l'église. Certes, il y a bien une puissance quelque part, des forces qu'on ne contrôle pas, mais ces histoires où la Terre a été fabriquée en six jours, c'te blague !

Lorsqu'on est un enfant et qu'on reste seule à la maison dans ces années-là, il n'y a pas trente-six manières de s'évader par la pensée. Outre la rêverie, la lecture en est le plus sûr moyen. Josiane a d'ailleurs trépigné d'impatience pour apprendre à lire en 11e. Elle a hérité des quelques ouvrages laissés par son grand frère à son départ. Il y a des Jules Verne, des James Oliver Curwood, et puis *Croc-Blanc* de Jack London, le premier roman qui la marque. Son père aime lire des illustrés, mais les achète en cachette de Fernande parce que « ça ne fait pas sérieux ». Josiane aime les BD italiennes comme *Pépito*, mettant en scène un personnage gentiment anarchiste à l'humour décapant, et *Tartine* avec sa vieille mémé à la force colossale, sans oublier les *Tex-Tone*, les aventures au Texas d'un jeune cow-boy.

Josy et Laura

Parfois, Josiane reçoit la visite de Laura Laufer rencontrée à l'école de la rue de Belzunce. Josiane se réjouit de voir brisée la monotonie de ses journées grâce à sa meilleure amie. Le père de Laura est un intellectuel communiste, expert en orfèvrerie et œuvres d'art. Sa femme et lui fréquentent la fête de l'Huma chaque année et la petite Laura a lu les livres de Paul Vaillant-Couturier et le *Manifeste du parti communiste.* À dix ans, lorsque la maîtresse fait la leçon sur 1789, elle n'hésite pas à se lever et à balancer devant l'institutrice médusée : « La Révolution française est une révolution bourgeoise ! »

Bientôt, Josy peut reprendre le chemin de l'école. Chez les Laufer, la bibliothèque regorge de classiques. La petite Laura dévore *Les Misérables* et *Notre-Dame de Paris*… Elle se plaît à raconter à Josy l'histoire au fur et à mesure de sa lecture. *Les Trois Mousquetaires* est devenu leur roman fétiche. Elles le jouent même à deux : Josiane fait Porthos et Aramis, tandis que Laura incarne les autres personnages ! Un jour, les fillettes exaltées veulent escrimer comme leurs héros et se battent au compas. Laura manque malencontreusement de crever un œil de Josiane ! Le père de Laura est un grand cinéphile.

La petite l'accompagne au Studio 28 ou au Mac-Mahon. Elle y voit *Les Contrebandiers de Moonfleet* (Fritz Lang) ou *Scaramouche* (George Sidney), et ne manque pas, selon son habitude, de raconter ensuite les histoires à Josy.

Les deux copines sont inséparables. Elles se mettent bientôt à écrire leurs propres histoires de pirates ou de cape et d'épée. Puisque Josiane est la plus douée pour le dessin, c'est elle qui les illustre. Elles imaginent un récit rocambolesque à la Paul Féval (*Le Bossu*), qu'elles intitulent « Philiaste de Ams ». L'héroïne Philiaste est enlevée dans une forêt sombre, puis sauvée par un chevalier… Les dons de Josiane pour le récit littéraire se vérifient à l'école où elle obtient d'excellentes notes en français. On l'appelle même « grosse tête » en raison de ses facilités. Lorsqu'elle passe en 6e à Lamartine, hélas, Laura n'est plus dans la même classe qu'elle. Josiane rencontre une nouvelle copine, Murielle Huster[1], ce qui ne l'empêche pas de continuer à fréquenter Laura. Toutes les deux sont fières d'être respectivement les premières de leurs classes en français. Et puis Josiane, bonne copine, rend parfois service à des camarades moins douées qu'elle en écrivant à leur place leurs rédactions…

Jours heureux

La vie est belle, même s'il n'y a pas beaucoup d'argent à la maison et même si Fernande achète pour Josy des vêtements aux prix de gros, trop grands afin qu'ils durent

1. Murielle Huster est la sœur de l'acteur Francis Huster. Rappelons qu'à cette époque, l'école n'était pas mixte.

longtemps – comme cette robe grise plissée, dénichée chez des amis des Carreaux du Temple, et qu'on retourne à la taille en faisant varier la longueur selon les besoins… La vie est belle, même si on ne peut pas aller souvent au spectacle. Mémé-Violette, qui adore l'opérette, Tino Rossi et Luis Mariano, arrive à payer un jour deux billets pour elle et Josy, direction le Châtelet pour voir *Le Chanteur de Mexico* ! La vie est belle, même si la guerre d'Algérie secoue l'Hexagone. Les plasticages de l'OAS visent les quartiers où se trouvent les Maghrébins, c'est-à-dire le quartier des Balaskovic.

Le Café de la poste accueille beaucoup d'émigrés de l'Est, surtout des Hongrois qui ont fui le régime soviétique. Ivan « le Yougo » aime échanger avec eux. Cela dit, le père de Josiane parle parfaitement le français, sans beaucoup d'accent. Ivan aime les films de genre et y emmène volontiers sa fille sur les grands boulevards. Il y a les westerns, comme *Jicop le proscrit* avec Jack Palance et Anthony Perkins, film qui marque beaucoup Josy. Il y a aussi les péplums italiens, particulièrement la série des « Maciste ». Colosse à la musculature impressionnante, Maciste combat le Cyclope ou Zorro, c'est selon. Lorsque Josiane découvre *Les Dix Commandements*, elle tombe amoureuse de Charlton Heston, mais elle aime aussi Victor Mature, surtout quand il est grimé en Indien !

Coups de tonnerre

Un jour, la vie de la famille bascule. Ivan se sent affaibli. Il respire mal. Gros fumeur, il a aussi travaillé dans sa jeunesse à la mine. Il consulte. Le verdict tombe : cancer des poumons. Josiane a quatorze ans. Fernande décide de l'avertir immédiatement : son père est très malade et il lui reste trois mois à vivre. Josiane sait qu'un jour, elle rentrera à la maison et qu'il ne sera plus là.

L'adolescente fait front. Lorsque son père n'arrive plus à se raser lui-même, c'est elle qui s'en charge. Même si c'est dur de voir son père si diminué, il ne faut pas flancher, d'autant que Fernande pleure beaucoup. Josiane essaie de remonter le moral de sa mère, elle l'encourage à ne pas se laisser aller, à tenir le gouvernail du bistrot… Heureusement, Violette reste la clé de voûte de la famille, une femme à poigne, qui tient les choses droites. Lorsqu'Ivan rend l'âme, la présence de cette grand-mère est plus indispensable que jamais. Il est loin désormais, le temps où Josy faisait tourner en bourrique sa mémé. Une maturité, peut-être un peu précoce, s'impose.

Un peu avant la mort d'Ivan, un autre coup de tonnerre a éclaté. Josiane a découvert qu'elle avait un demi-frère ! Fernande n'ignorait pas l'existence de ce garçon « né d'un premier lit ». Micho vit en Yougoslavie et a trente ans de plus que Josy. Il travaille comme contremaître dans une usine. Ivan envoyait régulièrement de l'argent à son fils aîné, mais avec Fernande, ils avaient choisi de le cacher à Pierre et Josiane. Le genre de « secret de famille » fréquent à cette époque.

On fait venir Micho au chevet de son père mourant. Il se présente avec son épouse. Malgré la douleur face à la mort d'Ivan, Josiane se réjouit de découvrir dans le même temps un demi-frère qui a l'âge d'être son père. Quelque temps après, accompagnée de sa mère et de sa grand-mère, elle rejoint la Yougoslavie pour rendre visite à Micho. L'adolescente apprend facilement des rudiments de croate, suffisamment pour échanger avec cette nouvelle famille qui lui tombe du ciel[1].

Une auberge dans l'Oise

La mort fulgurante d'Ivan a secoué durablement Fernande. Elle a besoin de changer d'atmosphère. Trop de souvenirs. Hasard d'une petite annonce : l'occasion se présente de s'occuper d'une auberge dans l'Oise, à Neuilly-en-Thelle, à proximité de Chantilly. Fernande met Le Café de la poste en gérance et déménage avec Violette et Josiane au grand air, à 60 kilomètres de Paris. L'auberge compte quelques petites chambres. Au centre du rez-de-chaussée, une vaste cuisine avec un grand plan de travail. Dans un petit jardin à l'arrière de l'auberge, on élève un cochon, Bébert, qui mange les restes du restaurant et se balade à sa guise. Josiane aime bien cet animal de compagnie. Mais voilà, chaque année, le charcutier du village débarque, pend Bébert par les pattes, l'assomme, puis l'égorge. Le cochon se vide de son sang sous les yeux de la famille Balaskovic… Pour Josiane, ce n'est pas particulièrement drôle, mais elle sait qu'il y aura vite un autre Bébert. Celui-ci aura eu somme toute une vie agréable.

1. Bien des années plus tard, le 9 décembre 1987, Jean-Pierre Foucault invite Josiane Balasko dans son émission *Sacrée soirée* (TF1). Foucault lui fait une surprise : il a fait venir des neveux et nièces de Josiane qu'elle n'a pas vus depuis quatorze ans. Elle est très émue, des larmes lui viennent aux yeux. En pleine guerre civile quelques années après, Josiane fera venir un neveu en France pour qu'il reçoive des soins.

Un jour que Laura Laufer vient lui rendre visite, elle découvre sa copine dans le jardin en train de tuer des chatons en les assommant. Un des chats de Josy vient en effet d'accoucher et la coutume de l'époque veut qu'on tue d'emblée les petits si on ne peut pas les donner. Opération radicale qui demande un cœur bien accroché… Josiane s'est dévouée pour cette basse besogne pénible, tout en sachant que les chatons souffriront moins qu'en étant jetés dans l'eau bouillante.

La jeune citadine s'est bien acclimatée aux mœurs de la campagne. Elle a d'ailleurs découvert les livres de Colette et déguste la prose poétique de cette écrivaine qui sait comme nulle autre décrire les bêtes et les plantes. Les *Claudine* lui paraissent un peu osés. Dans les années 1960, quand on a quinze ans, ces aventures féminines semblent encore bien dessalées. Colette restera par la suite une auteure de chevet, dont Josiane aimera particulièrement lire les critiques de théâtre et de cinéma. En attendant, Josy a quinze ans et fait du vélo dans la forêt avec ses nouveaux copains. L'un d'eux déterre des ossements de chien dans les bois et les nettoie pour les observer. Il veut devenir pharmacien… Josiane, elle, ne sait pas ce qu'elle veut faire plus tard.

Mai 68

Avec ce déménagement dans l'Oise, l'adolescente a raté sa seconde. Josiane ne se plaît pas plus que ça au lycée de Chantilly où elle suit désormais sa scolarité. Les fils de bourgeois lui font remarquer que la consonance de son patronyme ne fait pas très français[1]... Et puis, comme pour beaucoup d'adolescents, les complexes sont légion. Elle se dit qu'elle aimerait être quelqu'un d'autre, une fille plus mince, avec un nez plus court, différent de celui de sa mère... Malgré ses complexes, Josiane prend conscience que ce qui compte au fond vraiment, « c'est ce qu'on a à l'intérieur de la tête, et dont on est responsable ». Ne pas se laisser pourrir l'existence par des choses inatteignables, en somme. Une sagesse de vie précieuse pour se construire.

À cette époque, il est encore courant d'arrêter le lycée avant le bac. Josiane a le brevet des collèges, c'est déjà ça. Elle a l'impression qu'elle n'est pas faite pour les études, même si elle est fortiche en français. À l'auberge, elle sert les clients, mais elle sait que la restauration, ça n'est pas non plus son truc. À cette époque, elle déteste faire la cuisine : elle a trop vu sa mère, pendant les coups de feu de midi, suant et puant la frite ! Un enfer pour Fernande.

Josiane sait qu'elle ne travaillera pas non plus dans un bureau aux ordres d'un patron. Très peu pour elle, merci. Ce n'est pas qu'elle est marxiste-léniniste ni maoïste, comme cela devient la mode chez les rejetons d'une certaine bourgeoisie en rupture de ban. Lorsque les émeutes éclatent au Quartier latin, Josy est à 60 kilomètres, dans sa campagne. Elle a entendu parler d'une petite révolte dans les dortoirs de la fac de Nanterre : les filles avaient eu l'outrecuidance d'aller dans ceux des garçons, les pions avaient sévi. Josiane reçoit ainsi les échos de cette rébellion estudiantine qui entraîne bientôt une plus grande révolte. « Quand la France s'ennuie », titrait le quotidien

1. « Et après en 68, ça se disait gauchiste, ça m'a bien fait rigoler ! »

Le Monde en mars 1968… Josiane n'est pas le genre à prendre sa carte à la Ligue communiste révolutionnaire ni au Parti des travailleurs. Pas le genre à réciter un bréviaire révolutionnaire… Mais cela ne l'empêche pas de se réjouir de cette rébellion contre des règles moisies : elle trouve ça marrant et intéressant. La grève devient générale : la France est à l'arrêt. Le pouvoir vacille…

En attendant, qu'est-ce que Josy va bien pouvoir faire de sa vie ?

2

Quand on ne ressemble pas à une jeune première…

> « Quand j'ai rencontré Josiane, c'était une nana de vingt-quatre ans qui avait une énergie positive formidable et un sacré sens de l'humour ! C'est elle qui s'est branchée sur moi… »
>
> Bruno MOYNOT

Dans l'Oise, Josiane poursuit ses activités picturales, peignant portraits et paysages d'après cartes postales… Enfant, elle avait découvert des toiles du peintre Raphaël qui lui avaient tellement plu qu'elle avait exécuté une copie d'une célèbre *Vierge à l'enfant*. Fernande, très fière de sa fille, l'avait photographiée au milieu de ses tableaux, pinceau à la main. « Ma mère était persuadée que j'étais un génie. Tu parles ! Ça puait l'huile, j'en avais plein les mains… » De ces tableaux, il ne reste rien. Ou presque. Bien des années après, un ami expert en art prévient Josiane d'une vente dans laquelle se trouve une toile signée « Josiane Balaskovic ». L'actrice s'amuse à l'idée qu'elle puisse avoir une cote ! Plus tard, elle rencontre quelqu'un qui lui apprend qu'il possède un de ses tableaux. Lorsqu'il propose de le lui restituer, Josiane répond en riant : « Gardez-le ! Qu'est-ce que vous voulez que j'en fasse[1] ? »

À dix-huit ans, Josiane se veut lucide et estime qu'elle n'est pas le génie de la peinture que croit sa mère. Mais elle sait que son coup de crayon est suffisamment bon pour s'orienter vers la décoration. Elle a donc envie d'intégrer une école d'art. Fernande accepte de lui payer des études au cours Penninghen, une très bonne école parisienne qui prépare aux Arts-Déco. Un nouveau monde s'ouvre à Josy.

Penninghen

Chaque matin, il faut prendre le car à 6 heures pour attraper à Chantilly le train menant à Paname. Dans le wagon, Josiane retrouve des habitués qui s'installent invariablement à la même place. Elle observe ces filles qui profitent du temps du voyage pour se mettre un coup de mascara et se peindre les lèvres… On finit par s'adresser la parole et on sympathise. Comme le cours Penninghen est situé rue du Dragon dans le VIe arrondissement, Josy fréquente un quartier plus bourgeois que celui de son enfance. Lorsqu'elle a quelques sous en poche, ce qui n'arrive pas fréquemment, elle va manger des banana split au Drugstore Publicis, lieu branché de Saint-Germain-des-Prés. Mais pour ne pas louper le train, Josiane n'a guère le loisir de s'attarder.

1. Marilou Berry possède sur le mur de son salon une nature morte de Josiane, tableau offert à son ami Coluche et que Marius Colucci, son fils, a redonné des années après à Marilou.

Quatre heures aller-retour de voyage par jour, ça offre du temps pour lire. Josiane se passionne de plus en plus pour la science-fiction. À l'époque, les lecteurs de SF constituent un cercle d'initiés qui se repassent des livres parfois difficiles à trouver et plutôt onéreux. Il y a les auteurs fétiches comme Harlan Ellison, Theodore Sturgeon, Norman Spinrad ou Philip K. Dick… On s'échange aussi des fanzines et des magazines pointus comme *Galaxy Science Fiction*. On évoque les éditions Opta[1] comme un nom de code entre affranchis… Ces lectures infusent en Josiane et lui inspirent des dessins, mais aussi l'envie de rédiger à son tour de courts récits, car elle n'a jamais vraiment cessé d'écrire. La fiction lui fait du bien. Un jour, elle prend son courage à deux mains et frappe à la porte de la revue *Fiction*. La toute petite structure traduit surtout des nouvelles américaines. L'équipe de *Fiction*, dont Daniel Riche, François Landon et Joël Houssin[2], accueille la jeune femme avec gentillesse, mais ses productions leur semblent encore trop vertes. On lui conseille de se tourner vers un fanzine au titre bizarroïde, *Nyarlathotep*. Les lecteurs de Lovecraft sauront reconnaître le nom du dieu du Néant. Josiane réussit à placer quelques textes et dessins qu'elle signe de son patronyme qu'elle n'a pas encore écourté.

Or, tout ça, c'est bien joli, mais ça ne nourrit pas ! Fernande, qui ne roule pas sur l'or, paye toujours le

1. Les éditions Opta (Office de publicité technique et artistique) sont une maison d'édition française spécialisée dans le roman policier et la science-fiction, fondée en 1933.

2. Joël Houssin deviendra le coscénariste du troisième film réalisé par Josiane Balasko, *Ma vie est un enfer* (1991).

cours Penninghen. Et voilà qu'un jour, le verdict tombe : Josiane ne pourra pas intégrer les Arts-Déco. Pour passer l'examen, il faut le bac. C'est cruel, c'est idiot, mais c'est ainsi. Josiane ne se voit pas du tout retourner sur les bancs du lycée. Que va-t-elle bien pouvoir faire de sa vie ? Elle est perdue et elle n'aime pas ça du tout. Gros passage à vide.

À la croisée des destins

Josiane retrouve Laura Laufer qui vit désormais seule dans un studio rue de Charenton dans le XIIe arrondissement. Laura a traversé beaucoup d'épreuves. Ses rapports avec sa mère ont souvent été violents. Un jour, elle reçoit même un coup de fer brûlant sur le bras, qui lui laisse une cicatrice à vie. À la mort de son père, alors qu'elle est encore adolescente, elle est envoyée en pensionnat dans un lycée en région parisienne. Depuis toute petite, Laura est confrontée de surcroît à un antisémitisme qui n'a, hélas, pas disparu dans la France de l'après-guerre. Et quand une instit, ou une copine, lui lance une pique contre les Juifs, Laura cogne – c'est épidermique. Ce qui lui vaut beaucoup d'ennuis. Lorsque Josiane et Laura ont quitté toutes deux Paris, elles se sont un peu perdues de vue. Mais l'amitié est restée intacte. Alors, quand Josy doit faire le deuil des Arts-Déco et broie du noir, c'est tout naturellement qu'elle rend visite à sa copine de toujours. Assise sur le canapé du petit studio de la rue de Charenton, Josiane exprime son désarroi… Laura est sincèrement désolée pour son amie, d'autant qu'elle a de l'admiration pour son talent pictural. Elle a même vu du côté de la rue Saint-Honoré une exposition avec des toiles de Josy qui l'ont épatée.

Laura, elle, veut être comédienne. L'adolescente révoltée avait été envoyée à plusieurs reprises par sa mère dans des asiles psychiatriques où l'on avait voulu lui administrer des électrochocs ! Heureusement, Laura rencontre dans une clinique de Saint-Mandé une psychiatre formidable, qui comprend que le vrai problème, c'est la mère de Laura, une femme-enfant. Elle la convainc d'émanciper sa fille de dix-neuf ans, car la majorité à l'époque est encore fixée à vingt et un ans. Libérée de la tutelle maternelle, Laura revit ! Elle peut enfin réaliser son rêve et rejoint une école dirigée par une légende du théâtre : Tania Balachova.

Laura dresse à Josiane un vibrant éloge du professeur charismatique qui lui a ouvert tout un monde. Tania Balachova lui a même fait rencontrer Marguerite Duras ! Elle est sur le point de quitter le cours pour se lancer vraiment dans le métier, mais suggère à son amie d'enfance d'aller y faire tour : « Tu devrais aller la voir, qui sait ? » Le théâtre, Josiane y a rarement mis les pieds : un classique ou deux avec l'école, Luis Mariano avec Mémé-Violette… Dans la tête de la jeune femme germe pourtant une idée : puisqu'elle veut persister dans les arts graphiques, pourquoi ne pas se lancer dans la déco de théâtre ?

C'est donc munie de son carton à dessins qu'elle se présente quelques jours plus tard au cours Balachova. La soixantaine, pommettes hautes et yeux pénétrants, le grand professeur observe la jeune femme. Elle lui demande ce qu'elle fait là, avec ce carton encombrant : « Ici, on ne fait pas de décors, on joue ! » Josiane est un peu déstabilisée, mais sa curiosité est piquée. Elle s'installe dans un coin pour regarder. Lorsqu'elle observe les apprentis comédiens faire leur entrée pour dire leur scène, cela lui rappelle confusément le « plateau » du bistrot de ses parents… La prof laisse la nouvelle venue assister au cours. Elle a des antennes, la Balachova. Et elle n'est pas le genre *old school* à demander de passer par le guichet des inscriptions officielles. La rigidité du conservatoire, ce n'est pas le genre de la maison. C'est ainsi que cette femme généreuse et intelligente va jouer un rôle décisif dans le destin de Josiane Balaskovic.

Tania Balachova

Née en 1903 à Saint-Pétersbourg, Tania Balachova émigre en 1910 avec ses parents à Bruxelles. Elle y fait des études d'art dramatique au Conservatoire royal et rencontre le jeune acteur Raymond Rouleau, avec lequel elle se marie en 1924. Le couple s'installe à Paris, attiré par l'ébullition culturelle de la capitale française où foisonnent les nouvelles expériences théâtrales. En 1928, Antonin Artaud dirige la jeune Tania dans *Le Songe* de Strindberg. Dans une émission de télévision de Bernard Dort diffusée en 1965, Tania Balachova témoigne de cette expérience décisive avec le fondateur du « théâtre de la cruauté » : « Je crois qu'il a éveillé en moi des forces que je ne me soupçonnais pas. J'avais appris mon métier, je le connaissais et j'ai dû tout désapprendre. Apprendre à crier avec ma voix et avec mon corps… » Dans cette émission, on peut d'ailleurs vérifier ce dont Josiane Balasko se souvient fort bien : contrairement à la légende, Tania

Balachova n'avait pas d'accent russe, ce qui s'explique aisément si l'on songe qu'elle arrive à Bruxelles à l'âge de sept ans. L'actrice a juste une façon particulière de détacher légèrement les syllabes. Après son aventure avec Artaud, Tania Balachova enchaîne les rôles : dirigée entre autres en 1937 par Louis Jouvet dans *La guerre de Troie n'aura pas lieu*, elle est choisie en 1944 par Jean-Paul Sartre pour créer le rôle d'Inès dans son *Huis clos*… Tania Balachova se fait bientôt elle-même metteur en scène, sans cesser de jouer sur les planches – Albert Camus la dirige notamment dans son adaptation des *Possédés* en 1959. Dès 1945, elle enseigne l'art dramatique.

Assez vite, Balachova exerce une vraie fascination sur ses élèves. Au début des années 1970, il y a deux cours importants à Paris, celui de René Simon et celui de Tania Balachova : « Simon, c'était le cours conventionnel, explique Daniel Berlioux[1], Balachova, c'était révolutionnaire. La méthode de Tania reposait sur trois piliers : l'approche stanislavskienne, la distanciation brechtienne et l'apport extraordinairement violent, poétique et anarchique d'Artaud. C'est ce triangle qui faisait sa particularité. » Tania Balachova professe que chacun peut être acteur à condition de s'écouter et de se nourrir de son imaginaire. D'après elle, un rôle ne se fabrique pas selon des codes préétablis, mais selon sa propre perception, son intimité, ses propres affects. Bref, il faut partir de soi. Le comédien Serge Maggiani, en cours à l'époque avec Josiane, remarque à quel point l'art de l'acteur va plus vite que ce que l'on croit : « Aujourd'hui, quand je raconte à

---

1. Le comédien Daniel Berlioux, l'un des condisciples de Josiane chez Balachova, est devenu lui-même professeur d'art dramatique.

de jeunes comédiens ce qu'enseignait Tania, ils pensent que c'est banal, que c'est ce que tout le monde enseigne. Mais à l'époque, il n'y en avait qu'une, c'était Tania. Si bien que les milieux du théâtre bourgeois, conventionnel, et même la Comédie-Française, appelaient Tania "la syphilis du théâtre" ! »

De 1945 jusqu'à sa mort en 1973, cette pédagogue exceptionnelle forme des acteurs aussi divers qu'Antoine Vitez, Laurent Terzieff, Delphine Seyrig, Jean-Pierre Mocky, Jean-Louis Trintignant, Robert Hossein, Pierre Arditi, Roger Hanin, Stéphane Audran, Michael Lonsdale, mais aussi Sylvie Joly, Zouc et Raymond Devos.

La révélation

Le premier jour où Josiane s'installe discrètement dans un coin de la salle de la Gaîté-Montparnasse, de jeunes acteurs enthousiastes se donnent la réplique, parmi lesquels Bruno La Brasca, Sophie Chemineau, Serge Maggiani ou François Berléand… Il y a aussi un jeune homme très blond, très beau, très inspiré : Niels Arestrup, une des « stars du cours ». Josiane commence à fréquenter régulièrement les lieux, tout en restant indécise sur ce qu'elle vient y faire exactement. Tout se passe comme si elle n'arrivait pas encore à s'avouer qu'elle brûle de jouer, elle aussi. Alors, elle observe.

Un jour, un étudiant plus âgé que les autres s'apprête à passer une scène de René de Obaldia. Il s'agit du *Cosmonaute agricole*, une pièce comique de 1965 : deux paysans, Eulalie et Zéphyrin, sont confrontés à la sécheresse ; alors qu'ils discutent de leur fils disparu, un cosmonaute surgit et s'exprime dans une espèce de charabia. L'étudiant a besoin d'une partenaire pour lui donner la réplique. Josiane laisse tomber ses réticences et se lance en jouant Eulalie avec un accent paysan. Rapidement, elle entend les autres étudiants rire à gorge déployée. Elle constate que c'est jubilatoire : « Entendre les gens rire, c'est comme du sucre pour un cheval de cirque ! » Ce résultat immédiat est tout à fait euphorisant. Enfant, Josy avait du tempérament, mais elle n'était pas le boute-en-train qui amusait la galerie. Jeune adulte, Josiane n'est pas de l'espèce des « comiques de fin de banquet » (expression coluchienne). Cette première expérience devant le public du cours de théâtre résonne donc comme une révélation. Balachova prononce d'ailleurs le verdict : « Il y a là un tempérament comique ! »

C'est parti ! Josiane assume son désir naissant et assiste aux cours trois fois par semaine. Au bout de deux mois, Balachova la dispense de payer, ayant compris que l'étudiante est fauchée comme les blés : « C'est de la science-fiction quand on voit aujourd'hui le prix des cours de théâtre à Paris ! » L'étudiante quitte définitivement l'auberge de l'Oise et trouve un logement grâce au Crous, avenue Murat, dans le XVIe arrondissement, une chambre de bonne que les propriétaires lui laissent en échange de la garde de leurs deux filles. Les toilettes sont sur le palier, il n'y a pas d'eau chaude, mais Josiane a l'habitude de ces conditions rudimentaires. Et surtout elle vit de nouveau à Paris ! Elle se rend compte à quel point elle a besoin de l'adrénaline de la ville…

Émulation

Josy a désormais le virus. Elle se sent un regain d'énergie formidable. Elle veut jouer ! L'étudiante écoute attentivement les conseils de Tania Balachova : « Elle disait toujours que lorsqu'on est sur scène, il faut marcher comme sous l'eau, les gestes sont ainsi ralentis et vont jusqu'au bout. Elle disait aussi : chaque mot vous atteint comme des flèches. Ça, ça m'est resté. » Les cours ont lieu à la Gaîté-Montparnasse ou bien chez Balachova elle-même, au 6e étage d'un immeuble de la rue des Moines dans le XVIIe arrondissement. Divorcée depuis longtemps, elle vit très ouvertement avec sa compagne, Véra Gregh[1]. Cette dernière, lunettes à gros hublots juchées sur le nez, enseigne aussi dans le cours, tout comme Raymond Rouleau d'ailleurs, « un mec d'une sévérité ! Les mouches volaient pendant ses leçons ».

L'ex-mari de Tania avait été jeune premier au cinéma dans les années 1930. À cette époque, il réalise aussi des films, dont *Rose* (1936), sur un scénario écrit par Tania Balachova et dans lequel elle joue aux côtés de Jean Servais et Sylvia Bataille[2]… Raymond Rouleau trouve sans doute son plus grand rôle dans *Falbalas* (1945) de Jacques Becker, où il incarne un grand couturier – film qui a d'ailleurs déclenché la vocation de Jean-Paul Gaultier…

Parmi les autres professeurs se trouvent d'anciens étudiants de Balachova, comme Michael Lonsdale. L'acteur,

1. En 1987, Véra Gregh est au casting de *Mon bel amour, ma déchirure*, film dramatique de José Pinheiro.

2. On la voit aussi notamment dans le film d'Yves Robert avec Marcello Mastroianni et Jean Rochefort, *Salut l'artiste* (1973).

qui joue au cinéma aussi bien chez Truffaut que dans *James Bond*, propose des séances quelque peu ésotériques, ressemblant à des opérations de métempsychose : « C'était un peu : je suis un arbre et je deviens folle ! » Josiane aime beaucoup l'enseignement de Jean-Pierre Darras. Elle a en revanche des accrochages avec Claude Régy[1]. Elle passe un jour une scène avec Niels Arestrup : « Régy m'a envoyé chier. Pourtant, j'avais l'impression que j'étais plutôt bonne, mais il détestait le jeu réaliste. Ça m'a pas démontée parce que je pensais que j'avais raison. » Quant à Tania Balachova, elle peut être sévère, ou disons, exigeante.

« Jeune première »

Josiane n'a pas envie de se cantonner au registre comique. Elle ne veut surtout pas jouer que des soubrettes rigolotes, sentant bien le danger de tomber irrémédiablement dans l'emploi de la bonne qui restera les trois quarts du temps dans les coulisses, pendant que les premiers rôles se tailleront la part du lion. Un jour, elle s'essaie dans Racine avec une scène de *Phèdre* : « Les gens ont ri, Tania a été furieuse. Pourtant, moi, j'étais de bonne foi… » Comme dans tous les cours de théâtre, il y a beaucoup plus d'étudiantes que d'étudiants chez Balachova, et ainsi que le remarque alors Bruno La Brasca, « ces cours de théâtre sont comme des *conservatoires* de beauté féminine ».

1. Claude Régy est devenu une figure tutélaire du théâtre contemporain, créant notamment des pièces de Marguerite Duras et Nathalie Sarraute. Il est mort à quatre-vingt-seize ans en décembre 2019.

Piquante, Josiane n'est pas la dernière au jeu de la séduction. Pour autant, elle ne correspond pas physiquement aux critères normatifs de la jeune première, elle le sait. Il faudra donc qu'elle se batte deux fois plus. Son condisciple Serge Maggiani a des origines sociales communes avec Josiane et sa mère est croate, ce qui crée entre eux des affinités. Il est frappé par le mélange d'hésitation et de détermination de sa jeune camarade de cours. Un jour, elle suggère à Serge de se rendre à l'espace Cardin où Claude Régy fait passer des auditions. Josiane pense que Serge a ses chances, ce qui se révélera juste. En revanche, elle n'est pas retenue. Dans les coulisses de l'espace Cardin, elle confie à Serge d'une voix résolue : « Un jour, j'y arriverai. »

Star

Une après-midi chez Balachova, Josiane fait une impro et tout se passe comme si s'opérait une mutation. Elle franchit un seuil. Est-ce en choisissant de jouer la Zazie de Raymond Queneau ? Josiane ne se souvient plus. Mais qu'elle a décidé d'interpréter une fois chez Balachova la toute jeune héroïne frondeuse et insolente, ça, c'est certain. Comme si la boucle était bouclée avec l'enfance. Comme si l'occasion ratée avec Louis Malle était réparée… Tania Balachova devient fan de cette élève qui a la *vis comica*, fait plutôt rare parmi ses étudiants. Régulièrement, la grande dame au turban la sollicite en lançant : « Josiane, faites-moi rire ! » Dans un registre différent de celui du ténébreux Niels Arestrup, Josy est devenue une star du cours Balachova.

Parmi les autres étudiantes, Josiane s'entend particulièrement bien avec Dominique Lavanant, Sophie Chemineau, Christine Dejoux et Maryse Frenkel. Cette dernière devient sa meilleure amie. Josiane sympathise aussi avec un nouveau venu : Martin Lamotte. Paralysé de terreur en arrivant, il admire la jeune femme pleine de bagou et tellement à l'aise. Mais Martin perçoit aussi le fond tragique qui sourd de Josiane, comme chez tous les grands comiques… Lorsque Daniel Berlioux arrive à son tour chez Balachova, « juste pour observer », la grande professeure flaire le potentiel du jeune homme et, comme pour Josiane, lui fait grâce du prix des leçons. Berlioux repère « la star comique du cours » et sympathise avec elle. Il est accompagné de sa fiancée de quinze ans. Courte frange brune et petites lunettes d'anarchiste, l'adolescente est renfrognée, voire sinistre. Elle a tendance à n'ouvrir la bouche que pour faire des remarques rabat-joie. Seule Josiane l'aime bien, comme si elle était capable de déceler chez cette gamine bourrue une intelligence particulière. Cette fiancée, c'est Catherine Ringer, future chanteuse des Rita Mitsouko. Il arrive d'ailleurs que d'autres futures stars de la chanson viennent faire un tour chez Tania. Renaud donnera ainsi la réplique à Bruno La Brasca dans *Horace* de Corneille.

Certains étudiants boivent les paroles de la professeure. C'est le cas de Sophie Chemineau. D'autres, plus facétieux, rêvassent parfois lorsque Balachova parle en agitant ses très belles mains… C'est le cas de Josiane et Martin. Ce dernier se permet même de se moquer de la grande dame qui porte fréquemment un simple survêtement, en l'appelant affectueusement « la vieille au survêt » ! Rue des Moines, les cours ont lieu en compagnie d'un drôle de compagnon : un lémurien ! Le maki a une personnalité très spéciale. En dehors de Tania et Véra, ses deux maîtresses, il n'apprécie pas les femmes et lorsque les étudiantes s'approchent, elles se font tirer les cheveux ! Josiane ne peut s'empêcher aussi de rire sous cape quand Véra Gregh donne ses cours d'improvisation : « D'un seul coup, elle était très intense, elle lançait : “Sois dingue ! Prends une chaise !” » Bientôt, cette injonction de la prof devient un gimmick entre les copains qui répètent en singeant : « Sois *din-in-in-gue*, prends une chaise ! »

Un deuil

Un jour, Josiane et ses copains Martin (Lamotte) et Dominique (Lavanant) font devant Tania et les étudiants du cours une improvisation qui tourne à la folie et désopile leur public… Tania, considérant Josiane comme étant mûre pour se produire devant un vrai public, la pousse dans ce sens. Pour commencer, Josiane fait « une frime » dans une pièce de Tchekhov mise en scène par Michel Vitold, *Ivanov*. Une autre expérience s'offre à elle, cette fois en Bretagne. Il s'agit de jouer un petit rôle de serveuse dans un moyen-métrage surréaliste de Jacques Grand-Jouan, *Défense de jouer*. Également apprentie scripte sur ce film, Josiane est aidée par Sophie Tatischeff, la fille de Jacques Tati.

Mais lors de cette première expérience heureuse, elle reçoit un coup de téléphone funeste. Mémé-Violette vient de mourir. C'est un coup particulièrement dur pour Josiane. Violette a été comme une deuxième mère. Elle savait supporter ses caprices, tout en lui transmettant le sens de l'humour et de l'autodérision. Lorsque la petite Josy avait un souci, elle lui disait par exemple : « T'en fais pas, ils vont pas te faire un deuxième trou au cul ! »

Maintenant que Violette n'est plus là, Fernande quitte l'auberge de l'Oise pour reprendre le bistrot de la rue d'Alsace. Josiane s'inquiète pour sa mère désormais privée du soutien indispensable de celle qui avait la tête bien sur les épaules… La comédienne débutante vient aider au service du Café de la poste, mais les rapports mère-fille sont parfois orageux. Daniel Berlioux en est le témoin indirect. Près de la porte Saint-Martin, il répète chez Douchka, une amie du cours Balachova. Alors que le jeune homme travaille une scène, Douchka reçoit un coup de fil. « Eh bien, oui, viens te planquer à la maison ! » conclut Douchka à la fin du bref entretien. Daniel voit bientôt débarquer Josiane avec un cabas, tout essoufflée, les cheveux en désordre « comme un petit hérisson ». Josiane vient de se disputer avec sa mère, qui a tendance à dépenser sans compter ce qu'elle gagne ou ce qu'on lui donne.

La jeune femme de vingt ans va devoir devenir un peu comme la mère de sa mère : l'enfance est bel et bien définitivement envolée. Mais Josiane est forte de cette passion qu'elle s'est trouvée : jouer la comédie. Et si elle sait bien qu'elle ne peut prétendre jouer les jeunes premières, elle saura trouver son espace à elle. Et puis, elle a un atout par rapport à la plupart de ses condisciples du cours Balachova : elle sait écrire.

3

Quand j'serai grande, j'serai paranoïaque

> « Elle avait une forte personnalité
> avec une très grande sincérité dans le comique,
> toujours teintée d'une pointe de drame derrière.
> Elle avait été timide et elle cachait ça
> sous une espèce d'assurance très marquée. »
>
> Martin LAMOTTE

Avec ses camarades du cours Balachova, Josiane vibre de cet enthousiasme propre à la jeunesse des lendemains de Mai 68 qui se sent forte et libre : « On avait une énergie ! On voulait dévorer le monde ! » Les baby-boomers vivent une époque de quasi-plein-emploi et se loger dans Paris reste accessible à des bourses modestes. Pourtant, Georges Pompidou prolonge le gaullisme que la jeunesse soixante-huitarde avait tenté d'ébranler, et les aînés n'ont pas l'intention de se laisser déboulonner. Pour les jeunes comédiens débutants qui crèvent d'envie d'exprimer leurs voix, le cinéma et le théâtre traditionnels sont verrouillés. Il faut donc créer quelque chose. Ce sera le café-théâtre : « Chaque génération invente un truc, remarque l'humoriste Marianne Sergent. Nous, c'était le café-théâtre, après, ça a été les radios libres, aujourd'hui, c'est le Web ; il y a toujours ce besoin de passer par d'autres canaux... » Le café-théâtre est un tremplin idéal pour Josiane qui décide d'écourter son patronyme pour « Balasko » : trois syllabes qui claquent et sonnent bien[1].

Les femmes et le « café-théâtre »

Héritier du caf-conc, le café-théâtre voit une première salle ouvrir ses portes en 1959 dans le Ve arrondissement : L'Absidiole. Deux ans après est inaugurée dans le même quartier La Vieille Grille. Mais la véritable explosion a lieu avec 1968. Un certain Romain Bouteille a décidé d'investir un garage derrière la gare Montparnasse, 18, rue d'Odessa, dans lequel il réussit à caler 250 sièges. Les prix des places se jouent à la roulette en entrant dans la salle, originalité dans l'air du temps libertaire. D'autres propriétaires de cafés parisiens flairent la bonne affaire, comprenant qu'ils peuvent se faire de l'argent avec ces jeunes saltimbanques impatients de se produire. Paris assiste à l'éclosion de nombreux cafés-théâtres comme Le Chabanais et Le Tripot en 1969, La Resserre aux diables en 1970, L'Arlequin et Le Bataclan en 1971. Toutefois, au tout début de la décennie, Le Café de la gare de Romain Bouteille reste le lieu qui aimante le plus intensément les regards, grâce à une jeune troupe talentueuse, parmi lesquels Patrick Dewaere, Miou-Miou, Gérard Lanvin, Sotha et Coluche.

1. Elle trouvait aussi que Balaskovic, ça faisait un peu trop « joueur de foot » !

À cette époque, les modèles de comédiennes comiques ne sont pas légion. À La Vieille Grille se produit une actrice singulière tout de noire vêtue : Zouc. Son personnage est tour à tour poignant et grinçant… Venue de Suisse, la comédienne à la silhouette massive est passée par le cours de Tania Balachova. Sylvie Joly, qui y a aussi fait ses armes, se produit sur scène avec ses textes truculents à la même époque. Avant les années 1970, d'autres femmes ont su ouvrir quelques brèches. La jeune Josiane voue beaucoup d'admiration à Jacqueline Maillan, dont l'abattage comique en impose. Seulement, n'étant pas auteure, cette actrice reste dépendante des propositions des metteurs en scène et cantonnée aux mêmes emplois. Anne-Marie Carrière, elle, est la seule « chansonnière » auteure de ses textes qui se produit quand Josiane est adolescente. Elle aime bien l'écouter à la radio. Un modèle à suivre…

Role models

Mais, en réalité, les modèles les plus évidents pour Josiane ne sont pas des femmes. Ce sont Jerry Lewis et Dean Martin ! Elle adore ce duo américain dans des comédies comme *Fais-moi peur* (1953) ou *Un pitre au pensionnat* (1955), où ils font des étincelles.

Il faut dire qu'au début des années 1970, Josiane n'a pas encore découvert Lucille Ball : « Si je l'avais connue à mes débuts, elle aurait été mon modèle absolu ! » Lucille Ball est une des très rares femmes « clowns » de l'histoire du cinéma américain, usant de ses qualités *slapstick*[1] dans des comédies loufoques comme celles des Marx Brothers (*Panique à l'hôtel*, 1938). Elle est aussi la partenaire de Fred Astaire (*En suivant la flotte*, 1936), ou de Katharine Hepburn et Ginger Rogers (*Stage Door*, Gregory La Cava, 1937). Ses dons burlesques lui permettent de tenir les premiers rôles de nombreuses comédies comme *Miss Grant Takes Richmond* (Lloyd Bacon, 1949). Mais ce qui épate le plus Josiane, c'est qu'au début des années 1950, Lucille Ball invente pour ainsi dire la sitcom télévisée avec *I Love Lucy*.

Un peu plus tard, Josiane découvre une autre vedette américaine hors normes, Mae West. Star hollywoodienne des années 1920 à 1940, celle-ci écrit ses propres pièces et les scénarios de certains des films dans lesquels elle tourne, comme *I Am No Angel* (Wesley Ruggles, 1933). Vamp aux formes généreuses et à la vulgarité assumée, elle se distingue par son franc-parler et n'hésite pas à provoquer une Amérique pudibonde par ses répliques égrillardes[2].

En attendant, l'apprentie comédienne peine donc à s'identifier à un modèle de femme humoriste. Elle constate par ailleurs que certains hommes, sans être des canons de beauté, ont le droit d'accéder au vedettariat, comme Louis de Funès ou Bourvil. « Si des hommes peuvent le

1. Qu'on peut traduire en français par « burlesque » ou « comique tarte à la crème ». Les figures les plus connues du *slapstick* américain sont Charlie Chaplin et Buster Keaton.

2. Ces actrices américaines sont bien plus inspirantes pour Josiane Balasko qu'une Pauline Carton, référence invoquée par certains journalistes des années 1980 lorsqu'ils parlent d'elle. Pauline Carton est restée abonnée aux seconds rôles de bonne ou de harpie, et n'a jamais été ni auteure ni réalisatrice.

faire, alors moi aussi », se dit-elle. Pour autant, elle ne se vit pas comme une militante féministe, ayant l'impression que celles-ci constituent des « groupes radicaux » qui veulent « couper les couilles aux mecs », ce qui n'est pas sa manière de voir les choses. Elle n'a pas non plus envie de participer aux groupes du MLF (Mouvement de libération des femmes), mouvement réunissant des femmes qui excluent les hommes de leur assemblée pour être certaines de ne pas se voir confisquer la parole. À la Librairie des femmes[1], une chose l'a marquée : toutes les employées sont extrêmement jolies et on n'engage que des actrices très sexy pour lire les livres enregistrés. Elle trouve fort de café que le MLF reproduise ces schémas…

Ainsi, si Josiane pense « comme un homme » quand il s'agit des libertés qu'elle entend s'octroyer, son esprit critique reste toujours en éveil dès qu'elle décèle le moindre embrigadement idéologique, ou dès qu'elle repère une incohérence. Elle n'est pas la seule de son entourage à réagir de cette manière. Sa copine Marianne Sergent, qui se lance à la même époque comme humoriste, se souvient : « Josiane et moi, on était franchement de gauche, mais pas spécialement féministes. Moi, c'était pas mon sujet, l'égalité allait de soi… Avec Josiane, on était des militantes humaines, quoi ! »

1. Fondée par Antoinette Fouque, cette librairie a ouvert ses portes en mai 1974 à Paris au 68, rue des Saints-Pères (Paris, VIIe). Elle est créée pratiquement en même temps que les Éditions des femmes par le groupe MLF-Psychanalyse et politique.

La parenthèse enchantée

Daniel Berlioux, l'ami du cours Balachova, vit avec Catherine Ringer et une amie prénommée Sylvie rue de la Paix à Vincennes : « C'était une époque particulière… Avec Catherine Ringer, on était in-dé-soudables. Mais avec l'explosion de la libération sexuelle, ça n'était pas un problème de coucher avec quelqu'un d'autre pour voir. On n'anticipait pas, on partait du principe qu'on pouvait essayer. Et c'est ce que j'ai fait avec Josiane. En rigolant, on s'est aperçus que ça n'avait pas grand intérêt, que ça ne fonctionnait ni pour l'un ni pour l'autre. À l'époque, on pouvait être amis avant de coucher et amis après : le fait que ça n'ait pas été une grande réussite n'avait aucune incidence ! » Le jeune comédien expérimente comme ses amis une nouvelle sexualité libérée des conventions bourgeoises. La fameuse « parenthèse enchantée ». Sophie Chemineau, l'amie de Josiane Balasko du cours Balachova, est une amante régulière de Daniel Berlioux. Quant à Josiane, elle vit à ce moment-là une histoire avec Georges, un postier venu du Sud-Ouest et rencontré au bistrot familial, très épris d'elle. C'est un solide gaillard brun, plutôt petit. Cela n'empêche pas la jeune femme d'entretenir une relation épisodique pendant plusieurs mois avec Martin Lamotte : « On pouvait développer des amitiés avec des gens avec qui on couchait. Ça n'était pas quelque chose de marquant de faire l'amour avec quelqu'un. C'était aussi une période de recherche… On avait la pilule et il n'y avait pas le sida. C'était festif. »

Pour gagner sa vie en attendant la célébrité, Josiane fait parfois le mannequin pour une marque de robes de croisière pour dames rondes. Elle prend aussi un boulot de caissière au Théâtre de poche à Montparnasse. Durant la journée, la directrice, Mme Delmas, lui accorde le droit d'emprunter la machine à écrire du théâtre. C'est sur cette Remington aux tiges métalliques qui font un boucan d'enfer qu'elle écrit pour elle et sa copine Maryse Frenkel une suite de sketchs.

Premiers pas sur les planches (1973-1974)

Quand j'serai grande, j'serai paranoïaque : c'est le titre ! Pourquoi ? Josiane ne sait pas, elle trouve ça drôle, percutant, voilà tout. De toutes les façons, elle n'est pas du genre à s'autoanalyser… Parmi les sketchs, il y a celui dans lequel une fille vend des « bérets-suicide » dans le métro : dès qu'on le pose sur la tête, le béret explose ! Il y a aussi l'histoire de deux bonnes sœurs junkies qui font un strip-tease, celle de deux loubards aveugles qui s'entretuent, et puis celle d'une femme dont le mari est un homme-chien[1]… Un humour grinçant, caustique, pas éloigné de celui du journal *Hara-Kiri* qui sévit depuis 1960[2].

Tous les sketchs de *Quand j'serai grande, j'serai paranoïaque* ne sont pas encore rédigés lorsqu'une occasion est donnée à Josiane de gagner un peu d'argent comme

1. Le manuscrit a été perdu, probablement a-t-il brûlé comme d'autres documents dans un incendie chez sa mère, rue d'Alsace, à la fin des années 1970.

2. Il sera rebaptisé *Charlie hebdo* en 1970.

comédienne. Catherine Dasté, la fille de Jean Dasté (l'inoubliable acteur de *L'Atalante* de Jean Vigo), s'occupe d'une compagnie de théâtre pour enfants (La Pomme verte) et a besoin de remplacer une actrice pour une pièce, *Jeanne l'ébouriffée.* Josiane part en tournée. Après Avignon, c'est l'Italie où elle achète deux sublimes paires de souliers vernis à talons pour son futur spectacle avec Maryse. Une des filles de la troupe lui demande alors : « Pourquoi acheter ces chaussures ? Tu rêves ? » Josiane lui rétorque du tac au tac : « Oui, je rêve, ça n'est qu'en rêvant que les choses arrivent… » Elle a emporté la Remington et peaufine les textes de ses sketchs quand elle a du temps.

Lorsqu'elle rentre de la tournée, elle est étonnée que Véra Gregh se porte volontaire pour mettre en scène son spectacle, elle qui est « plutôt premier degré » que versée dans l'humour. Mais Véra croit en Josiane et en Maryse.

Les trublions de la Compagnie de la louche

Des copains de Martin Lamotte ont formé une troupe, la Compagnie de la louche. Ils donnent un spectacle dans la cave d'un restaurant, La Candeleria, rue Monsieur-le-Prince, dans le quartier de l'Odéon. Certains de ces comédiens débutants ont été formés par la grande Tsilla Chelton[1]. Influencés par l'aventure du Café de la gare, ils interprètent des sketchs déjantés de leur cru. Les membres de la Compagnie de la louche ont l'âge de Josiane et se

1. L'actrice de *Tati Danielle* d'Étienne Chatiliez.

nomment Thierry Lhermitte[1], Gérard Jugnot, Christian Clavier, Michel Blanc, Marie-Anne Chazel et Valérie Mairesse. Les garçons sont tous d'anciens élèves du lycée Pasteur de Neuilly. Marie-Anne les connaît depuis l'adolescence, alors qu'elle était scolarisée dans le lycée des filles, en face de Pasteur. Quant à Valérie Mairesse, elle est la petite amie de Thierry Lhermitte. Ce dernier est le fils d'un neurologue, tandis que le père de Christian Clavier est chirurgien. Sa petite amie, Marie-Anne Chazel, a un père pasteur protestant et une mère actrice, Louba Guertchikoff[2]. Michel Blanc et Gérard Jugnot sont socialement plus proches de Josiane : le premier a été élevé dans la banlieue ouvrière de Puteaux par un père déménageur et une mère dactylo ; le second, qui a grandi au même endroit, est fils d'un artisan plombier.

Martin Lamotte présente Josiane Balasko à la bande de joyeux trublions. Le courant passe immédiatement entre les comédiens qui ont le même genre d'humour décapant. Il leur arrive souvent à tous de répéter chez Martin, qui bénéficie d'un bel espace dans un immeuble appartenant à sa mère, près de l'avenue de la Grande-Armée dans le XVIIe arrondissement.

1. Signalons que Thierry Lhermitte se montre curieux du cours Balachova et y fait un petit tour.

2. Elle apparaît dans un grand nombre de films français entre les années 1970 et 1990 comme second rôle.

Duo de femmes

Puisque la bande joue ses sketchs à La Candeleria, n'y aurait-il pas de la place pour le spectacle de Josiane et Maryse ? On ne gagne quasiment rien dans cette cave et on entend depuis la scène Miguel Orocena, le chef espagnol du restaurant, qui chante à tue-tête *No soy marinero*. Mais c'est tout de même l'opportunité de se montrer. Josiane et Maryse passent une audition et l'affaire est conclue. Josy se charge de l'affiche du spectacle : à côté du titre, elle croque une bonne sœur à lunettes au regard ahuri, qui se braque elle-même un pistolet sur la tempe. Car Josiane continue à dessiner depuis Penninghen. Il lui arrive de croquer ses copains et Martin Lamotte est particulièrement impressionné par son coup de crayon.

Dans la cave de La Candeleria, les deux amies jouent souvent devant trois pelés ou quatre tondus. Quant au serveur, il a tendance à faire un peu la gueule… Il s'agit en fait d'Agustín Gómez-Arcos[1], un grand écrivain espagnol qui a fui le franquisme et a pris ce boulot pour joindre les deux bouts. Un soir, les deux copines aperçoivent dans le public quelques spectateurs à cannes blanches. Pas facile de jouer leur sketch devant des aveugles ! Petit à petit, elles font leurs armes et le bouche-à-oreille fonctionne. On vient voir ce duo comique qui surprend par son ton nouveau.

1. Josiane le croisera de nouveau des années plus tard dans un salon du livre et apprendra à aimer son œuvre. Deux de ses romans, *Scène de chasse furtive* (1978) et *Un oiseau brûlé vif* (1984), ont été finalistes au prix Goncourt.

Tournées

L'été 1973 arrive. Josy et Maryse embarquent en stop, direction Avignon, La Mecque du théâtre ! Elles vivent avec joie l'effervescence du *off*, croisant leurs copains au détour d'une rue en faisant leur parade pour vendre le spectacle qu'elles donnent à La Casa d'Irène. *Quand j'serai grande, j'serai paranoïaque* obtient un petit succès. Tania Balachova aurait sans doute été fière de voir ses anciennes élèves voler ainsi de leurs propres ailes. C'est cependant ce même été, le 4 août 1973, que la grande dame du théâtre s'éteint d'un arrêt cardiaque. Elle n'a que soixante et onze ans et Josiane et ses copains du cours sont très tristes. Véra Gregh, poursuivant l'enseignement de sa compagne, formera encore de nombreux acteurs, parmi lesquels Juliette Binoche[1].

Josiane croise bientôt sur son chemin une certaine Barbara Hoffmann qui lui propose de travailler sur un spectacle intitulé *Silence dans le carton*. Cette femme d'origine allemande fait du « théâtre prolétarien pour enfants », tout en étant mariée à un riche banquier… Josy sollicite Daniel Berlioux : « Je suis sur un coup ! Toi qui es communiste, ça va te plaire ! » Le spectacle est d'abord donné à Paris, au théâtre Mouffetard. La troupe est ensuite invitée à Alger. Alors que les comédiens se préparent dans les coulisses, les mille gosses de la salle

1. Tania Balachova avait consigné quelques conseils pour ses élèves, sous le titre « Marche à suivre pour interpréter un rôle ». Véra Gregh transmettra ces notes à Juliette Binoche qui elle-même les enverra aux *Cahiers du cinéma* pour publication (cf. *Cahiers du cinéma*, septembre 2007).

applaudissent à tout rompre comme s'ils attendaient les Rolling Stones ! Lorsque le spectacle commence, les enfants observent un silence absolu et restent attentifs durant trois quarts d'heure. Mais à un moment donné, l'actrice qui joue la mère de Josiane et Daniel s'empare de la nappe d'une table pour la secouer. Les petits Algériens se mettent immédiatement à hurler ! Ce n'est qu'après la représentation que les comédiens comprennent la raison de ce charivari inopiné : la nappe était aux couleurs du drapeau de l'équipe de foot nationale.

Premiers pas au cinéma

Josiane a soif d'expériences de jeu en tous genres et le cinéma l'attire. C'est hors des circuits commerciaux qu'elle fait ses premières armes avec des petits rôles dans deux films engagés. D'abord dans *L'Agression* de Frank Cassenti, qui retrace un fait divers : l'agression d'un travailleur immigré par trois brutes alcoolisées. Le court-métrage s'ouvre sur un carton : « Ce film est dédié à la mémoire des 52 travailleurs algériens assassinés en France en 1973. Ce film dénonce le racisme et la violence qui s'abattent chaque jour plus durement sur les travailleurs immigrés de notre pays. » Il se voit censuré par le ministère des Affaires culturelles qui, tout en reconnaissant ses qualités « réalistes », le considère dangereux pour le public ! Grâce à une campagne de presse, l'interdiction est levée et le film diffusé dans des réseaux associatifs pour dénoncer le racisme. Cheveux roux frisés, Josiane[1] y

1. Créditée « Balasco ».

fait une apparition dans le rôle d'une jeune femme subissant avec une amie l'agression d'hommes avinés. Elle ne se laisse pas faire… Juste après, ces mêmes hommes molesteront violemment un travailleur immigré.

L'An 01 adopte quant à lui un ton bien plus léger. Ce long-métrage expérimental est écrit par Gébé, alors rédacteur en chef d'*Hara-Kiri*. Ce sont trois réalisateurs, et non des moindres, qui signent le film : Jacques Doillon, Alain Resnais et Jean Rouch. Dans un générique pléthorique, on retrouve aux côtés de Josiane Balasko, Gérard Jugnot, Martin Lamotte, Christian Clavier, Thierry Lhermitte, Christine Dejoux, mais aussi des dizaines d'acteurs de la même génération, parmi lesquels Gérard Depardieu, Miou-Miou et Coluche… Des dessinateurs camarades de Gébé figurent également dans la distribution : Cabu, Cavanna, Wolinski, Delfeil de Ton, Gotlib… *L'An 01* est en effet financé grâce à la générosité des lecteurs du mensuel. « On arrête tout, on réfléchit et c'est pas triste » : au début du film, ce slogan joyeusement utopiste raye l'année 1973 du calendrier pour la remplacer par « l'an 01 ». Productivisme, économie de marché et propriété privée sont bannis, tandis que sont promus amour libre, vie en communauté et écologie… Une nouvelle vie commence, placée sous le signe de la liberté et… du gag. Toute une époque !

La rencontre avec Bruno Moynot

Daniel Berlioux dispose à ce moment-là d'une chambre vacante dans un appartement à Vincennes. Josiane s'y installe en colocation avec son compagnon Georges le postier. Il arrive souvent que Daniel Berlioux les entende se disputer. « Josiane était à la fois très tendre et très coriace. On ne pouvait jamais savoir si c'était la guéguerre normale avec son Georges, ou si c'était plus sérieux. » Josiane finira par le quitter définitivement et s'installe en colocation dans un pavillon à Arcueil. À cette époque, Marianne Sergent aime lire à Josiane les lettres qu'elle destine à ses amoureux pour avoir l'avis de sa copine. Josiane lui répète invariablement : « Marianne, il ne faut jamais s'excuser. »

En septembre 1974, alors que la comédienne joue les dernières représentations de *Quand j'serai grande, j'serai paranoïaque*, Patrick Olivier, un copain rencontré quelques années plus tôt dans un cours de dessin, fait le guitariste pour Hervé Métacartier, chanteur « style rive gauche ». Josiane leur rend visite lors d'une répétition dans une cave de l'Odéon et se propose pour aider à coller les affiches du spectacle. Elle repère le garçon discret qui fait la régie, un certain Bruno Moynot. Lorsque Josiane a envie de plaire à un homme, elle sait y faire. Le régisseur regarde avec intérêt cette fille qui est si drôle et énergique. Une idylle se noue rapidement entre la comédienne pêchue et le jeune homme réservé.

Bruno, qui a le même âge que Josiane, vient d'un milieu bourgeois. Il a fait maths sup, puis a entamé des études à l'École polytechnique fédérale de Lausanne. Pourtant, il s'ennuie dans ces études austères et rentre en France un an plus tard. C'est un débrouillard qui possède à la fois l'esprit logique et le sens pratique. Mais le jeune homme se cherche. L'époque n'est pas à la quête obsessionnelle des diplômes, le chômage n'est pas un problème. Il enchaîne donc les petits boulots.

La vie de bohème

Josiane délaisse Arcueil pour vivre avec son nouvel amoureux dans le XIXe arrondissement. Bruno habite en colocation avec Hervé Métacartier dans une grande tour de la rue de Flandre. Il ne fait pas seulement la régie du spectacle de son copain, il est aussi son imprésario et tâche de lui trouver des contrats. Mais Hervé Métacartier, porté sur l'alcool, n'est pas facile à vivre et la cohabitation devient infernale. Le couple décide de lever le camp et se fait héberger par des amis rue Tiquetonne, dans le IIe arrondissement de Paris. Les amoureux sans le sou prennent ensuite un tout petit appartement dans le Marais, rue des Écouffes.

À cette époque, beaucoup de bâtisses du centre de la capitale sont à la limite de la salubrité. Lorsque Laura Laufer rend visite au couple, elle manque de passer à travers les marches de l'immeuble ! Elle-même fauchée, Laura est obligée de travailler au Monoprix pour subvenir à ses besoins car sa carrière de comédienne ne décolle pas. Ce boulot lui permet d'aider Josy et Bruno à se ravitailler, parfois par des moyens peu orthodoxes : il lui arrive de faucher un ticket oublié par un client, ce qui lui permet d'obtenir un Caddie avec du saumon et du caviar ! Josiane et Bruno ne possèdent pas d'aspirateur… Qu'à cela ne tienne ! Laura en colle un entre les mains de sa copine lors d'une visite dans son supermarché. Un autre copain du cours Balachova, Bruno La Brasca, se fait, lui, de l'argent aux halles de Rungis. Josiane l'accompagne pour observer le gigantesque marché en gros, tout en profitant de l'aubaine d'un peu de nourriture gratuite.

Josiane et Bruno reçoivent fréquemment leurs copains dans leur nouvel appartement du 27, rue Quincampoix. Si le quartier de Beaubourg reste accessible aux bourses modestes, il est de plus en plus branché. Le centre Pompidou ouvrira ses portes en 1977. Les lieux ne sont pas très grands, mais Josiane et Bruno y accueillent quand même une skye-terrier « un peu rantanplan », du nom d'Isis. La chienne se voit dans l'obligation de côtoyer une chatte blanche à taches brunes, récupérée on ne sait plus où. La première fois que Josiane l'a prise dans ses bras, elle a lâché un gaz. Josy a donc choisi de la dénommer « Prout » ! Il y a enfin le chat Ramona, une siamoise. On mange et on discute dans un joyeux brouhaha… Bruno a le sens du concret et de l'organisation, tandis que Josiane ne s'intéresse pas vraiment au quotidien. Elle n'a pas le permis, c'est donc Bruno qui conduit. C'est lui aussi qui fait les courses… Avec le recul, Bruno repense à ces années aux côtés de Josiane avec tendresse : « Elle n'était pas compliquée à vivre. »

Il y a tout de même quelque chose, ou plutôt quelqu'un, qui vient parfois compliquer l'existence du couple : c'est Fernande. Bruno est frappé par la manière dont la mère de sa compagne manque de logique : quand on peut faire simple, elle fait très compliqué et personne ne comprend pourquoi… Fernande est fantasque et a le don de rencontrer des gens improbables, pour ne pas dire des cas sociaux… Il lui arrive aussi de vraiment perdre les pédales, comme ce jour où elle assiste à un seule-en-scène de Marianne Sergent, puis la félicite dans une lettre en s'adressant à elle comme si elle était sa propre fille : « Je t'ai reconnue, Josiane, tu vas pas me la faire ! » Lorsque

Marianne montre la lettre à sa copine, cette dernière est abasourdie…

Violette n'étant plus là pour veiller au grain, Le Café de la poste fait bientôt faillite. Fernande n'a plus de revenus. Josiane et Bruno ont beau tirer eux-mêmes le diable par la queue, ils l'aident à s'en sortir et lui trouvent une chambre à louer. Plus tard, Fernande occupera un appartement dans une HLM aux portes de Paris. En attendant, si Josiane « envoie péter » fréquemment sa mère, elle est très attachée à elle et se considère comme responsable d'elle. Bruno sent que Fernande est une source d'angoisse pour sa fille, mais peut-être aussi un moteur. Pas question de se laisser aller ! Et plus encore que se sortir de la pauvreté, ce qui anime Josiane, c'est l'envie d'être libre. Libre de faire aboutir ses projets de comédienne et d'auteure.

Une comédienne culottée

« Baisse le capot, on voit le moteur !

– Et alors ? C'est pas toi qui le graisses ! »

C'est sur ces répliques chocs que Josiane Balasko fait commencer la nouvelle pièce qu'elle a concoctée, *La pipelette ne pipa plus* (1975). Dos au public, minijupe découvrant sa culotte blanche Petit Bateau, Josy est penchée sur une grosse caisse en bois dont elle sort des accessoires. C'est une voix off qui lui intime l'ordre de se couvrir pour plus de décence. La comédienne se retourne aussi sec vers la salle, toise les spectateurs et lance sa repartie cinglante à double entente.

Ce préliminaire donne le ton. Josiane n'a pas, comme elle le concède elle-même, des « cuisses de nymphe », ni

« le genre de petites fesses moulées qu'on peut montrer dans les magazines ». Et alors ? « Ma place n'existe pas, je n'ai pas un physique de jeune première, j'ai quinze kilos de trop. Mais vous allez aimer : je vais vous donner du plaisir en tant qu'actrice… » Telle est la revendication de la jeune comédienne. Lorsqu'elle entend les échos des paroles d'une journaliste d'un magazine féminin : « Vous comprenez, Balasko, elle serait mince encore, ça irait, mais enfin, elle n'a pas des cuisses de mannequin… », Josiane comprend qu'elle est bel et bien subversive. Elle touche à l'aliénation profonde de femmes soumises aux *diktats* sociaux, et notamment à celle de ces journalistes qui professent volontiers un féminisme de circonstances, mais qui à longueur d'articles propagent des modèles hypernormatifs[1]. Ainsi, quand Josiane a vent de ces propos, elle se réjouit : « Ça signifie que je fais chier le monde. C'est bien. » Et puis, si certains spectateurs se sentent mal à l'aise par l'ouverture cash de *La pipelette ne pipa plus*, d'autres au contraire sont épatés par la frontalité de la provocation. Parmi les amateurs, il y a les copains, comme Martin Lamotte ou Gérard Jugnot, « fasciné qu'une fille ose dire ces mots ». Thierry Lhermitte adore le « côté gonflé » de sa camarade qui montre « tellement de santé et de bonne humeur ! ». Martin Lamotte amène son ami Coluche voir le spectacle. L'humoriste reconnaît tout de suite une forme d'*alter ego* féminin chez cette Balasko… drôlement culottée !

Après son ouverture tonitruante, *La pipelette ne pipa plus* développe ses sketchs drolatiques. Au départ, le

1. Pour l'analyse méthodique de cette rhétorique normative de la presse féminine, lire Mona Chollet, *Beauté fatale*, Paris, La Découverte, 2012.

spectacle devait s'appeler *La concierge est dans l'escalier*, mais le titre était déjà pris. Josiane y incarne en effet une gardienne d'immeuble qui devise, tout en donnant de la nourriture pour chats à une araignée ! Avec Bruno Moynot, désormais régisseur des spectacles, elle achète des boîtes de Ronron, puis les ouvre par le dessous, les vide et les remplit avec du vrai pâté. Sur scène, la comédienne donne le contenu de la boîte de Ronron à son araignée et en profite pour en manger elle-même, ce qui, évidemment, fait hurler le public !

Parmi les sketchs, il y a celui où Josiane incarne une hôtesse de l'air. Elle s'adresse aux passagers de l'avion avec une voix très sucrée : « Les passagers à destination de Nagasaki, embarquement immédiat porte 13… » Mais dès que le micro est refermé, elle parle comme une poissarde : « On est allés dans un restau berbère avec Albert, y avait trop de sauce tomate… Après, j'avais le trou de balle en chapeau de clown ! Une de ces migraines ! » L'hôtesse de l'air doit bientôt gérer une situation particulière en annonçant le détournement de l'appareil. Finalement, elle s'emmêle les pinceaux et s'adresse aux passagers avec sa voix de poissonnière : « Je gonfle comme une vache, ça me remue, j'ai envie de rendre… » À la fin, la jeune femme est congédiée : « Ils m'ont virée, les vaches ! Et pourtant j'avais le feeling, j'avais étudié les intonations. C'est bien simple, rien qu'à m'entendre, y avait des types du Soudan qu'avaient pris des billets pour Johannesburg ! La vie est une jungle, l'homme est un loup pour l'homme – Kipling [*sic*]. Ils m'ont dit que si je me tirais, ça leur ferait des vacances ! À moi aussi ! »

La petite sœur de Coluche ?

Au bout d'un mois et demi au Petit théâtre, Josiane Balasko est repérée par Yvonne Taquet dans l'émission radiophonique *Mi-fugue mi-raisin* sur France Culture. L'animatrice vante la jeune comédienne en parlant d'« une véritable nature à la Coluche[1] ». Souvent taxé de « vulgaire », ce dernier bénéficie déjà d'une certaine notoriété, et il n'est donc pas le seul à noter des analogies entre sa personnalité et celle de Josiane. Si celle-ci ne peut pas encore vivre décemment de son art, elle commence en tout cas à être reconnue comme une fille qui compte dans le paysage florissant du café-théâtre. D'abord donné rue Campagne-première, *La Pipelette* migre ensuite rue d'Odessa, là où les copains de la Compagnie de la louche jouaient avant de déménager rue des Lombards, dans le IVe arrondissement.

Après son spectacle, Josiane a l'habitude de retrouver ses consœurs qui se sont lancées comme elle dans le seule-en-scène. Dominique Lavanant joue ses textes caustiques coécrits avec Claire Bretécher. Marianne Sergent, elle, se produit au café d'Edgar avec ses écrits dessalés. Assises à la terrasse d'un café à Montparnasse, les trois amies papotent, échangent sur leurs expériences et s'interrogent sur le nombre de spectateurs qui se sont déplacés ce jour-là… Ce soutien mutuel est important. Elles font partie d'une nouvelle génération de femmes humoristes qui osent monter sur scène, à l'instar des Jeanne, d'Évelyne Dandry, Josiane Lévêque, Michèle Simonnet, Catherine

1. Émission *Mi-fugue mi-raisin* du 13 mars 1976.

Arditi, Évelyne Grandjean, Catherine Allégret, ou bien encore France Léa… On commence à voir ces comédiennes aussi à la télévision. Ainsi, le 13 décembre 1975, sur TF1 dans *Numéro 1* produit par Maritie et Gilbert Carpentier, Josiane et Dominique interprètent en duo un sketch écrit par Claire Bretécher : sur le plateau, deux jeunes comédiennes se rongent les sangs en attendant une audition. Pour passer le temps, elles se remettent du rouge à lèvres tout en évoquant de grands noms : Planchon, Barrault, Brook ou Truffaut… Lorsqu'on les appelle enfin, on découvre qu'elles auditionnent pour une réclame stupide : « Tu vois, Chantal, avec ma nouvelle poêle Téfoil, mon frichti n'attache plus d'un poil ! »

Maryse Frenkel aurait pu jouer ce sketch drolatique avec sa meilleure amie Josiane. Mais le destin en aura décidé autrement. Maryse se dispute fréquemment avec son mec. Elle est malheureuse. Un jour, l'impensable survient : la jeune femme est retrouvée morte dans sa chambre. Suicide. Mourir pour un chagrin d'amour à vingt-deux ans, ça n'arrive pas que dans les romans. Chienne de vie ! La pudique Josiane garde sa douleur pour elle-même et ne s'exprime guère sur le sujet. Tandis que Bruno Moynot essaie de la consoler, il voit bien qu'elle n'a plus le goût de s'installer derrière sa machine pour écrire…

L'occasion est alors donnée au couple de se mettre au vert.

Une fille unique, 1976

Sophie Chemineau a un nouveau petit ami qui revient d'Allemagne, auréolé de son poste d'assistant auprès de Rainer Werner Fassbinder. Il se nomme Philippe Nahoun. En plein enlisement du giscardisme et dans les derniers soubresauts de Mai 68, on va bientôt fêter les quarante ans du Front populaire. Philippe Nahoun flaire le filon et veut réaliser un film qui racontera l'émergence de ce grand moment politique. La mère de Sophie Chemineau possède une grande maison de village en Bourgogne, à Sermizelles, non loin de Vézelay... Pratique pour tourner pas cher ! L'idée est de ressusciter le fond historique de 1935 lorsque, face aux ligues factieuses de la droite, se forme l'unité syndicale à gauche.

Sophie, qui campera le premier rôle féminin (la « fille unique »), parle du projet à ses copains du cours Balachova. Bruno La Brasca, lui-même militant communiste, se laisse tenter par l'aventure, tout comme Serge Maggiani, dont la compagne fera la scripte du film. Josiane accepte d'être la bonne de l'héroïne et entraîne Bruno Moynot, qui interprétera l'homme à tout faire de la maison. Sophie met à contribution sa propre mère et sa grand-mère, qui jouent tout simplement les mère et grand-mère de son personnage.

Philippe Nahoun écrit son scénario au jour le jour, à la manière de la Nouvelle Vague. Thomas Mauch, chef opérateur allemand qui a travaillé avec Werner Herzog sur *Aguirre, la colère de Dieu*, est engagé et apportera éclairage, caméra et pellicule 16 mm noir et blanc. Ula Stöckl, réalisatrice allemande amie de Thomas Mauch, se joint à l'équipe pour jouer la mère de Bruno La Brasca. Sans producteur ni financement du Centre national du cinéma (CNC), le film se fera à l'arrache. Bruno Moynot emprunte à ses parents 30 000 francs pour payer l'équipe et financer le séjour à Sermizelles. Afin de donner l'impression qu'on est en 1935, il faut chiner. Roi de la débrouille, Bruno Moynot dégote chez un collectionneur de voitures de l'Yonne deux automobiles d'époque. Il déniche également dans un champ un vieux camion dans lequel sont entreposés des objets. Serge Maggiani est béat d'admiration devant le « génie de la mécanique » qui parvient à faire démarrer le vieux tacot, repeint pour l'occasion.

Au début du tournage, les acteurs piaffent d'impatience dans l'attente du chef opérateur et du matériel. La mère de Sophie a cuisiné un gigot d'agneau pour le dîner, quand le téléphone sonne à 22 heures. Thomas Mauch et son assistant n'arriveront que la semaine suivante ! Pour faire patienter les acteurs, Philippe Nahoun leur donne le lendemain les premiers dialogues à apprendre... Josiane doit recueillir les confidences de sa jeune patronne (Sophie) qui rêve d'une carrière de comédienne. Mariée à un militant communiste (Bruno La Brasca), elle souffre qu'il la délaisse au profit de son engagement politique. Survient un Allemand antinazi, ami de la famille. Un jour, il est abattu par des fascistes sur une route de campagne. À Paris, l'époux de Sophie se suicide, pour des raisons qui restent assez opaques au spectateur.

Quoique formée par le théâtre et habituée aux outrances de la satire, Josiane[1] s'adapte au cinéma en adoptant un

1. Pour ce premier vrai rôle dans un long-métrage, le prénom de Josiane Balasko apparaît au générique avec deux « n ».

jeu très naturel. Serge Maggiani, intimidé par la caméra, est épaté par son aisance, par exemple lorsque le réalisateur lui demande de chanter dans une scène et qu'elle entonne un refrain comme on appuierait sur le bouton d'un juke-box.

Si l'intrigue d'*Une fille unique* se déroule au milieu des années 1930, son atmosphère de liberté sexuelle résonne directement avec les années post-68. La domestique jouée par Josiane met la main dans le pantalon de son compagnon (Bruno Moynot) en guise de « représailles » car il vient de lui arracher un baiser. Les deux larrons apparaissent bientôt nus, allongés en pleins ébats. Cela restera certainement la scène de sexe la plus frontale de toute la filmographie de Josiane Balasko, très bavarde pendant l'amour : « Quand on habitera à Paris, j'aimerais avoir une grande glace dans notre appartement, on fera l'amour devant, je verrai tout… Pas une vieille glace, je veux tout voir ! » Son amant acquiesce, puis évoque la CGT. Josiane compare alors travail constructif et oisiveté dangereuse, tout en s'agitant sur son partenaire : « L'homme doit travailler, à la sueur de son front, sans exception… Oh ! comme ça doit être bon d'être un ouvrier ! De partir le matin à l'aube et d'aller couper des planches… » Le plaisir monte et le personnage poursuit sa tirade jusqu'à l'extase. Josiane et Bruno, à l'aise dans l'atmosphère de camaraderie de Sermizelles, sont dans une certaine insouciance au moment du tournage de ces scènes de sexe, et nullement embarrassés par les demandes du réalisateur : ne sont-ils pas en couple dans la vie ? Pour autant, au bout de quelques jours, la tension est palpable entre tous les acteurs du film et le réalisateur.

Une fois le tournage achevé et Bruno et Josiane rentrés à Paris, Philippe Nahoun fait courir le bruit qu'ils seraient partis avec l'argent du film ! Bruno La Brasca, désolé par la tournure qu'ont pris les événements, imagine que ce long-métrage fauché ne sortira jamais. Bruno Moynot se demande s'il pourra rembourser l'emprunt qu'il a fait à ses parents. Heureusement, un producteur, Jean-Serge Breton, s'intéresse à *Une fille unique*. Grâce à lui, Moynot récupère l'argent investi et les acteurs finissent par toucher un salaire. Mais surtout, contre toute attente, le film est sélectionné au Festival de Cannes, à la Semaine de la critique ! *Une fille unique* fait parler de lui. Les journalistes s'intéressent de près à ce « film sauvage » sorti dans cinq salles à Paris le 24 novembre 1976. Dans *Les Nouvelles littéraires*, le jeune Hervé Guibert évoque sur un ton élogieux un « mélodrame comique sur la circulation des désirs, politiques et amoureux, au sein d'une famille provinciale bourgeoise, à la veille du Front populaire[1] ». Dans *Le Nouvel Observateur*, Jean-Louis Bory juge qu'avec *Une fille unique* « Philippe Nahoun marie avec bonheur Marx et Marivaux[2] ».

Avec le recul des années, Bruno La Brasca estime que « le buzz qu'il y a eu autour du film tenait beaucoup au côté sulfureux des relations entre les personnages ». C'est que dans *Une fille unique*, il n'y a pas que les amours ancillaires de Balasko et Moynot, il y aussi des amours homosexuelles… La liberté sexuelle à l'écran est dans l'air du temps, *Les Valseuses* de Bertrand Blier sont sorties sur les écrans deux ans avant. À l'époque, *Le Canard enchaîné*

1. 16 décembre 1976.
2. 22 novembre 1976.

déplore tout de même la réception trop dithyrambique d'*Une fille unique* : « Des esthètes ont tort de se pâmer devant tout cela. C'est encourager l'auteur à faire n'importe quoi[1]. »

Quelque temps après la sortie du film[2], Sophie Chemineau s'implique dans la constitution d'un dossier de candidature pour séjourner à la villa Médicis à Rome avec Philippe Nahoun dont elle est très éprise. Mais, cruelle trahison, celui qu'elle aime y partira comme pensionnaire sans elle. C'est à cette époque que Sophie voit Josiane répondre à un concours de nouvelles érotiques lancé par un éditeur du type Harlequin. Josiane a besoin d'arrondir ses fins de mois. Elle rédige son histoire et gagne haut la main le premier prix ! Quel était le titre choisi ? Mystère ! Il ne reste nulle trace de ce texte énigmatique[3].

Costumière

Quelque temps après avoir investi dans *Une fille unique*, le producteur Jean-Serge Breton engage Josiane en tant que costumière dans un long-métrage réalisé par Frank Cassenti : *L'Affiche rouge* (1976). Produit par Les Films de la Commune, ce long-métrage militant met en lumière le rôle de la Résistance immigrée durant la Seconde

1. 1er décembre 1976.

2. *Une fille unique* ne sera diffusé qu'une fois à la télévision, au *Ciné-Club* d'Antenne 2.

3. Josiane Balasko n'a aucun souvenir de cet épisode. Pour autant, elle ne remet pas en cause les dires de Sophie Chemineau qui, elle, se rappelle très nettement l'avoir vue gagner ce concours de nouvelles érotiques.

Guerre mondiale. Il s'agit plus précisément du groupe Manouchian, tombé sous les balles ennemies. *L'Affiche rouge* met en scène des comédiens (dont Pierre Clémenti) qui incarnent, dans le décor de La Cartoucherie de Vincennes, les protagonistes des événements historiques, dans un jeu de va-et-vient très brechtien. Héroïques et tragiques, ces épisodes ont été jusque-là assez largement occultés par l'historiographie, en dépit du fameux poème d'Aragon (*Strophes pour se souvenir*, 1955). Plusieurs copains de Josiane jouent dans le film de Frank Cassenti : Serge Maggiani, Bruno La Brasca et Bruno Moynot.

Josiane n'est pas totalement novice dans le rôle qui lui est assigné car elle s'était chargée des costumes d'*Une fille unique*. Pour *L'Affiche rouge*, elle se rend chez un célèbre fripier des Carreaux du Temple à Paris, rue de la corderie : Chez Schwartz. Quand elle pénètre dans la toute petite boutique, elle est frappée par l'amas de vêtements qui montent jusqu'au plafond. Elle s'adresse alors à un vieux monsieur juché sur le tas d'habits, qui, comme par miracle, sait exactement où se trouvent le costume et la chemise réclamés.

L'Affiche rouge est bien accueilli par la critique et obtient même le prix Jean-Vigo qui récompense chaque année un film pour « l'indépendance de son esprit et la qualité de sa réalisation ». Bien sûr, Josiane a aimé cette expérience dans l'effervescence de ce lieu fondé par Ariane Mnouchkine. Mais ce qu'elle voudrait avant tout, c'est jouer devant la caméra.

4

Une fille Splendid !

> « Elle a apporté sa créativité…
> Les garçons de la troupe l'adoraient
> parce qu'elle était extrêmement drôle
> et qu'elle avait quelque chose de provocant
> dans sa façon de s'exprimer, dans les personnages
> qu'elle proposait. C'était pas quelqu'un
> de consensuel, Josiane. »
>
> Marie-Anne CHAZEL

« On cherche un boudin pour le nouveau film de Polanski ! » En cette année 1975, le célèbre cinéaste, qui a réalisé deux ans plus tôt *Chinatown* à Hollywood, s'apprête à tourner à Paris *Le Locataire*. Isabelle Adjani tient le rôle féminin principal. Josiane Balasko connaît la directrice du casting, Margot Capelier, pionnière de la profession. On veut un boudin ? Elle ne se démonte pas et se rend au casting le plus mal attifée possible. À sa grande satisfaction, elle décroche le petit rôle d'une bibliothécaire binoclarde, aux côtés de ses copains Gérard Jugnot et Michel Blanc.

Les directeurs de casting des films sont impitoyables avec les femmes qui se présentent pour un rôle. Christine

Dejoux, la copine du cours Balachova, en a fait les frais. Un jour, elle retrouve aussi Anémone en larmes dans son salon, après qu'elle a passé un casting où on l'avait accueillie en la traitant de boudin. Anémone ne comprend pas : avant qu'elle se lance dans le cinéma, on l'a toujours trouvée magnifique dans sa famille. Contrairement à ses consœurs, Josiane, elle, est blindée, et depuis longtemps. Elle connaît des problèmes de poids depuis l'enfance, avec les doses de cortisone absorbées qui n'ont pas aidé. À vingt-cinq ans, elle est encore ronde. Et alors ? Elle est à l'aise avec son corps. Son amoureux Bruno est beau gosse. Avec sa copine Sophie Chemineau, Josiane s'amuse parfois à essayer des jolies fringues et à se maquiller pour sortir le soir. Mais elle n'a aucun problème non plus à s'enlaidir, à faire le clown, à mettre un nez rouge et grimacer. Le comique, dit-elle, procède d'une forme de dégradation. Et puis, vous voulez de la joliesse ? Je vous emmerde ! Mignonne quand elle l'a décidé, moche selon son bon vouloir. En un mot : libre !

Dans *Le Locataire*, la bibliothécaire dont elle tient le rôle participe à une fête chez le tourmenté Trelkovsky (joué par Polanski). Les invités débattent de la question de la prostitution. Une fille se récrie qu'elle n'accepterait jamais, même pour une grosse somme d'argent. Un type la charrie : de toute façon, personne ne le lui proposera jamais, qu'elle se rassure. Josiane, cigarette à la main, grandes lunettes sur le nez et barrette retenant ses cheveux sur le front, écoute les convives. Polanski semble intéressé par le visage de Balasko : il la cadre en gros plan, captant la mélancolie de son personnage… L'air agacée, la bibliothécaire finit par lâcher : « Vous pouvez pas parler d'autre chose ? » Un invité joué par Bernard

Fresson la rembarre : « Oh la barbe ! Tu veux qu'on parle du MLF ? Avec la gueule qu'elles ont, au MLF… »

Un petit rôle dans *Le Locataire*, c'est un cachet bien plus significatif que toutes les représentations que Josiane peut donner dans les cafés-théâtres. Avec ses copains, elle se retrouve parfois au Petit Vatel ou au Duc des Lombards pour déjeuner pas cher et se refiler des tuyaux pour des petits rôles. La télévision offre aussi un débouché non négligeable. À l'époque, les studios de l'ORTF aux Buttes-Chaumont ne sont pas une forteresse verrouillée. Les jeunes acteurs font les couloirs, entrant à l'improviste dans les bureaux pour rencontrer les assistants et leur laisser leurs photos… Josiane apparaît ainsi dans *Les Quatre Cents coups de Virginie* (1979), une mini-série dans laquelle jouent aussi Anémone et Michel Blanc.

Les étincelles avec Coluche

Ce jour-là, Josiane partage un verre avec des copains dans un café de Montparnasse. Le dos relâché, les jambes légèrement écartées, elle fume tranquillement une cigarette. Surgit Coluche, la voix claironnante et prenant l'espace comme à son habitude. Il observe Josiane d'un air goguenard et lui lance : « C'est pas une tenue pour une jeune fille ! » À quoi elle rétorque du tac au tac : « Qu'est-ce qui te dit que je suis encore une jeune fille ? » Coluche n'a pas tout à fait l'habitude que les filles lui répondent. C'est une grande gueule charismatique qui vanne facilement et devant qui beaucoup s'écrasent. Avec Josiane, il tombe sur un os.

Coluche veut reprendre *Ginette Lacaze, 1960*, son spectacle musical[1] monté initialement quatre ans plus tôt, en 1972, au 16, impasse d'Odessa. Cette fois, ce sera dans la salle plus grande de l'Élysée-Montmartre. C'est l'histoire de Ginette (Myriam Mézières), une fille dont tous les garçons sont amoureux depuis la communale, dont Bobby (Coluche). Ginette a une copine moche, Monique, qui l'accompagne partout. Le spectacle met en scène le quotidien de Ginette et de ses copains. Arrivent la guerre d'Algérie, puis les années 1960 avec leurs « blousons noirs ». La belle Ginette devient une vedette de la chanson… Pour son spectacle, Coluche engage Christian Clavier, Thierry Lhermitte, Martin Lamotte, Gérard Lanvin… Dans la version de 1972, c'était Christine Dejoux (petite amie de Martin Lamotte à la ville) qui jouait Monique. Cette fois, c'est à Josiane Balasko que Coluche propose le rôle. D'abord, Josiane répond à Coluche d'un ton un peu blasé : « Je ne suis pas sûre que ça m'intéresse. » L'humoriste, habitué aux rebuffades de celle qui lui tient tête, ne se démonte pas : « T'as tort, tu verras… » Elle finit par accepter.

Josiane chante juste. Il faut dire qu'elle a pris quelques cours de chant avec la mère d'un copain pour parfaire sa technique. Dans une scène de *Ginette Lacaze*, elle doit danser un rock'n'roll endiablé – un morceau de bravoure. Lors de la première, elle fait des étincelles. Le public la bisse. Elle fait ensuite un carton tous les soirs avec ce numéro. « Chante plus fort, tu feras rire encore plus ! » balance un jour Coluche, vachard. Les relations entre Josiane et l'humoriste sont complexes. Elle apprécie le

1. L'orchestre est celui de Xavier Thibaut, fils de Jean-Marc Thibaut.

comédien, mais ne goûte guère son côté chef de bande légèrement dictatorial. Et puis, elle entend de plus en plus l'expression « la petite sœur de Coluche » lorsqu'on parle d'elle. C'est vrai qu'ils ont en partage ce bagou des faubourgs parisiens, cette gouaille que d'aucuns jugent « vulgaire », et cet esprit volontiers provocateur, transgressif. Ces deux-là se comprennent, c'est certain. Mais pourquoi faire toujours de la femme l'épigone de l'homme ? Lorsque Josiane se fera quelques années plus tard opérer le nez par un chirurgien plastique pour le raccourcir, Coluche balancera, railleur : « Tu cherches à être belle ?! » Josiane répondra alors immédiatement sans ciller : « Non, je cherche à plus te ressembler. »

Membre du Splendid

À plusieurs reprises, Coluche essaie d'entrer dans la troupe de potes qu'il côtoie rue d'Odessa. Mais la bande de copains du lycée Pasteur se méfie. Marie-Anne Chazel trouve que c'est un type génial, mais aussi un monsieur-je-sais-tout, un tyran ! Elle pressent avec ses amis qu'ils ne pourront pas supporter son côté très envahissant. La « troupe du Splendid », puisque c'est dorénavant le nom qu'elle porte, ne veut pas être la « troupe de Coluche ». Les six compères et commères – Jugnot, Lhermitte, Clavier, Blanc, Chazel et Mairesse – ne veulent pas de patron !

En cette année 1976, l'ambiance est cependant un peu plus tendue que d'ordinaire au sein de la bande. Ils ont entrepris de transformer eux-mêmes en théâtre une mûrisserie de bananes du quartier des Halles, rue des Lombards, et le chantier est colossal. Des copains ont prêté généreusement de l'argent, parmi lesquels Patrick Dewaere, Miou-Miou, Julien Clerc et Coluche… Le gros œuvre, la plomberie, l'électricité, les peintures, tout cela est éreintant… Ces travaux prennent tellement de temps qu'il n'en reste guère pour jouer la comédie. Il y a également de l'eau dans le gaz avec Valérie Mairesse. Ses amours houleuses avec Thierry Lhermitte créent une tension dans le groupe. Elle vient d'accepter de jouer dans un film d'Agnès Varda, *L'une chante, l'autre pas* (1977). C'est l'occasion de lui soumettre un ultimatum. Michel Blanc s'en charge : soit tu fais le film et tu quittes la troupe, soit tu y renonces et tu restes. L'opportunité d'apparaître sous la caméra de l'auteure de *Cléo de 5 à 7* ne se refuse pas. Valérie Mairesse sera exclue.

Il faut donc trouver une remplaçante. Cela fait un petit bout de temps que Josiane Balasko côtoie les joyeux lurons. Elle se sent très proche de leur humour et s'entend à merveille avec eux. Elle a une forte personnalité et n'a pas l'intention de se dissoudre dans un collectif en abandonnant par principe tout projet personnel. Mais, comme le dit Bruno Moynot, « le Splendid est une association d'individualistes à fortes personnalités qui fonctionne très bien ». Josiane peut donc y trouver facilement sa place. Elle accepte.

Toutefois, elle ne veut pas racheter les parts de la SARL du Splendid qui appartiennent à Valérie Mairesse. C'est donc son amoureux Bruno Moynot qui s'en charge. Par la même occasion, il devient lui aussi partie intégrante de la troupe. Le Splendid n'est pas fâché de bénéficier du précieux concours du bricoleur hors pair qui va donner un sérieux coup de main au chantier du théâtre de la rue des Lombards. En général, ce sont les hommes qui ramènent leurs petites amies dans les entreprises. Avec Josiane, c'est l'inverse !

Elle apporte aussi et surtout sa créativité, sa personnalité singulière et son humour provocateur. Son arrivée fait du bien à la troupe. Les garçons l'adorent. Pour autant, il n'y a ni compétition, ni tension avec l'autre fille de la bande, Marie-Anne Chazel. Si Josiane est une pudique qui s'est créé un personnage de bulldozer, Marie-Anne est une grande timide qui cherche le masque du clown plutôt que de mettre en avant sa jolie silhouette dont elle ne fait aucun cas, étant paradoxalement plutôt complexée.

Un vrai collectif

Tout le monde a son mot à dire parmi ces sept personnalités extrêmement différentes. On n'accepte une idée que s'il y a unanimité, et dans le cas contraire, il faut parvenir à convaincre les autres, ce qui parfois donne lieu à de longues tractations. Comme un reste de Mai 68. Il est vrai que Thierry Lhermitte et Christian Clavier ont connu un épisode d'adhésion au parti communiste… Enfin, un épisode très court ! Si la troupe n'est pas officiellement politisée, elle réalise pourtant bel et bien l'utopie d'horizontalité. Les cachets sont partagés équitablement entre sept, même si chacun n'a pas fourni exactement le même apport au texte.

Le groupe se retrouve parfois chez Michel, et volontiers chez Marie-Anne et Christian, alors que chez Josiane, c'est vraiment trop « bordélique » ! Thierry Lhermitte se souvient des séances d'écriture à sept : « On avait un mode de fonctionnement assez curieux. On discutait beaucoup avant de s'y mettre, on disait des conneries pendant une bonne heure – pourtant on se voyait matin, midi et soir, mais on arrivait encore à en dire –, puis on se mettait à travailler gentiment, et très sérieusement en même temps. » Les auteurs cherchent un sujet : « On vérifiait si ça tenait le coup, si c'était inspirant, si des personnages surgissaient, si on était sûrs de tenir quelque chose. » Puis des scènes viennent, une structure se dessine. Alors, les sept auteurs écrivent, scène après scène. Le crayon tourne. Enfin, c'est plutôt Thierry, Christian et Marie-Anne qui le tiennent car ils écrivent lisiblement, contrairement à Josiane !

Gérard trouve beaucoup de gags. Il se fait aussi souvent vanner, « parce qu'il était très sincère, très premier degré, alors c'était un plaisir de le faire bisquer ! » argue Thierry Lhermitte. Christian est bon pour structurer les idées. Josiane, elle, est fortiche pour trouver des titres, des formules. Avec Michel, elle a aussi tendance à se faire censeur : il faut savoir dire non quand ça ne colle pas. Thierry a d'ailleurs parfois des idées de fou, pas tout à fait réalisables... Il arrive aussi que Josiane lise le journal pendant les séances d'écriture, sans en perdre une miette ! Et s'il y a un petit conflit entre les copains, elle se met volontiers en retrait. Quand elle rejoint la bande du Splendid, le suicide de son amie Maryse est encore récent. Marie-Anne Chazel perçoit alors chez la jeune recrue une grande pudeur : « Contrairement à l'image que se font les gens, Josiane ne parlait pas beaucoup. À l'époque, ça m'avait frappée, j'avais senti qu'il y avait une dimension dramatique personnelle très forte chez elle. »

Dans ce groupe de sept, les filles sont en minorité. Pour autant, Josiane Balasko et Marie-Anne Chazel ne souffrent pas de domination masculine. Aucun mec de la troupe ne se comporte comme un macho. Josiane a de toute façon trop de personnalité pour se faire imposer quoi que ce soit, quant à Marie-Anne, elle est « dans une relation d'adolescence avec eux », les connaissant depuis le lycée. Avec Thierry Lhermitte, dragueur invétéré à cette époque selon tous les témoins, Josiane se sent une grande complicité amicale. Parmi la bande du Splendid, il est celui avec lequel la camaraderie restera la plus forte. Thierry la considère depuis ces années-là comme une véritable sœur de cœur. Il embarque d'ailleurs à l'époque Josiane et Bruno sur un voilier qu'il loue à Toulon. Josiane emmène son skye-terrier Isis. Elle n'a pas spécialement le pied marin et laisse les garçons se débrouiller avec la navigation, que les compères sont en fait en train de découvrir tant bien que mal ! On se balade le long des côtes et les amis se poilent tellement qu'ils nomment leurs vacances « la croisière du rire ». L'expérience leur a tant plu qu'ils rempilent lorsque Thierry rencontre la femme qu'il va épouser, Hélène. Cette fois-ci, les copains plus expérimentés naviguent autour de la Corse. C'est de nouveau la poilade.

Barbie

Lorsque Josiane et Bruno se joignent à la troupe du Splendid, ceux-ci ont lancé l'écriture d'un nouveau spectacle : *Le Pot de terre contre le pot-de-vin*. Ils poursuivent l'écriture à sept, entre deux coups de marteau-piqueur pour terminer les travaux du théâtre. La pièce raconte l'histoire d'un industriel, M. Leflouze-Marinière, qui possède une grosse usine de fabrication de jouets. Dans son testament, le patron met au défi ses enfants : celui qui proposera devant notaire la meilleure idée de nouveau jeu héritera de toute la fortune ! Évidemment, tout cela n'est que prétexte pour inventer les gags les plus déjantés.

Sur une chaise de paralytique, Jugnot propose un « jeu de la Sécu », soulignant les relations kafkaïennes entre guichetiers et assurés… Blanc imagine le « Branli-Branlo », un jeu de cartes absurde et incompréhensible où l'on doit manier dix paquets de cinquante-quatre cartes. Lhermitte échafaude le jeu du « Petit promoteur » ou « Comment apprendre à votre fiston à expulser des squatters ». Quant à Balasko, elle crée le jeu « Barbie partouze » ! En tenue d'infirmière, des poupées Barbie accrochées par du Velcro entre ses cuisses, elle donne des leçons de Kamasutra, concluant chaque position suggérée par : « Et le colonel Ampex les regarde ! » Se faisant pédagogue pour son auditoire avec force gestes, elle lance : « Comme ça, Barbie est bien ouverte, dans la position idéale, pour que GI Joe la besogne. » À d'autres moments du spectacle, Josiane apparaît en guêpière ou habillée de voiles pour effectuer une danse du ventre. Des chansons ponctuent parfois la représentation, comme celle entonnée par Josiane et Thierry : « Nous sommes le couple Flan / Nous n'avons pas d'enfant / Mais nous nous aimons tout autant que le testament. »

Au début, il faut l'avouer, le spectacle n'est pas un franc succès. La troupe, épuisée par les travaux du théâtre, n'a pas eu beaucoup de temps pour fignoler les gags ni répéter. Le soir de la première, des copains viennent à la fin de la représentation soutenir les comédiens sonnés par le petit désastre. Coluche invite la troupe à dîner pour la réconforter. Finalement, après modifications et rodage, les sept acteurs parviennent à emporter le morceau. Des critiques conseillent le spectacle et le public commence à affluer pour voir les Splendid sur la toute petite scène en « forme de couilles », comme aime dire la bande ! Thierry Lhermitte est chargé de pousser les spectateurs pour qu'ils s'entassent au maximum sur les bancs d'école de récup tout juste rembourrés par une fine couche de mousse. L'hiver, on leur sert une soupe, l'été, une crème glacée. Mais la logistique exigée par la distribution de glaces est tellement compliquée qu'on décide assez vite de remplacer l'esquimau par un gobelet de thé à la menthe au goût approximatif.

Afin de faire patienter les spectateurs aux entractes, les Splendid ont concocté de fausses publicités, filmées en 16 mm par Charles Némès, un ami de Gérard Jugnot. Il y a notamment celle pour le suppositoire Bismu-Grippol, « le suppo qui fond dans l'anus, pas dans la main », comme l'expérimente Thierry ! Josiane, elle, figure dans la publicité pour les matelas Fucky, qui absorbent tous les chocs. Josiane dort en effet à poings fermés, alors que son mari Michel besogne avec ardeur Marie-Anne juste à côté d'elle. Les Nuls de Canal Plus se souviendront de ces fausses pubs de leurs aînés… Josiane, comme tous ses camarades du Splendid, n'aura pas de scrupules à tourner également de vraies réclames, par exemple avec Marie-Anne pour les chaussures Eram. Ces spots rapportent évidemment des cachets substantiels qui permettent de payer des spectacles qui, pour l'heure, ne sont pas encore rentables.

Invités forum

Créé en 1950, le Club Méditerranée prend un sérieux essor dans les années 1970. Le forfait tout compris (gîte, sport, nourriture à volonté…) attire les classes moyennes. Le tutoiement généralisé est de rigueur. Le temps de la villégiature, les vacanciers en maillot de bain ont l'illusion que s'abolissent les classes sociales. Les rencontres sont favorisées par les activités sportives et « culturelles » en groupe. Les paillotes et les bungalows invitent à la promiscuité. Avec la révolution sexuelle des années 1960 et 1970, le Club acquiert bientôt la réputation d'être un grand lieu de rencontres pour célibataires ou couples libres. De jeunes artistes sont par ailleurs sollicités pour animer les soirées des vacanciers. En échange de ces prestations, ils sont logés et nourris à l'œil. Il suffit d'un ou deux spectacles pour rester gratis une semaine.

La troupe du Splendid flaire le bon filon et se fait embaucher. Les comédiens sont appréciés de Lydie Trigano, la fille du fondateur, qui s'occupe de ces « invités forum ». À nous le soleil et la mer ! Lorsque Josiane et Bruno rejoignent le groupe en 1976, ils ne connaissent pas encore le club, contrairement à leurs copains qui y ont déjà séjourné plusieurs fois. Josiane fait son baptême du feu en Turquie. Observatrice impénitente, elle regarde avec amusement les GO (les « gentils organisateurs ») que leurs instructions tacites incitent à ne pas laisser les vacancières trop esseulées – il faut satisfaire la cliente !

Sur la plage ensoleillée... (1977)

Avec ses potes de la troupe, Josiane se fait entomologiste en tongs et paréo. Les Splendid notent les mœurs drolatiques des vacanciers, mémorisent telle réplique grotesque, relèvent tel comportement absurde. Une véritable mine d'or pour l'écriture d'un nouveau spectacle ! Ils n'ont presque rien à inventer. Ainsi de la réplique prononcée par un fanfaron : « Et tu as baisé combien de kilos de nanas cette nuit ? » C'est Josiane qui trouve le titre de la pièce, *Amours, coquillages et crustacés*, inspiré à la fois par la chanson de Bardot de 1963, *La Madrague*, et par la comédie de mœurs italienne de Luigi Comencini, *Pain, amour et fantaisie* (1953).

La troupe repeint la scène de leur théâtre en jaune pour imiter la couleur du sable et reconstitue les tropiques avec un palmier en plastique. On pose un rideau de perles, bricole une piscine qui émerge d'une trappe. On fait enfin flotter une odeur d'ambre solaire pour achever de donner aux spectateurs l'illusion des vacances au soleil. Une scène de ski nautique constitue un des clous du spectacle : les skis sont montés sur roulettes et un système de poulies permet de propulser manuellement le skieur qui, à la fin, projette une gerbe d'eau venue des combles, éclaboussant les spectateurs des premiers rangs !

Les comédiens du Splendid aiment interchanger leurs rôles dans la pièce. Ils font aussi parfois appel à des remplaçants lorsque l'un ou l'autre joue un petit rôle dans un film ou se produit chez les copains du Café de la gare, comme c'est le cas de Thierry Lhermitte. Les doublures se nomment Gérard Lanvin ou Claire Nadeau. Il y en a un qui n'en a pas en revanche, c'est le slip de bain de Michel Blanc ! Chaque soir, l'acteur se prend sur scène une tarte au fromage blanc, qui dégouline souvent jusqu'au dit slip de bain. Michel Blanc jugeant qu'il n'est guère utile de le laver (après tout, le slip ne sert que quelques minutes sur scène), le bout de tissu commence à cocoter méchamment… Les copains finissent par asperger le slip avec un parfum de muguet tellement écœurant que le comédien accepte de passer son slip à la machine.

Les spectateurs sont d'emblée conquis. Même l'équipe du Club Méditerranée se déplace pour rire de bon cœur. La bande de *Charlie hebdo* avec Delfeil de Ton fait beaucoup pour le succès du spectacle en louant la causticité de cette troupe de trublions. De jeunes étudiants arrivent souvent avec le *Charlie* sous le bras et obtiennent ainsi une réduction. Les deux cents places de la rue des Lombards sont ainsi occupées chaque soir et permettent de rembourser les dettes contractées pour les travaux du théâtre.

La bande ne tarde pas à reconnaître dans la salle des vedettes du cinéma ou de la chanson, comme Lino Ventura, Claude Nougaro, Jean Carmet ou Jean Rochefort. Des réalisateurs et leurs assistants viennent aussi repérer les comédiens qu'ils pourront embaucher pour leurs films. Bertrand Tavernier est particulièrement friand de ces jeunes gens talentueux qu'il a d'ailleurs déjà engagés : Clavier, Jugnot et Blanc ont un rôle dans *Que la fête commence* (1975). Il choisit Balasko lorsqu'il réalise une publicité pour La Poste. Mais cette réclame sera finalement censurée car jugée trop salace par l'institution. La cote des Splendid grimpe donc irrésistiblement… En première partie de soirée, Dominique Lavanant joue également avec succès *Frissons sur le secteur*, un seule-en-scène qu'elle a écrit en puisant dans son expérience de contractuelle.

Paradis

Yves Robert fait partie des réalisateurs qui fréquentent les cafés-théâtres de l'époque, à la recherche de nouveaux talents. Avec son scénariste et dialoguiste Jean-Loup Dabadie, ils viennent de remporter un grand succès public avec *Un éléphant, ça trompe énormément* (1976). Le jeune Christophe Bourseiller y faisait une cour éhontée à sa professeure incarnée par Danièle Delorme, quand bien même l'épouse de Jean Rochefort l'éconduisait obstinément : « J'aime vos seins… J'ai dit à mes parents que j'allais me marier avec une femme mariée. Nous nous passerons de leur consentement, mon amour. »

Le succès de la comédie d'Yves Robert est tel que le réalisateur tourne sans tarder une suite, *Nous irons tous au paradis* (1977), dans laquelle rempilent Jean Rochefort et ses copains (Victor Lanoux, Guy Bedos, Claude Brasseur), mais aussi Danièle Delorme, sans oublier Marthe Villalonga, inoubliable mère abusive de Bedos. Dans ce second opus, le jeune Christophe Bourseiller a désormais une amoureuse de son âge. C'est Josiane Balasko qui est engagée pour l'interpréter et Jean-Loup Dabadie baptise le personnage « Josy » ! Yves Robert présente à Christophe Bourseiller sa future partenaire en ne tarissant pas d'éloges à son égard : « Balasko est géniale ! Extraordinaire ! » Une certaine similitude d'allure entre les deux acteurs – visages lunaires, cheveux bouclés, lunettes – permet de souligner à l'écran la dimension de jeune « petit couple » fusionnel.

Grâce à cet engagement dans une comédie populaire, Josiane a la possibilité de se faire connaître d'un large public. Le rôle est court et le défi est donc pour elle de marquer les spectateurs en peu de temps. Danièle Delorme loue une chambre de bonne à son ancien soupirant Lulu. Pleine de prévenance, elle pose du papier peint sur les murs pour rafraîchir les lieux. L'étudiant est alors assis sur un canapé à côté de Josy et se fait inspecteur des travaux en critiquant le résultat. Danièle Delorme rétorque qu'il n'a qu'à faire le boulot lui-même. C'est là que Josy intervient. Retirant ses grandes lunettes et plissant ses yeux de myope, elle s'adresse à son aînée d'un ton revendicateur : « Il vous loue la chambre, il a le droit de s'exprimer quand même, c'est pas parce qu'on est des jeunes… » Lorsque Jean Rochefort lui est présenté par Lulu, Josy daigne un « salut » glacial, les dents serrées. Plus tard dans le film, Josy, enceinte de Lulu, tance vertement Jean Rochefort dans une tirade irrésistible, le fustigeant de n'avoir pas condamné fermement Lulu lorsqu'il faisait la cour à son épouse : « Je n'épiloguerai pas sur votre complaisance. Je vous mets en demeure de me rendre les lettres et portraits qu'elle a pu garder afin de détruire les vestiges de cette liaison lamentable. » Christophe Bourseiller, apeuré, finit par la suivre comme un toutou : « Oui, mon amour ! » De toute évidence, Yves Robert et Jean-Loup Dabadie sont allés chercher Josiane Balasko pour cette autorité « naturelle » qu'elle dégage[1].

---

1. On voit Josiane Balasko à quelques autres reprises dans le film, notamment dans un cours de théâtre donné en appartement par Daniel Gélin, tel une réminiscence du cours Balachova.

La comédienne se fait d'autres petits cachets au cinéma en 1977, en apparaissant dans des films à budgets importants. Il y a *Monsieur papa* de Philippe Monnier (avec Claude Brasseur), mais aussi *Dites-lui que je l'aime* (1977) de Claude Miller avec Gérard Depardieu et Miou-Miou, où Christian Clavier joue un second rôle. Josiane y fait une apparition dans une boîte de nuit en guinchant aux côtés des deux acteurs principaux. Dans *L'Animal* de Claude Zidi (avec Jean-Paul Belmondo), le chef opérateur se montre impressionné par la jeune recrue qui le regarde droit dans les yeux en lançant les répliques sans trembler. Il demande au réalisateur : « Qui c'est la petite, là ? Où tu l'as trouvée ? Tu as vu comment elle me regarde quand elle joue ! » L'aplomb de la jeune Josy ne passe décidément pas inaperçu.

Bisbilles avec Coluche

Tandis que la bande du Splendid joue *Amours, coquillages et crustacés* rue des Lombards, Martin Lamotte se produit non loin de là à La Veuve Pichard dans une parodie historique de son cru, *La Revanche de Louis XI*, avec sa troupe : Christine Dejoux, Anémone, Jacques Delaporte, Renaud, Gérard Lanvin… Il arrive que Coluche y fasse un remplacement. L'humoriste à salopette s'inspire largement de la pièce de Lamotte lorsqu'il écrit le scénario de son premier film comme réalisateur, *Vous n'aurez pas l'Alsace et la Lorraine* (1977), une parodie de film historique en chansons. Il réunit pour la distribution Anémone, Gérard Lanvin, Martin Lamotte, Dominique Lavanant, ainsi que tous les comédiens du Vrai Chic parisien (Claire Nadeau,

Christine Dejoux, Roland Giraud…) et ceux de la troupe du Splendid. Enfin, tous sauf une : Josiane Balasko ! Les relations entre ces deux-là sont décidément compliquées, avec des hauts et des bas. Josiane ne se démonte pas quand elle constate que Coluche ne l'a pas choisie. De toute façon, ça n'est pas son genre de se laisser démonter ! Elle vient même tranquillement en visiteuse sur le tournage pour voir jouer ses copains du Splendid dans la comédie qui se révélera, du propre aveu de Coluche, un échec… À tel point qu'il abandonnera à jamais la réalisation.

Le film ne le ruine tout de même pas (il fait un peu plus de 800 000 entrées) et l'humoriste s'installe quelque temps plus tard dans une maison de ville en briques en face du parc Montsouris. Il fait faire des travaux pour transformer les lieux en « maison des jeunes et de la déconnade ». L'immense sous-sol devient ainsi une salle de jeux avec flipper et billard. Une piscine à moitié découverte sera même construite par la suite ! L'humoriste fait table ouverte en régalant les copains avec force victuailles. La maison de la rue Gazan devient ainsi un haut lieu de festivités pour les humoristes, les comédiens du café-théâtre parisien et les journalistes de *Charlie hebdo*.

« Une fausse bête qui monte »

Le 25 janvier 1978 sort sur les écrans un drôle de long-métrage dont l'affiche impose en grosses lettres le nom de Josiane Balasko, surmonté de son visage dessiné en forme de pion d'échiquier. C'est *Pauline et l'ordinateur*, réalisé par Francis Fehr et écrit par Josiane. C'est son premier « rôle vedette » sur grand écran. Sur le ton de la farce et mélangeant reportage et fiction, elle s'est écrit un scénario comique « sur mesure », dans lequel elle lutte avec son poids et sa gourmandise. Pauline monte sur la balance, constate ses 59 kg (« Ça va, j'ai de la marge »), pèse ensuite tous ses aliments, se remet sur la balance, voit qu'elle atteint à présent 60 kg et s'exclame : « C'est pas vrai ! J'ai pas pu prendre un kilo en une minute ! » Pauline sort alors sa machine à calculer : « Une tartine fait 50 grammes, or j'ai pas mangé 20 tartines ! » L'autodérision toujours comme exutoire. Un jour, Pauline décide de tout envoyer promener : ses soucis de poids, son petit ami et même son boulot. Mais elle ne tarde pas à découvrir qu'elle n'est pas véritablement affranchie car elle est prisonnière de l'informatique. Partout, comme tout le monde, elle est mise en fiches. Pauline prend alors son bâton de pèlerin et rencontre des experts de divers horizons (conseiller d'État, député, scientifique, cardiologue, psychiatre, informaticien...), parmi lesquels (au Cirque d'hiver !) Jacques Attali, en qualité de spécialiste des robots, de la société de surveillance et des objets nomades. Gérard Jugnot, Martin Lamotte et Marie-Anne Chazel font aussi partie du générique.

« Un petit film qui mérite l'attention des cinéphiles et surtout de ceux qui suivent la carrière de cette drôle de fille qui s'appelle Josiane Balasko » (*France-Soir*). « Josiane Balasko a beaucoup de sève, de vitalité » (*L'Humanité*). « Josiane Balasko (une fausse bête qui monte) prête à Pauline sa belle rondeur, sa franchise et une gaieté cocasse qui forment le meilleur du film » (*Le Matin*). La revue de presse élogieuse de *Pauline et l'ordinateur* a de quoi surprendre, alors que le long-métrage a été totalement oublié ! Le film réussit même à se faire sélectionner à Cannes dans la section « Perspective du cinéma français » (1979). Un journaliste de *Télérama* souligne alors que « la morale de cette fable décousue est qu'il faut lutter de toute notre vigilance contre la prolifération des fichiers centralisés, lesquels ne tombent pas forcément en des mains innocentes[1] ». Josiane Balasko et Francis Fehr avaient en effet eu du nez en anticipant sur le phénomène des machines qui nous volent notre mémoire et menacent notre vie privée.

Coup de foudre amical

« Actuellement, les filles deviennent de plus en plus libérées et audacieuses, et du même coup, les garçons en arrivent à rester sur la réserve. J'ai donc imaginé l'aventure d'un jeune homme doux qui arrive de province et rencontre une fille qui lui plairait s'il ne se faisait brutalement draguer par elle, avant même qu'il ait commencé les travaux d'approche[2]. » Jean-Marie Poiré, trente-trois ans, ancien rocker, explique ainsi au journaliste venu l'interviewer l'origine de son premier long-métrage comme réalisateur, *Les Petits Câlins*, sorti sur les écrans le même jour que *Pauline et l'ordinateur*.

---

1. *Télérama*, 25 janvier 1978. Le journaliste ajoute aussi : « Sur le thème sérieux et grave de l'invasion informatique, Francis Fehr a composé une comédie insolite et insolente que l'on suit avec amusement et cette indulgence de principe qu'inspire toute œuvre marginale. »
2. *Le Dauphiné libéré*, 27 février 1978.

Sophie, l'amazone conquérante qui drague « brutalement » le jeune homme déboussolé, est incarnée par Dominique Laffin. Josiane a déjà croisé cette jeune première qui monte[1] dans la scène de boîte de nuit de *Dites-lui que je l'aime* (1977). Sophie a deux amies colocataires, et Josiane a su décrocher le second rôle en se présentant simplement au casting. Le jour où elle arrive pour passer les essais, Jean-Marie Poiré éprouve un « immédiat courant de sympathie » pour la jeune femme. Il lui propose alors quelque chose qu'il ne fait jamais avec les autres actrices : prendre un café dans le bistrot en bas de l'immeuble. Durant deux heures, ils plaisantent, évoquent les films, les musiques et les livres qu'ils aiment. Poiré sait que la journée de travail est compromise, mais il assume : « C'était presque comme un coup de foudre en vérité. »

Une « blague à la con »

Josiane interprète dans *Les Petits Câlins* une jeune femme ayant moins d'aisance que ses colocataires pour draguer les garçons. C'est la bonne copine patiente à qui l'on se confie et qui fait la popote pour tout le monde… Finalement, elle noue une relation heureuse avec un garçon, se révélant bien moins tourmentée que Sophie l'amazone. Et tout se passe un peu comme si réalité et fiction se rejoignaient. Dominique Laffin, « petit miracle

1. Dominique Laffin est la mère de la femme politique Clémentine Autain, qui joue le rôle de la propre fille de Dominique Laffin dans le film (elle a alors quatre ans), et qui a consacré un livre à sa mère sorti en 2019 : *Dites-lui que je l'aime*, Paris, Grasset.

de photogénie » selon les mots de Poiré, confond le film et sa vie privée. Elle rechigne à jouer certaines scènes selon les indications du réalisateur au prétexte qu'elle-même ne réagirait pas ainsi dans la vie. Poiré s'arme de patience et fait allusion à Ingrid Bergman à laquelle Hitchcock, quand elle résistait dans une scène, intimait l'ordre de *juste faire semblant* ! « Mais Dominique ne savait pas faire semblant... »

Durant le tournage, Josiane fait une blague récurrente à Jean-Marie : « Je suis tellement bonne qu'on va être obligés de me couper au montage, tu vas voir ! » Le père du cinéaste, le producteur Alain Poiré de la Gaumont, a envoyé Yves Robert vérifier que son fils ne s'égare pas sur son premier long-métrage. Le cinéaste a un peu le mauvais rôle et, en regardant les rushs, trouve le film trop choral, estimant que Josiane fait de l'ombre à Dominique Laffin. Jean-Marie Poiré est donc contraint de recentrer l'histoire sur le personnage principal. « Tu vois, Josiane, est-il obligé de lui avouer ensuite, cette blague à la con que tu faisais pendant le tournage, c'est exactement ce qui arrive ! »

Complexe

Le réalisateur est confronté à un autre problème. Josiane a depuis longtemps un complexe au sujet de son nez qui ressemble à celui de sa mère. Un nez pointu, un peu long. Une maquilleuse lui a déclaré un jour : « Refuse le profil ! » Sur le tournage des *Petits câlins*, ce conseil tourne sans cesse dans sa tête et lui fait perdre ses moyens lorsqu'elle est filmée de profil, au point de ne plus savoir son texte. Au bout d'un moment, Poiré saisit que ces trous de mémoire surviennent toujours lorsqu'il la cadre sous cet angle.

À la fin du tournage, c'est décidé : Josiane se fait opérer. Ça tombe bien, le père de Christian Clavier est chirurgien plastique et lui fait un prix ! Christine Dejoux essaie de dissuader sa copine : « Mais pourquoi ? Tu es mignonne comme tout. Impose-le, ton nez ! Quand tu seras célèbre, tu rencontreras des réalisateurs qui sauront te photographier. » Mais Christine ne parvient pas à convaincre son amie… Josiane passe sur le billard. Après l'opération, elle se sent libérée. Non seulement elle n'a plus ce complexe d'avoir « le gros pif de sa mère », mais elle estime que désormais, elle n'a plus de « mauvais profil » pour la caméra.

Cependant, pour Jean-Marie Poiré, cette rhinoplastie est assez catastrophique. Josiane doit en effet revenir faire de la postsynchronisation. Or, la forme du nez d'un individu influe sur la couleur, le timbre, voire la tessiture de la voix. Et Josiane n'a plus la même voix. Poiré a l'impression que ce n'est plus la même personne ! Elle est contrainte de reprendre les répliques un peu en amont et en aval pour recréer une impression sonore homogène. Heureusement, au grand soulagement du réalisateur qui sait que les acteurs ne sont pas tous très bons en synchro, Josiane arrive à retrouver les sentiments de son personnage.

Lorsque *Les Petits Câlins* sort en salle, la critique se montre bienveillante pour ce film générationnel, qui explore avec tendresse les nouvelles dynamiques entre les femmes conquérantes et des « hommes-objets » déboussolés. Pendant la promo, Dominique Laffin est pourtant dans la détresse. Elle a des problèmes d'alcool et appelle régulièrement Jean-Marie Poiré en pleine nuit... La comédienne très vulnérable ne parviendra pas à vaincre ses démons et décédera à l'âge de trente-trois ans, d'un arrêt du cœur.

Film X !

Si Josiane Balasko commence bel et bien à se faire un nom dans le septième art, elle n'en demeure pas moins à l'affût des cachets pour joindre les deux bouts. Luc Béraud réalise *La Tortue sur le dos* (1978) avec Jean-François Stévenin et Bernadette Lafont, sur un scénario écrit avec Claude Miller. Dans ce film d'auteur qui retrace les déboires d'un écrivain en panne d'inspiration, la bande du Splendid fait, selon le jargon, « une panouille[1] » : au petit matin, les joyeux drilles passablement éméchés déambulent dans une voiture décapotable, croisant le chemin du héros.

Un jour, des copains du Café de la gare mettent les membres du Splendid sur un autre coup pour se faire un peu d'argent. Un certain Raymond Lewin a l'idée de surfer sur la vague du film X en bricolant un ovni méta-pornographique au titre à rallonge, *Si vous n'aimez pas ça, n'en dégoûtez pas les autres* (1978). Le dispositif est le suivant : des spectateurs entrent dans une salle de cinéma parisienne pour assister à la projection d'un film érotique soft, avec gourgandines se donnant mutuellement du plaisir sur une musique sirupeuse. Les spectateurs

1. Une figuration.

de la salle de projection commentent ce qu'ils voient sur l'écran au fur et à mesure que le film défile. Le réalisateur a demandé aux comédiens d'improviser leurs répliques. Un champ/contrechamp systématique fait donc alterner les images du film A et celles du film B. Peu à peu, le X vaporeux s'oriente vers le porno hard, avec toutes les figures imposées du genre. Dans la salle, les esprits s'échauffent.

Thierry Lhermitte, Gérard Jugnot, Christine Dejoux[1], Sophie Chemineau, Martin Lamotte, Sotha et Romain Bouteille ont accepté d'être parmi ces spectateurs, aux côtés de l'aîné Pierre Doris… Ce dernier fait mine de ne pas savoir qu'il va assister à un film X (il est venu voir « *La Chevauchée fantastique* avec Belmondo » [*sic*]) et s'étrangle devant ces cochonneries contemporaines. Un semblant de dramaturgie s'organise dans la salle de projection : Pierre Doris tient le crachoir, et les autres spectateurs ont tendance à réagir en fonction de ce qu'il dit. Le plus en verve, outre Romain Bouteille, est Gérard Jugnot. Petit florilège des commentaires spontanés de tous ces spectateurs, tour à tour fascinés et scandalisés : « C'est un vrai graissage ! C'est un film réclame pour le beurre d'Isigny ? – Si c'était porno, ça serait pas du beurre ; ça, c'est de l'érotisme : le porno, c'est avec de la margarine », « Vous avez vu le concombre ? C'est un porno écologique, elle l'a même pas épluché, alors… », « Le petit livre rouge, c'est quand même mieux que ça, y a des idées », « Ça n'en finit jamais ? C'est *Le Jour le plus long* ? », « Finalement, ça laisse pas beaucoup de place à l'imagination ».

1. Celle-ci est créditée Christine Depoux, tandis que Josiane est créditée « Balaskovic ».

Josiane Balasko, qui ne participe pas à ces saillies, finit par lancer, agacée : « On peut pas le voir tranquillement ce film, merde ?! » Puis, grand moment de dramaturgie, elle se lève pour aller chercher la plaquette de pilules contraceptives qu'elle a égarée. Elle s'approche de Gérard Jugnot qui, pensant que c'était un bonbon, a avalé une pilule : « Ça avait un goût de menthe », plaide-t-il. Il s'angoisse : « Peut-être que je vais devenir une femme ? » Un spectateur se moque : « Ça fait pousser les cheveux… » De sa voix haut perchée, Jugnot riposte : « Vous vous moquez parce que je suis chauve ? »

Bien des années plus tard, le film sort en DVD avec, sur la jaquette, le visage des acteurs du Splendid ayant participé à cet objet à la fois potache et pornographique. Un « coup » marketing pour un film oublié, certes. Mais *Si vous n'aimez pas ça, n'en dégoûtez pas les autres* dit aussi quelque chose de ces années 1970 où la libération sexuelle tous azimuts est exploitée par l'industrie cinématographique. En 1978, un de ces films érotiques, *Emmanuelle*, passe encore sur les Champs-Élysées. Il est pourtant sorti en 1974. Film phénomène, il fait la fortune de son producteur qui n'est autre que l'oncle de Christian Clavier, Yves Rousset-Rouard.

5

Gagner sa place au soleil

« On ne peut pas se moquer de Josiane,
elle est la première à le faire.
Et quand vous êtes le premier à rire
de vous-même, vous êtes indestructible. »

Patrice Leconte

Yves Rousset-Rouard se voit suggérer par sa sœur d'aller voir *Amours, coquillages et crustacés*, la pièce de son neveu Christian Clavier qui joue à guichets fermés rue des Lombards. Durant la représentation, le producteur observe l'hilarité générale des spectateurs. Après les saluts, il vient féliciter la troupe dans la soupente qui leur sert de loge. Pourquoi ne pas adapter leur pièce au cinéma ? Banco !

Les Bronzés (1978)

Yves Rousset-Rouard veut engager un réalisateur connu. Il songe à Édouard Molinaro, Claude Zidi, voire Jean-Jacques Annaud… Mais tous veulent des grosses vedettes, et non des jeunes du café-théâtre. La bande du

Splendid ne l'entend pas de cette oreille-là ! Il est hors de question que le film se fasse s'ils ne tiennent pas les rôles principaux. Et puis, ils ont leur idée pour le réalisateur. Ils veulent Patrice Leconte.

Jeune cinéaste diplômé de l'Idhec et bédéiste au magazine *Pilote*, Leconte fréquente le théâtre de la rue des Lombards où il a sympathisé avec la troupe. Il vient de réaliser son premier long-métrage avec Jean Rochefort et Coluche : *Les vécés étaient fermés de l'intérieur* (1975). Cette parodie de film noir écrite avec Gotlib a beaucoup plu aux membres du Splendid. Leconte, à peu près de leur âge, adore leur fantaisie, leur sens de l'autodérision et le coup de jeune que la troupe apporte au café-théâtre. Il sait aussi reconnaître leur talent de comédiens dans cette salle toute petite où le public voit les acteurs de très près – comme au cinéma…

Pour autant, *Les vécés étaient fermés de l'intérieur* a fait un bide. Bien que mortifié par cet échec, Leconte s'est lancé dans l'écriture d'un nouveau scénario intitulé *Une épouvantable méprise*. Il s'agit d'une parodie de mélodrame bourgeois se passant à la fin du XIXe siècle, avec orphelines qui retrouvent leur père, propriétaires terriens en faillite et amours contrariées. Si chaque membre du Splendid a son rôle dans ce nouveau projet, le jeune réalisateur ne parvient pas à monter le financement du film. Aussi, lorsque le projet d'adaptation d'*Amours, coquillages et crustacés* se concrétise, les Splendid souhaitent en confier la réalisation à leur copain Patrice.

Le bras de fer entre l'oncle nabab et les Splendid ne dure pas longtemps. Yves Rousset-Rouard cède. Il juge toutefois le titre de la pièce vieillot et souhaite rebaptiser l'adaptation *Les Frustrés* : Claire Bretécher lui a donné un dessin (deux vacanciers autour d'un palmier) qui pourrait d'ailleurs servir pour l'affiche du film. La dessinatrice des *Frustrés* est une copine des Splendid et s'entend particulièrement bien avec Josiane. Toutes les deux sont d'ailleurs déjà parties ensemble en vacances dans le Finistère chez Dominique Lavanant. Allongées sur la plage, les trois copines tiennent cinq minutes sur leurs serviettes avant de s'avouer en chœur : « On s'emmerde ! » Dessiner ou jouer sur les planches, c'est tellement plus passionnant…

Le titre *Les Frustrés* aurait pu coller, mais finalement Claire Bretécher trouve le scénario trop éloigné de sa bande dessinée. Rousset-Rouard suggère donc *Les Bronzés*. Un titre court lui semble vendeur. Il songe aussi à ces Parisiens qui vont passer leurs vacances d'hiver au Maroc et reviennent tout fiérots, le visage tanné par le soleil. Jugnot n'adore pas ce titre, craignant qu'on puisse y voir une connotation raciste. Comme personne ne trouve mieux, l'oncle de Clavier emporte finalement le morceau : va pour *Les Bronzés*. Et puis, le producteur accepte de troquer Pierre Bachelet contre Serge Gainsbourg pour la musique. Le générique entonnera l'hymne des vacanciers en goguette : *Sea, Sex and Sun*…

Pour faire un long-métrage de la pièce, Patrice Leconte se retrousse les manches avec les sept joyeux drilles. L'essentiel demeure : la peinture satirique de Français moyens en villégiature, le thème de la libido déchaînée en vacances, et le système dramaturgique de l'arroseur arrosé. Mais on étoffe et on réorganise la structure autour des personnages. Il y a le beau gosse Popeye (Lhermitte), GO champion du monde du tableau de chasse des conquêtes féminines ; Jérôme (Clavier), le médecin faraud qui aime porter le string ; Gigi la minette (Chazel) et

Christiane la rigide (Lavanant), toutes deux célibataires en quête d'un mec ; le dragueur lourd Jean-Claude Dusse (Blanc), éternel looser ridicule, particulièrement lorsqu'il se pare d'algues en guise de cache-sexe[1]. Et puis Nathalie (Balasko) et Bernard (Jugnot), le couple de Français moyens qui essaient de pratiquer l'union libre dans la joie parce que c'est dans l'air du temps, mais qui s'aperçoivent que le libertinage les rend malheureux. Le scénario inclut des seconds rôles de GO (Martin Lamotte, Michel Creton et Luis Rego), un chef de village (joué par Guy Laporte, qui a vraiment exercé ce métier auparavant), sans oublier un vacancier sinistre joué par Bruno Moynot.

Tranches de rigolade

Yves Rousset-Rouard entend parler d'un ancien Club Med de Côte d'Ivoire récupéré par une société italienne. En se rendant sur place à Assouende, il constate qu'il faudra construire des cases car le village est en dur. Lorsque la troupe débarque de l'avion sur le sol ivoirien, tout le monde est saisi par la chaleur humide digne d'un hammam… Des bungalows sont réservés pour loger l'équipe et des zones sont privatisées, mais dans l'ensemble, le club continue ses activités avec ses vrais vacanciers, amusés par le tournage de la comédie. Cela tombe bien, Leconte a besoin de figurants pour plusieurs scènes. Hélas, les « Gentils Membres » ne se pressent pas et c'est donc l'équipe technique qui s'y colle, sans oublier

1. Figure pré-houllebecquienne du mec qui, n'arrivant jamais à « conclure », est exclu du marché du sexe…

les compagnes de Jugnot (Cécile) et Lhermitte (Hélène), qui acceptent de figurer dans une scène de peinture sur corps avec poitrine dénudée !

L'équipe s'installe sur le lieu du tournage. Thierry en profite pour parfaire sa pratique du karaté. Gérard saute sur l'aubaine du ski nautique à gogo, tout en se méfiant des alligators qui peuplent les eaux locales. Les animaux bizarres qui pullulent (araignées, serpents, petits vers qui se glissent sous la peau…) ne manquent pas de causer quelques frayeurs. Il faut aussi se garder des insolations. Celui qui doit faire le plus attention, c'est Michel Blanc, car Jean-Claude Dusse est censé être allergique avec sa peau de roux. On voit ainsi l'acteur déambuler dans le club en sautant d'ombrage en ombrage pour éviter les coups de soleil ! Technique totalement inefficace, mais qui ne manque pas d'égayer les copains. Certains rigolent moins quand ils attrapent la turista… Quant à Dominique Lavanant, une langouste avariée, dégustée à Grand-Bassam, lui ravage l'estomac. Bref, la vie et le cinéma se mélangent joyeusement.

« Vous me faites tous chier ! Je vais perdre du poids ! » : Josiane n'a pas envie de jouer à nouveau le rôle de la bonne copine boulotte-rigolote de la pièce initiale. Si ça l'amuse de s'enlaidir sur scène, la comédienne a aussi envie de prouver qu'elle peut incarner une fille mignonne et sexy. Elle fait donc un régime draconien qui la déleste de dix kilos avant le tournage.

Josiane a toutefois des scènes franchement drôles dans le film, particulièrement avec Popeye-Lhermitte. Patrice Leconte doit parfois interrompre des prises pour ne pas se mordre la joue au sang. La comédienne décide un jour avec Lhermitte de faire une blague au réalisateur : ils s'embrassent sans s'arrêter pour voir jusqu'où Leconte dira « couper ! ». Et ça dure… Dans la séquence du « lagon pourri » où Christian Clavier récite du Saint-John Perse, l'acteur se défroque devant Josiane qui ne l'avait encore jamais vu en mini-string léopard… Là, c'est elle qui a du mal à garder son sérieux.

Les Bronzés se faisant la satire du club de Gilbert Trigano, le film se doit de dépeindre le gigantesque baisodrome que représentent les villages de cases. Le soir où Nathalie se retrouve dans celle de Popeye, elle flatte le beau gosse en lui lançant : « La première fois que je t'ai vu, je me suis dit que tu devrais faire du cinéma, genre les Maciste ou Hercule… » Petit clin d'œil de la dialoguiste à sa propre cinéphilie enfantine, lorsqu'elle accompagnait son père Ivan dans les salles des grands boulevards pour voir des péplums… Popeye croit complimenter sa conquête en lui confiant alors : « Je me suis niqué quatre-vingts gonzesses depuis le début de la saison. Eh ben, sans te flatter, j'ai l'impression que tu vas être dans les dix, quinze premières, toi. » Puis le macho s'exhibe fièrement en slip moulant blanc immaculé. Riant aux éclats devant ce spectacle, Nathalie lance ironiquement : « Ça casse un peu le personnage ! » Popeye, retirant son slip, claironne : « T'inquiète pas ma chérie, ça casse pas ce qu'il y a dedans ! »

« On a eu tellement d'articles terribles pour *Les Bronzés*, je me souviens de la remarque d'un critique : "des ficelles grosses comme des câbles marins !" », remarque aujourd'hui Josiane. Plusieurs articles de l'époque sont effectivement mi-figue mi-raisin. Certains reconnaissent du savoir-faire à Leconte et du talent à la bande d'acteurs du Splendid, mais rien qui présage le succès en salle (2 355 000 entrées). La mise en scène de ces pieds nickelés à la fois attachants et navrants séduit les spectateurs. Le plan com du Club Med pour accompagner sa montée en gamme est aussi sérieusement perturbé par *Les Bronzés*. Patrice Leconte s'en amuse encore aujourd'hui : « Il y avait ces photos sublimes de lagons, de cieux… Avec des verbes à l'infinitif : "Rêver", "Dormir", "Imaginer"… Et nous, on arrivait avec nos gros sabots. C'est comme si on avait fait la même campagne en marquant : *Baiser* ! Je crois que Trigano était vert. »

Sexy lady (1979-1980)

Si Josiane Balasko s'épanouit au sein de la troupe du Splendid et bénéficie du succès important des *Bronzés*, elle ne renonce pas pour autant à écrire en solo, quitte ensuite à engager des copains de la bande dans sa pièce. Un roman, *Les Naufragés de l'autocar* (1947), l'a récemment marquée. John Steinbeck y raconte l'histoire d'Américains ordinaires qui traversent les États-Unis en bus. Ils se retrouvent bientôt en panne dans une station-service où zone une jeune paumée qui rêve de faire carrière à Hollywood. Josiane aime beaucoup ces personnages extrêmement humains, hommes et femmes du quotidien auxquels on s'identifie plus facilement que les rois du pétrole. Ce roman américain lui inspire une histoire, nourrie de surcroît de ses propres souvenirs.

Elle imagine ainsi une ancienne strip-teaseuse dans une boîte sordide de Pigalle, le Bunny's Bar. Anita (que Josiane va jouer) a pris du poids et se voit donc reléguée dame-pipi. Elle croit un jour que sa chance est venue : un certain Paul, qu'elle connaît à peine, doit venir l'épouser et l'emmener à Metz. Une nouvelle vie en perspective. Jacques, le portier du bar (Michel Blanc), se montre pour le moins sceptique au sujet du prince charmant d'Anita. La pièce commence lors du dernier jour que doit passer Anita au Bunny's Bar, tandis que la fraîche et naïve Betty, une Marilyn de banlieue, a été engagée pour la remplacer.

Josiane, qui met en scène sa pièce, choisit de sous-titrer *Bunny's Bar* : *Les hommes préfèrent les grosses*, hommage évident au film d'Howard Hawks avec Marilyn Monroe et Jane Russell, *Les hommes préfèrent les blondes* (1953). Avec sa pièce, elle questionne les normes de beauté imposées aux femmes et leur valeur sur le « marché » de la séduction en fonction de leur conformité aux standards en vigueur. Anita a été elle aussi une « Bunny's Girl » avant d'être « exclue du marché à la bonne meuf » pour reprendre une expression de Virginie Despentes[1]. Le portier du bar a du mal à croire à son passé de strip-teaseuse. Pour le lui prouver, Anita lui refait son numéro célèbre, celui pour lequel des « provinciaux montaient exprès à Paris pour voir *Sexy Lady* » :

SEXY LADY, SEXY LADY…
Dans le brouillard gris des cigarettes,
Toutes les conversations s'arrêtent,
Quand Sexy lady apparaît
De cuir vêtue avec son fouet

1. « J'écris de chez les moches, pour les moches, les vieilles, les camionneuses, les frigides, les mal baisées, les imbaisables, les hystériques, les tarées, toutes les exclues du grand marché à la bonne meuf » (*King Kong théorie*, Paris, Grasset, 2006).

En tenue de dame-pipi, Josiane entonne sa chanson d'antan micro à la main, se contorsionnant avec, en guise de fouet, son chiffon de ménage qu'elle se passe lascivement entre les cuisses… La musique a été écrite par Catherine Lara, très amie avec Josiane. Avant d'entamer sa prestation, Anita avait prévenu Jacques : « Tu me connais, jamais vulgaire. » Réplique en forme d'autodérision et de clin d'œil aux spectateurs pour évoquer ce personnage que Balasko s'est forgé depuis quelques années. Un pied de nez au « bon goût » que la société exige des femmes – en plus de la minceur, de la discrétion et de la douceur.

Anita fait des fautes de français, comme certains des clients du Café de la poste de la rue d'Alsace. Anita a un lapin qui pue, mais elle l'aime quand même tendrement. Anita souffre de ne plus pouvoir entrer dans son costume de scène, tellement elle a grossi… Et puis, Anita se fait maltraiter par Paul le cynique. Le fond de *Bunny's Bar* est bel et bien dramatique, et l'art de Josiane Balasko consiste à faire rire de ces situations pathétiques. Si au départ, elle a l'idée d'amuser le spectateur, elle s'aperçoit qu'inconsciemment elle fait rire de réalités fondamentalement loin d'être drôles. C'est sa patte à elle, rendre des personnages lamentables extrêmement émouvants et attachants.

Christine Dejoux, pour laquelle Josiane a écrit le rôle de Betty, a bien compris qu'elle ne doit pas interpréter son personnage de naïve – d'aucuns diraient de « cruche » – comme une fille aux dépens de laquelle le spectateur ne fera que se moquer. Au début des répétitions, elle a cependant du mal à « sentir » son personnage. Elle voudrait réussir le tour de force d'une Marilyn Monroe, qui a si souvent joué des filles totalement innocentes, sans aucun recul sur elles-mêmes. Christine Dejoux s'angoisse, craignant de décevoir son amie. Elle ne veut pas « fabriquer » le personnage, mais le « trouver » en elle. Quelques jours avant la première, Josiane se rend à la Grande Braderie de Lille pour acheter le costume de Christine. Betty portera un manteau vert pomme assez court, un petit pull rose près du corps, une minijupe en daim, des bas résille et des chaussures à talons compensés. Miracle ! Grâce au costume, c'est le déclic pour Christine. Elle est aussi aidée par Josiane qui fait partie de ces comédiens qui savent écouter sur le plateau leur partenaire de jeu.

En alternance avec Gérard Jugnot, Bruno Moynot incarne Paul, le petit ami qu'Anita espère comme le messie. Bruno se met la pression, il veut « être le meilleur acteur du monde pour ne pas décevoir Josiane ». Un jour, sa partenaire est malade, au point de s'évanouir dans les coulisses avant le spectacle. Mais, remise d'aplomb, Josiane s'empresse de demander à Bruno combien de spectateurs il y a dans la salle ! Et ils sont nombreux.

Coluche adore la pièce et le personnage de Paul lui plaît tellement qu'il réclame de le jouer lui-même. Il est si insistant que Bruno demande la permission à Josiane pour huit jours. Mais au bout de la deuxième représentation, Coluche tire tant la couverture à lui que Michel Blanc supplie Bruno de revenir[1] !

1. Valérie Mairesse, le jour de la première de *Bunny's Bar*, dit à Christine Dejoux qu'elle trouve la pièce formidable et qu'elle serait partante pour jouer son rôle si elle en avait besoin. Christine part en voyage quelque temps et est ainsi remplacée. La captation filmique du spectacle

Bunny's Bar cartonne, mais cela n'empêche pas Josiane de faire toujours partie intégrante de la troupe du Splendid. Elle participe à l'écriture de leur nouvelle pièce, dont, fidèle à son génie de la formule, elle trouve le titre percutant : *Le père Noël est une ordure.*

Cas soc' (1979)

Permanence de SOS détresse-amitié, soir de Noël

UN ANONYME : Je vous appelle, plein d'espoir, parce que c'est mon dernier Noël…

PIERRE MORTEZ : C'est cela, oui.

UN ANONYME : Je suis atteint d'une leucémie et je vais mourir dans deux mois…

PIERRE MORTEZ : C'est cela, oui.

UN ANONYME : Et comme je suis seul ce soir, j'aimerais souhaiter un joyeux Noël à une femme.

PIERRE MORTEZ : Mais, monsieur, c'est une très belle preuve de courage que vous donnez là. Je vous passe ma collaboratrice.

THÉRÈSE : Allô, monsieur, joyeux Noël !

UN ANONYME : Comment vous appelez-vous ?

THÉRÈSE : Je m'appelle Thérèse…

UN ANONYME : Je t'encule Thérèse, je te prends, je te retourne contre le mur, je te baise par tous les trous, je te défonce, tu me suces…

La bande du Splendid frappe fort ! C'est Josiane qui a l'idée de situer l'action à Noël. Qu'y a-t-il en effet de

est faite à ce moment-là. Pour incarner Betty, Valérie Mairesse a tendance à aller dans cette direction que Christine Dejoux avait su déjouer, celle de la simple bécasse.

pire que se retrouver seul au monde pour le réveillon du 24 décembre ? Au départ, elle avait pensé à un autre titre : *Le père Noël s'est tiré une balle dans le cul*. Quant à « SOS Amitié », l'idée est venue à la troupe, par dérision, quand Michel Blanc et Patrice Leconte ont commencé à s'éloigner tous deux pour développer un projet à part. Il se trouve aussi que le père de Marie-Anne Chazel, pasteur protestant dans la paroisse de Neuilly-sur-Seine, travaille dans une structure de ce type. Avec leur « mauvais esprit » caractérisé, les copains réfléchissent à la manière dont ils pourraient confronter des personnages bien-pensants et des personnages en pleine déprime… Ils se donnent le droit de se moquer de tout le monde, bourgeois et pauvres confondus, lorgnant du côté de la comédie italienne. La bande adore Dino Risi et ses *Monstres* (1964), mais aussi Ettore Scola avec *Nous nous sommes tant aimés* (1974) et le grinçant *Affreux, sales et méchants* (1976). Dans ce dernier, ce qui leur plaît particulièrement, c'est la manière dont Scola traite une situation objective atroce (un lumpenprolétariat de bidonvilles avec adolescentes violées et engrossées) en osant une satire assassine des plus acides.

Josiane apporte son expérience, elle qui, grâce aux bistrots de son enfance, a bénéficié d'un poste d'observation de la misère humaine et de la marginalité plus pointu que ses confrères et consœur. Et puis à l'époque, la mère de Josiane est aussi une source d'inspiration. « Ça suffit, tu peux pas traîner comme ça dans la rue ! Qu'est-ce que tu nous ramènes encore ? » : la fille s'inquiète souvent des fréquentations de la mère. Fernande a un petit copain assez spécial, un marginal qui la malmène et qui a l'habitude de lui faire du chantage. Il menace même de se pendre avec sa cravate ! Le personnage de Félix

(Jugnot), SDF odieux qui passe son temps à persécuter sa compagne Josette (Chazel), lui doit quelque chose... Josiane oscille souvent entre le souci qu'elle se fait pour sa mère et le rire face aux situations abracadabrantes dans lesquelles se met Fernande avec ce monsieur dénommé « Pres ». « Monsieur Preskovic » est évidemment né de là, agrégeant « Pres » et « Balaskovic » ! Au retour d'un de ses voyages en Yougoslavie dans sa famille, Josiane a rapporté dans un sac en plastique des morceaux de gras de porc frits considérés là-bas comme une petite gourmandise. Les copains, hilares, s'en souviennent pour la pièce. Joué par Bruno Moynot qui utilise son sens inné de la *poker face*, Preskovic propose à tout bout de champ des spécialités de son pays d'origine (la Bulgarie), « les spotsis d'Osijek », sortes de truffe en chocolat. Si les gags et répliques hilarantes fusent tout le long de la pièce, les auteurs optent pour un dénouement cruel : le travelo Katia se suicide avec l'arme de Félix, tandis que l'immeuble où réside SOS amitié explose lorsque M. Preskovic ouvre le gaz pour mettre fin à ses jours...

On pense d'abord confier à Josiane Balasko le rôle de Thérèse, la bénévole coincée qui tricote des gants à trois doigts pour les petits lépreux de Jakarta. Problème : la comédienne est occupée au même moment par sa pièce *Bunny's Bar*[1]. Les Splendid font donc appel à Anémone à qui le rôle de Thérèse va comme un gant ! Il arrive parfois que Josiane vienne remplacer Marie-Anne pour

1. De même que Michel Blanc qui joue Jacques dans *Bunny's Bar* et qui ne sera donc qu'une voix au téléphone, celui du satyre. Comme, dans *Bunny's Bar*, Gérard Jugnot et Bruno Moynot ont un rôle plus court en alternance, celui de Paul, ils peuvent apparaître dans *Le Père Noël*.

incarner Josette, la compagne simplette du père Noël. Contrairement à sa camarade, Josiane ne met pas d'appareil sur ses dents pour obtenir un chuintement. Elle décide par ailleurs d'enfiler un bonnet sur sa tête, idée que Marie-Anne adoptera à son tour.

Le père Noël est une ordure est un véritable triomphe. La presse s'emballe, de Monique Pantel dans *France-Soir*, à Jacques Deslande dans *Le Figaro*, en passant par Robert Mallat dans *Le Point*. Les amis de *Charlie hebdo* sont bien sûr enthousiasmés par la satire féroce, et Reiser dessine des publicités pour la pièce. Tous les soirs, le théâtre de cent quatre-vingts places de la rue des Lombards est contraint de refuser du monde[1]. Galvanisés par les rires, les comédiens improvisent, faisant durer le plaisir devant un public de plus en plus désopilé. La logique voudrait que le producteur des *Bronzés* accepte d'adapter au cinéma *Le père Noël est une ordure*. Pourtant, Yves Rousset-Rouard a une autre idée. Il veut produire une suite des *Bronzés*.

« La neige, elle est trop mooolle... » (1979)

Puisque 5 millions de Français vont aux sports d'hiver, 5 millions iront voir *Les bronzés font du ski*, Yves Rousset-Rouard en est convaincu. Mais les Splendid rechignent. Ils ne sont pas très inspirés par l'idée de transporter leurs personnages de beaufs à la montagne. Et puis, le public ayant désormais tendance à appeler la troupe « les

1. En 1980, les Splendid migrent donc à la Gaîté-Montparnasse (quatre cents places). En 1981, la troupe s'installe au Casino Saint-Martin, qui devient le Splendid Saint-Martin.

Bronzés », ils perçoivent le risque d'être cantonnés à vie à cette image. Patrice Leconte n'est guère davantage enthousiaste à l'idée de rempiler. Michel Blanc, lui, a de plus en plus de mal à se couler dans le collectif[1]... Toutefois, la bande et leur réalisateur vont se lancer.

La suite des *Bronzés* se déroulera à Val-d'Isère, une station alpine à la mode. Grâce à leur expérience acquise par le premier opus, les sept scénaristes savent mieux construire leur histoire. Chacun retrouve peu ou prou son personnage initial. Il y a donc Gigi, désormais serveuse dans une crêperie, et Christiane qui s'est trouvé un amoureux (pas de première jeunesse). Encore une fois, Jean-Claude Dusse est toujours « à deux doigts de conclure », en vain. Popeye est moins flamboyant qu'en Côte d'Ivoire : il se fait constamment humilier par sa femme, tout en la trompant sans vergogne. Jérôme est resté le même médecin faraud. Enfin, Nathalie et Bernard sont toujours mariés.

Au début du film, Balasko et Jugnot semblent cependant avoir nettement évolué depuis leur séjour au soleil. Le couple s'est embourgeoisé. Nouveaux riches, ils portent des manteaux de fourrure – Nathalie du renard, Bernard du loup. Depuis *Les Bronzés* opus n° 1, Josiane a laissé de côté son envie d'être plus « mignonne » que comique. Avec ses copains, elle a l'idée de tirer un gag d'une

1. La bande a aussi l'idée d'écrire un scénario de film à partir d'un fait divers : le crash d'avion de 1972 du vol 571 Fuerza Aérea Uruguaya dans la cordillère des Andes, où les survivants mangent les corps de passagers morts pour survivre. Josiane trouve bien sûr le titre : *On a mangé l'hôtesse de l'air*. Les comédiens ont commencé à écrire des gags... Le thème a été repris plusieurs années après par Jean-Michel Ribes sur scène avec *La Cuisse du steward*.

pratique de l'époque, la location en rotation. Carrément odieux, le couple impatient d'occuper son appartement n'a pas le moindre scrupule à mettre dehors les occupants *manu militari*.

Les nouveaux riches s'adoucissent néanmoins peu à peu et deviennent plus sympathiques. Nathalie devient la cruche qu'on moque parce qu'elle ne sait pas skier. Fiction et réalité se confondent : tandis que Lhermitte ou Clavier, en fils de bourgeois de Neuilly, ont appris dans leur enfance, Balasko « la prolo » n'a jamais mis les pieds aux sports d'hiver… De cette situation naissent plusieurs gags dont Nathalie est la victime. Elle tombe à skis, chute opérée d'ailleurs par un cascadeur trop virevoltant, si bien que Josiane refait la prise pour rendre la scène plus crédible, et donc plus drôle. Au cours donné par le mono de ski Lhermitte, Balasko refuse d'avancer parce que ses chaussures sont trop grandes. Preuve à l'appui, elle en sort son pied en un clin d'œil : « Ah ! oui, remarque Popeye, goguenard, tu pourrais essayer une dizaine de pointures en dessous. » Direction, donc, le magasin de fournitures ! Le calvaire va commencer. Popeye choisit une paire tellement petite que lorsque le moniteur ferme les clips, Nathalie fond en larmes de douleur, mordant son gilet pour ne pas hurler. Le soir, on la retrouve en train de se brosser les dents, puis de se traîner au lit. La caméra élargit le plan et le spectateur découvre Balasko en chemise de nuit, les chaussures de ski toujours aux pieds : « J'en peux plus, dit-elle, la voix lasse, au bord de l'anéantissement, je vais dormir comme une masse. »

Lors de l'expédition que la joyeuse bande décide de s'offrir en hors-piste, Balasko ne veut plus avancer. Elle lance du haut de la montagne sa fameuse réplique : « La neige, elle est trop mooolle ! » Puis, sous la pression de la bande, Nathalie s'élance, dévale et évidemment se prend un gadin de premier choix. C'est alors le coup de grâce. Comme elle s'est dévissé l'épaule, Jérôme, le toubib, va la lui remettre d'aplomb. Sous prétexte d'adoucir la souffrance que l'opération ne manquera pas de produire, Clavier demande à Chazel de détourner son attention au moment opportun. Et Balasko de prendre un coup sur la tête avant même que Clavier ait fait le moindre mouvement. L'actrice a évidemment un casque sous le bonnet pour amortir le choc... Dans ces scènes devenues des morceaux d'anthologie, le génie comique de Josiane Balasko tient à la sobriété avec laquelle elle interprète le personnage du souffre-douleur. En optant pour un jeu réaliste, elle rend d'autant plus désopilante l'absurdité cruelle de ce qui arrive à son personnage.

Parmi les gags mémorables du film, il y a encore celui du cochon se retrouvant chez le médecin (Clavier), et dont Josiane trouve le nom : Copain, parce que « copain comme cochon ». Quant à la fameuse séquence de « dégustation » chez les paysans de haute montagne, elle est inspirée de la scène culte des *Tontons flingueurs* où les personnages sont tous ivres. Ici, les compères et commères sont contraints de manger la « foune », restes de fromage macérant longtemps dans l'alcool, étalés sur du pain et accompagnés d'eau-de-vie au crapaud... Une spécialité inspirée de la « pétafine » de Savoie dont Mémé-Violette parlait à Josiane, enfant.

Lorsque le deuxième opus des *Bronzés* sort en salle en novembre 1979, il ne rencontre pas le même succès que le premier volet, mais attire tout de même un peu plus de 1,5 million de spectateurs. Les copains du Splendid sont bien loin de s'imaginer que leur film deviendra au fil des ans un des plus gros succès du petit écran. Ni que les enfants des cours de récréation se raconteront inlassablement ses scènes, comme le fameux « planté de bâton » ou Jean-Claude Dusse, bloqué sur son télésiège toute une nuit, chantant « Quand te reverrais-je, pays merveilleux ? ». L'extraordinaire fortune du long-métrage à la télévision aura fait beaucoup pour la popularité de Josiane Balasko, devenue l'icône de la skieuse experte en catastrophiques chasse-neige et gadins retentissants…

Un nouvel amour

Durant le tournage des *Bronzés*, Josiane a eu du temps pour travailler à un nouveau scénario avec Jean-Marie Poiré qui l'a rejointe à Val-d'Isère. Il l'a sollicitée pour ses qualités d'auteure et parce qu'il avait souffert d'écrire seul *Les Petits Câlins*. Au début, Josiane est déçue qu'il n'y ait pas de rôle pour elle dans le projet de son ami. *Retour en force* doit mettre en scène Victor Lanoux, Bernadette Laffont et Pierre Mondy. Mais l'histoire plaît à Josiane et travailler comme coscénariste et dialoguiste lui permet de mettre du beurre dans les épinards[1]. L'amitié entre Josiane et Jean-Marie s'approfondit à la faveur de cette nouvelle collaboration. À Val-d'Isère, il y a aussi un jeune

1. Le scénario de *Retour en force* raconte les déboires de Victor Lanoux qui, sortant de plusieurs années de prison, découvre que sa femme a refait sa vie avec un conducteur de bus sans histoires, Pierre Mondy. Exaspéré, il s'installe chez le couple et organise un nouveau casse dans lequel il implique son propre fils… Le casse vire au désastre, Mondy vient à la rescousse de Lanoux.

acteur en vacances, Richard Anconina, un ami de Poiré. Un jour, tous les deux se retrouvent sur un télésiège qui se bloque inopinément. Anconina panique tellement face au vide immense en dessous de lui que Poiré manque de l'étrangler pour le « calmer » ! Josiane a une histoire avec Richard à ce moment-là.

La relation de Josiane Balasko et Bruno Moynot bat de l'aile depuis quelque temps. À l'époque, tous deux se sentent libres d'avoir des aventures en dehors de leur couple. Pourtant, lorsque Josiane ne rentre pas le soir, son compagnon s'aperçoit que ça le rend malade, et quand c'est lui qui ne rentre pas, le lendemain matin, il retrouve ses valises sur le palier ! Josiane et Bruno finissent par se dire : « On est cons, ça ne sert à rien de se prendre le chou ! » D'un commun accord, ils décident de se séparer. Le système de l'union libre est venu à bout du couple qu'ils formaient depuis cinq ans. Mais lorsque Josiane rentre à Paris pour reprendre *Bunny's Bar*, Bruno redevient naturellement Paul sur les planches. Et ils resteront « amis pour la vie ».

À la fin des années 1970, Richard Berry est un jeune acteur de la Comédie-Française qui s'émancipe bientôt de la vénérable institution au profit de sa carrière cinématographique. Un jour de 1979, accompagné de son frère cadet Philippe, il rend visite à sa copine Josiane qui joue *Bunny's Bar*. Entre la comédienne et Philippe Berry, c'est le coup de foudre : « J'ai vu tout de suite que c'était lui. Je l'ai reconnu, c'était comme si nous nous étions connus, aimés dans une autre vie. Et c'était réciproque… » Et puis Philippe a un côté « très enfantin » que Josiane trouve charmant. Né en 1956, il travaille à l'époque comme graphiste illustrateur. Les deux tourtereaux ont ce point commun d'avoir fait une école de graphisme et d'être passionnés d'arts plastiques. Philippe commence à être lassé de ses travaux dans l'industrie textile et dans la publicité. La rencontre avec Josiane va lui donner l'impulsion pour créer des affiches de cinéma, puis des décors de théâtre.

À l'orée de la trentaine

Le 26 mai 1980, la chaîne de télévision Antenne 2 propose pour son émission *Café-théâtre story* : « Il était une fois Josiane Balasko ». Le commentaire souligne : « À trente ans, elle est déjà confirmée et c'est un auteur avec laquelle il faut compter. » Que de chemin parcouru en si peu d'années ! Josiane Balasko est en pleine possession de ses moyens au début de cette nouvelle décennie des années 1980, autant comme comédienne que comme auteure. Et elle a encore beaucoup à dire. Pourtant, elle a compris que, pour elle, rien ne sera jamais gagné. Si la comédienne a su se faire connaître du public et reconnaître des critiques, elle est en dehors des canons féminins de l'industrie du cinéma. En dehors du moule. Elle devra donc continuer à prendre résolument son destin professionnel entre ses mains. Et se forger sa carrière en traçant sa voie – singulière.

6

Une nouvelle héroïne de cinéma

« J'avais d'autant plus conscience que c'était novateur de faire ce film avec Josiane qui n'était pas une jeune première qu'au même moment, on m'a proposé un film avec une star… »

Jean-Marie Poiré

Été 1980. Josiane s'apprête à tourner dans *Clara et les chics types*. Jean-Loup Dabadie a écrit ce film-choral pour la génération de trentenaires pleins de sève qu'il admire, parmi lesquels Thierry Lhermitte, Christian Clavier, Marianne Sergent et Daniel Auteuil. L'auteur sollicite aussi Christophe Bourseiller, son chouchou des films d'Yves Robert, qui retrouve là son personnage d'intello de gauche chevelu à lunettes rondes, à la fois raisonneur et drolatique, très proche du jeune homme qu'il est dans la vie. Dabadie a imaginé notamment une scène où Bourseiller anime avec Balasko une émission de radio libre clandestine, documentant un phénomène contemporain, puisqu'avec l'élection de Mitterrand en mai 1981 et l'assouplissement de la législation, les radios libres explosent.

Le scénariste dialoguiste ne se sentant pas la fibre d'un réalisateur, il se fait suggérer par Francis Veber d'engager Jacques Monnet, dont ce sera le premier long-métrage. Homme de pub, Monnet a réalisé quelques spots mémorables comme ceux pour Darty ou Guy Degrenne. Il a déjà fait tourner Jugnot et Lhermitte dans ses réclames. Fan des Splendid, il assiste à d'innombrables représentations du *Père Noël est une ordure* et il est ravi de réaliser avec plusieurs membres de la troupe un film avec Michel Jonasz à la B.O.

Au centre de sa comédie douce-amère faite de chassés-croisés amoureux, Dabadie place Clara. Jacques Monnet rêverait qu'Isabelle Adjani incarne le personnage et le souffle au directeur de casting comme un idéal inatteignable. Aussi est-il tout ébaubi lorsque la jeune star l'appelle le soir même au téléphone. Elle en a assez des films dramatiques éprouvants et a envie d'un film plus léger.

Le tournage estival de *Clara et les chics types* se révèle particulièrement joyeux. Tandis que Clavier et Lhermitte sont loquaces comme à leur habitude, Josiane est plutôt du genre à en placer une bonne « saignante » de temps à autre. On mange, on boit, on rit, on s'aime. Marianne Sergent s'apercevra qu'elle a pris six kilos à la fin du tournage, mais qu'importe : elle est follement amoureuse de son partenaire Daniel Auteuil avec lequel elle vit une belle *love story*. Josiane est à l'unisson : avec Philippe Berry, elle rayonne de bonheur.

C'est à Louise (Balasko) qu'a été confiée la narration en voix off du film. Au tout début, elle évoque sa jeune bande d'amis rassemblés par la musique, puis remarque : « Ça aussi, sûrement, nous rapprochait : ce sentiment indéfinissable d'attendre ensemble et, avec une patience dérisoire, n'importe quoi, n'importe qui, sans se le dire… » Louise promène une mélancolie tenace derrière ses grandes lunettes. Elle ne supporte plus les disputes incessantes de son père (réac) et de sa mère (féministe très remontée), mais Dabadie suggère aussi un sous-texte qui permet de comprendre son spleen. Toujours célibataire, elle reste en retrait des histoires d'amour de ses copains et se montre très investie dans un projet de rallye en Afrique avec une copine ; lorsque cette dernière déclare inopinément vouloir inclure son petit ami dans leur aventure, la déception de Louise est si profonde que tout se passe comme si elle dissimulait une homosexualité mal assumée. Le réalisateur n'est pas du tout conscient du sous-texte de Dabadie – pourtant le célèbre scénariste n'a-t-il pas écrit un des rares rôles d'homosexuel non caricatural du cinéma français de cette époque avec le personnage de Claude Brasseur dans le diptyque d'Yves Robert[1] ?

Jacques Monnet est impressionné par le talent de Josiane, notamment lors d'une scène avec Daniel Auteuil où il n'est pas satisfait du ton des deux comédiens. Il leur demande de modifier leur jeu et, en un clin d'œil, Josiane propose quelque chose de totalement différent. Et puis, il y a cet échange entre Josiane et Thierry, resté dans les mémoires des cinéphiles. Bertrand lit à Louise la lettre de rupture qu'il vient d'écrire à son épouse : « Tu vas rire, mais je te quitte. » La confidente tranche d'un ton sobre : « Enlève : *Tu vas rire.* » Monnet boit du petit-lait[2].

---

1. Le beau personnage de Daniel dans *Un éléphant ça trompe énormément* et *Nous irons tous au paradis*, jamais ridicule.

2. *Clara et les chics types* sort sur les écrans en janvier 1981, au même moment que *La Boum* avec Sophie Marceau. Le succès foudroyant du

Dans la vraie vie, Thierry Lhermitte est devenu moins versatile que son personnage de *Clara et les chics types*, puisqu'il a convolé quelques mois plus tôt en justes noces avec Hélène. Quand il a annoncé son projet de mariage à Josiane, celle-ci lui a lancé : « Tu vas pas faire cette connerie de te marier ! C'est pour les impôts ?! » Dans les années 1970, tous les copains sont contre cette tradition bourgeoise. Pourtant, le 24 mai 1980, Josiane Balasko prend le même chemin que Thierry Lhermitte : « Avec Philippe, on s'aimait et c'était comme un truc de déclaration universelle : j'aime cet homme, j'aime cette femme, on espère passer notre vie ensemble ! »

Philippe est issu d'une famille juive et respecte quelques grandes fêtes. Josiane aime partager ces moments conviviaux où les femmes de la famille travaillent en cuisine comme des acharnées pour concocter des repas pantagruéliques. Pour autant, ils n'envisagent pas une union religieuse et les noces sont prononcées à la mairie du IVe arrondissement de Paris, non loin de l'appartement de Josiane, rue Quincampoix. La musicienne Catherine Lara est son témoin, tout comme Marie-Claire, la sœur aînée de Philippe. Les jeunes époux ne roulant pas sur l'or, Maxime Le Forestier les invite dans sa maison de campagne à une cinquantaine de bornes de Paris pour

---

film de Claude Pinoteau a-t-il fait de l'ombre à celui de Jacques Monnet ? Toujours est-il que Jean-Loup Dabadie est très déçu par l'insuccès en salle de *Clara* (moins de 400 000 entrées). Les passages nombreux à la télévision permettront par la suite à ce film générationnel à l'écriture délicate de rencontrer son public. Au fil du temps, il se patine et acquiert un cercle de fans. Un jour, Monnet reçoit un coup de fil à minuit de Dabadie ; il vient de le revoir à la télévision et le félicite : « Vous avez fait un boulot formidable ! »

faire la fête avec la bande du Splendid et quelques autres potes, dont Michel Jonasz et Christophe Bourseiller. La vie est belle ! D'autant que Josiane a un nouveau projet de film avec Jean-Marie Poiré. Et cette fois-ci, c'est sûr, elle ne sera pas coupée au montage.

La tyrannie de la minceur

Dans *Ginette Lacaze*, Josiane était la moche Monique, l'éternelle comparse de la « belle » Ginette au centre de toutes les attentions. Polanski voulait un boudin pour son *Locataire*, mais un boudin qui se tienne en retrait. Et si le boudin prenait le pouvoir et occupait le devant de la scène ? Josiane n'a pas choisi le métier de comédienne pour rester dans l'ombre des jeunes premières. Puisqu'on n'est jamais mieux servi que par soi-même, Josy comprend qu'elle doit écrire elle-même ce film. Elle pressent que ce qu'elle va raconter peut toucher des milliers de femmes.

Dans la rue, on croise moins des Isabelle Adjani et des Catherine Deneuve que des Josiane Balasko. Dans leur majorité, les femmes n'entrent pas dans les vêtements taille 36. Elles souffrent des injonctions des magazines féminins qui les poussent à perdre du poids pour « réussir l'épreuve du maillot de bain » chaque été. La minceur est une religion contemporaine, qui représente un nouveau corset d'autant plus martyrisant qu'il est mental. Les militantes du MLF ont peut-être balancé leur soutien-gorge, mais ont-elles renoncé à la taille de guêpe ? Josiane n'échappe pas tout à fait elle-même au *diktat* de la sveltesse : elle se bat avec les régimes amincissants et fait le yoyo des kilos. De manière générale, elle « profite » bien. Quand un journaliste l'interroge à ce sujet en 1981, elle répond : « Au départ, j'ai eu des problèmes – allô ! Mister Freud ! –, comme tout le monde à l'adolescence, et pour moi, c'était particulièrement difficile. » Josiane est une gourmande, mais considère les fourneaux comme une corvée. Avoir vu sa mère en cuisine a été un exemple repoussoir. Et les amis du Splendid en font les frais : « On va manger chez Grotesquo ! » disent-ils en riant lorsqu'ils se rendent chez Josiane, sachant à l'avance que la nourriture sera particulièrement grasse. Un jour, elle invite Gérard Jugnot et lui annonce avoir préparé un dessert : des pommes au four. Jugnot s'aperçoit qu'en fait, elle s'est contentée d'éplucher la pomme, de la cuire à l'eau, puis d'ajouter du beurre !

En tout cas, pour une fois, se dit Josiane en ce début des années 1980, la « grosse », la « moche », ne sera pas le second rôle du film : elle sera l'héroïne. Après tout, cela fait un bail que des hommes qui ne sont pas des Apollon tiennent le haut de l'affiche. Dans les années 1930, Raimu ou Michel Simon avaient les rôles principaux. Plus près d'elle, Louis de Funès cartonne au box-office. Puisqu'ils le font, elle aussi le fera. Josiane va imposer au centre du jeu son *personnage*, celui qu'elle a forgé depuis une dizaine d'années[1]. Et elle va prendre exprès 7 kg !

1. Avec *Pauline et l'ordinateur*, Josiane Balasko avait déjà écrit un scénario mettant en vedette une femme potelée. Mais le film de Francis Fehr était à faible budget et sa diffusion était restée limitée.

Un film sur mesure

La productrice Lise Fayolle, qui a adoré Josiane dans *Bunny's Bar*, encourage la comédienne à en faire une adaptation pour le cinéma. Josiane saisit l'aubaine, mais décide de modifier l'histoire tout en reprenant le sous-titre de sa pièce : *Les hommes préfèrent les grosses*. Le modèle pour son nouveau scénario, c'est son duo préféré, Jerry Lewis et Dean Martin, qui présente une antinomie très efficace sur le plan dramaturgique. Son duo à elle, ce sera Lydie, jeune femme enrobée et complexée, et Eva, un mannequin filiforme et bourreau des cœurs. Elle présente à Jean-Marie Poiré une première version et tous deux retravaillent pour parvenir à un scénario abouti.

Au même moment, on propose à Poiré un film avec Marlène Jobert. Quand il rencontre la grande star de cinéma, il a l'impression d'être un petit garçon, et « a les jetons » ! Il déclare à son agent, abasourdi, qu'il préfère collaborer avec son amie Balasko. Un film avec une star comme Marlène Jobert ne se refuse pas : « Tu préfères travailler avec cette inconnue ? Laisse tomber ! » Heureusement pour Poiré, Marlène Jobert se récuse et part faire *L'Amour nu* avec Yannick Bellon.

Jean-Marie Poiré n'est pas au bout de ses peines. Le rôle du frère de Lydie est écrit pour Michel Blanc. L'acteur vient de faire un gros succès avec *Viens chez moi, j'habite chez une copine* (réalisé par Patrice Leconte), et le distributeur se montre très emballé par ce casting. Seulement, voilà : Michel Blanc trouve le rôle trop petit et son cachet aussi. Il est donc remplacé par Luis Rego. Pour se moquer de l'attitude de Michel Blanc, Josiane et

Jean-Marie introduisent dans le film une annonce radio : « Demain, notre feuilleton : M. B. la grosse tête » ! Thierry Lhermitte, lui, est ravi de venir faire un tour dans le film de sa copine, en baba cool chevelu à longue barbe, faussement non-violent et rancunier, avec Dominique Lavanant qui joue une cheffe d'entreprise battante pratiquant le karaté. Pour incarner le personnage antithétique de Lydie, Poiré engage Ariane Lartéguy, un jeune mannequin qui revient des États-Unis où elle a passé quatre ans. Fille du grand reporter et écrivain Jean Lartéguy, elle n'a encore jamais fait de cinéma[1]. Le réalisateur, lui-même musicien, soigne la bande-son en faisant travailler Joël Teixeira, Daniel Boublil et Catherine Lara.

Body perfect

Josiane n'hésite pas à s'enlaidir et c'est elle qui se choisit son look tarte avec la complicité de Didier Lavergne, excellent maquilleur avec lequel elle a sympathisé sur le tournage du *Locataire* et qu'elle sollicitera pour la plupart de ses films[2]. Au début des *Hommes préfèrent les grosses*, on découvre Lydie en plein footing avec sa bonne copine Arlette (Lavanant). Cheveux gras, lunettes trop grandes, survêtement ne cachant pas ses rondeurs, elle peine à tenir le rythme que lui impose Arlette. Le petit ami de Lydie, Paul (Martin Lamotte), est à la traîne quelques

---

1. Ariane Lartéguy sort en 1982 un 45-tours, *Besoin de sommeil*, puis tourne dans deux autres films avant que sa carrière de comédienne ne s'interrompe.

2. Didier Lavergne est également un grand copain de Coluche.

mètres derrière le duo. Tout à coup, il prend la poudre d'escampette en hurlant : « J'te quitte ! » Lydie est sous le choc. D'autant qu'elle vient de prendre une location dans un appartement qu'elle n'aura pas les moyens de payer toute seule. Une solution s'impose : la colocation. C'est là qu'Eva (Ariane Lartéguy) fait son entrée. Pourtant, Lydie avait décidé de n'accepter qu'une fille « plus moche qu'elle » pour conserver ses chances auprès des garçons. Mais un quiproquo impose le mannequin, au demeurant gentille fille. Le calvaire de Lydie ne fait que s'intensifier. Eva ramène des copains et copines sans-gêne à la maison, organisant des petites sauteries improvisées. Le frère de Lydie (Luis Rego) est affolé par les canons qui gravitent désormais autour de sa sœur. Un garçon jaloux, Jean-Yves (Daniel Auteuil), veut s'imposer comme l'unique fiancé d'Eva, alors que celle-ci aime papillonner… Dans ce tourbillon, Lydie, transparente aux yeux de tous, est entraînée malgré elle dans une série de mésaventures… À la fin, elle trouve tout de même l'amour. Jean-Yves, las des infidélités d'Eva, s'est rendu compte que Lydie était plus intéressante qu'il n'avait imaginé…

Mais avant ce dénouement heureux, la scénariste n'a pas épargné son personnage qui s'en prend plein la figure, au sens propre et figuré. Lydie tente de mincir dans une espèce de Cocotte-Minute géante, le « *body perfect* », et manque de se faire ébouillanter ! Elle se fait malencontreusement casser ses lunettes et les répare un temps avec un lamentable bout de scotch, réminiscence de ce qui est arrivé à Josiane quelques années plus tôt. Coluche lui avait demandé « C'est quoi ce scotch ? », puis lui avait donné de quoi se racheter une nouvelle paire, car il avait des défauts, mais pas celui de l'avarice. Aux

Bains-Douches, la boîte branchée de l'époque que fréquente Josiane de temps à autre avec Coluche, Lydie échange ses grosses bottes fourrées contre une paire d'escarpins vieillotte. La ringarde s'élance sur la piste de danse et se trémousse avec entrain sous les regards apitoyés des bombes de 1,80 mètre. Plus tard, elle fait l'aveu de son désir à un play-boy qui la repousse. Et puis, coup de grâce, Lydie reçoit sur la tête une avalanche d'eau qui manque l'assommer. Elle était simplement venue rendre visite à Eva qui faisait un *shooting* dans une baignoire transparente remplie de bain moussant. Jean-Marie Poiré n'avait pas fait d'essai avant de tourner la scène. Il envoie 80 kg sur la tête de Josiane assise en dessous de la baignoire : « Je ne me suis pas rendu compte que j'ai failli la tuer, j'ai été d'une irresponsabilité totale ! » Josiane encaisse la décharge d'eau, et quand la prise est terminée, éclate d'un rire nerveux. Sans rancune. Inutile de dire que Poiré ne fera qu'une prise.

« T'as BOUDIN, c'est super ! »

Fidèle à ce qui est devenue sa patte, la comédienne joue son personnage au premier degré. Jean-Marie Poiré pousse même son amie à aller plus loin dans l'émotion. Le réalisateur demande à Balasko d'écrire un texte de confessions, mais elle résiste : elle est trop pudique et se sent incapable de rédiger ces phrases qui doivent donner de la profondeur au personnage… « Mais si tu l'écris toi, je la joue. » Et le résultat est poignant. En sanglotant, Lydie « fait le bilan » devant un miroir : « Vous vous rendez pas compte ! Vous savez pas ce que c'est que d'être moche, que d'être grosse, de pas savoir quoi faire avec son corps ! En plus, j'ai perdu mon boulot. Et avec Ronald, j'ai bien compris le coup du Monopoly, c'est parce qu'il me trouve trop moche ! J'suis pas plus conne que j'en ai l'air, tu sais. Oh, regarde la tête que j'ai là ! Même quand je pleure pas, j'ai le nez gros comme une patate… »

Si Lydie acquiert ainsi une dimension poignante au sein de la comédie, Josiane donne aussi à son personnage quelques armes. La jeune femme n'est pas une idiote et peut ironiser sans en avoir l'air. Au cours de sa partie interminable de Scrabble avec le play-boy, ce dernier fait mine d'avoir des scrupules pour déposer le mot qu'il a formé avec ses lettres. Lydie regarde son jeu et s'écrie : « Mais si ! T'as BOUDIN, c'est super, en plus ça colle avec le U de VEAU ! »

Josiane ne fait pas de Lydie une éternelle victime : on comprend que Jean-Yves (Auteuil) a finalement plus de plaisir à faire l'amour avec Lydie qu'avec Eva « qui a toujours l'air de penser à quelque chose d'autre au lit ». Tandis qu'Eva est surtout un Narcisse (« J'suis paumée, faut tout le temps que je me sente désirée, sinon moi, je panique »), Lydie est une vraie sensuelle et une véritable amoureuse. Aujourd'hui, quand Josiane revoit *Les hommes préfèrent les grosses*, elle remarque avec amusement que « c'est un film où tout le monde couche avec tout le monde sans problème ». Avec le recul, elle est frappée de la manière dont le sexe et la nudité sont traités dans son film : « On a couché, ça s'est bien passé, ou pas… Bonjour ! Au revoir ! » Avec Jean-Marie Poiré, la comédienne retranscrit dans ce film de 1981 l'air du temps libertaire.

Une femme charmante

Lorsque *Les hommes préfèrent les grosses* sort sur les écrans, de nombreux critiques apprécient le film. Robert Chazal titre dans *France-Soir* : « Les hommes préfèrent les grosses… et les drôles » : « Son film est nourri de mille trouvailles et rebondissements qui provoquent des rires incessants[1]. » Mais un tel sujet ne fait pas l'unanimité dans la presse et l'on s'étonnera à moitié de constater que les flèches sont décochées davantage par les femmes. Ainsi dans *Télérama*, on peut lire : « Moralité : faites un régime. D'autant que vous sortirez du film en préférant décidément les maigres[2]. »

Les hommes préfèrent les grosses frôle les 2 millions d'entrées. Forte de son succès, Josiane Balasko est invitée par Hervé Claude au JT d'Antenne 2[3]. D'abord maladroit avec son invitée, l'animateur se trompe de titre en parlant des « hommes qui préfèrent les blondes ». Sa langue a fourché, et ce n'est pas au goût de Josiane qui riposte immédiatement : « Commencez pas à m'humilier ! » On sent qu'elle est sur ses gardes et que si elle a de l'humour, il ne faut pas non plus la chercher. Hervé Claude, embarrassé, se reprend en faisant remarquer à son invitée qu'elle a su traiter dans son film un vrai problème de société. L'actrice acquiesce : « Je crois que plus les pays sont riches, plus les gens sont maigres. C'est plutôt dans le XVIe que les femmes sont minces et dans le XIXe que les

1. 21 août 1981.
2. 2 septembre 1981.
3. 8 août 1981.

femmes sont grosses. Je me suis écrit un rôle sur mesure, poursuit-elle, il n'y a pas de vêtements dans le cinéma qui dépassent le 38. » Hervé Claude souligne alors que Josiane s'est écrit « un grand rôle comique de femme d'un genre nouveau ». Alors, elle renchérit : « Oui, parce que ce sont les hommes qui écrivent les rôles et ils pensent que les femmes sont comme un petit bijou délicat, et que si on fait rire avec une femme, on la dégrade. Moi, je ne me suis pas fait de cadeau. C'était le pari. » L'actrice enfonce le clou en remarquant que traditionnellement au cinéma, « lorsque le réalisateur décide de mettre en scène une fille pas jolie, il en prend une jolie et il lui met juste des lunettes, une jupe grise, un chignon [...] et dès que l'actrice enlève ces accessoires, elle redevient jolie » ! Hervé Claude finit par demander à Josiane Balasko : « Les hommes préfèrent-ils vraiment les grosses ? » L'actrice répond en souriant : « Je crois qu'ils les préfèrent bien en chair » et conclut qu'elle-même se sent « une femme charmante » ! D'ailleurs, Josiane n'a pas besoin de se faire des films pour se raconter que les hommes partent avec elle à la fin de l'histoire puisque dans la vie, elle est comblée.

Réconciliation avec Coluche

Josiane a donc bien gagné son pari avec ce premier film dont elle a écrit le scénario sans la bande du Splendid. Elle est parvenue à imposer un nouveau personnage féminin au centre de la narration filmique contemporaine. S'il n'est pas question de se cantonner toute sa vie à décliner ce personnage, Josiane est prête à en explorer les différentes facettes dans les fictions qu'elle s'écrira et dans celles qu'on lui proposera.

Quelques mois avant la sortie en salle des *Hommes préfèrent les grosses*, Coluche s'est rappelé au bon souvenir de Josy. Elle a suivi avec amusement la candidature de l'humoriste à la présidentielle de mai 1981, qui a défrayé la chronique et mis en difficulté les principaux candidats. Au début, c'est une plaisanterie : « Jusqu'à présent, la France est coupée en deux, avec moi elle sera pliée en quatre ! » Puis Coluche se prend sérieusement au jeu : « J'appelle les fainéants, les crasseux, les drogués, les alcooliques, les pédés, les femmes, les parasites, les jeunes, les vieux, les artistes, les taulards, les gouines, les apprentis, les Noirs, les piétons, les Arabes, les Français, les chevelus, les fous, les travestis, les anciens communistes, les abstentionnistes convaincus, tous ceux qui ne comptent pas pour les hommes politiques à voter pour moi, à s'inscrire dans leurs mairies et à colporter la nouvelle. » Coluche est bientôt crédité de plus de 10 % d'intentions de vote. Sa candidature finit par tourner à l'affaire d'État. La pression est énorme. Il reçoit même des menaces de mort… Cette histoire qui se voulait une manière de « foutre un coup de pied dans la fourmilière » ne l'amuse plus du tout. Si bien qu'en mars 1981, l'humoriste préfère se retirer du jeu politique, tout en soutenant la candidature de François Mitterrand.

Claude Berri propose à Coluche d'incarner un instituteur dans *Le Maître d'école* qu'il va produire et réaliser. Le tournage aura lieu en juin et juillet 1981. L'humoriste pense à Josiane pour le rôle d'une instit. Mais il n'ose pas lui demander, convaincu qu'elle déclinera l'offre en raison de leurs anciennes chamailleries. Claude Berri passe outre et appelle l'actrice. Elle accepte d'autant plus volontiers qu'elle pensait que Coluche ne voudrait jamais d'elle ! Josy et Michel se réconcilient sur le tournage. « C'était des fâcheries ridicules de toute façon », reconnaît-elle volontiers aujourd'hui.

Jacqueline Lajoie, la collègue institutrice mal nommée puisqu'elle est dépressive, est une déclinaison du personnage de jeune femme dodue qui se morfond dans sa vie de célibataire. Sans compter qu'elle n'a aucune autorité sur ses élèves qui la chahutent constamment. Elle finit par craquer. Et quand elle fait les yeux doux à son nouveau collègue, elle se prend une veste. À une époque où Coluche est au zénith de sa popularité, *Le Maître d'école* fait plus de 3 millions d'entrées et participe à la notoriété de Josiane.

Cinéma d'auteur

À ce stade de sa carrière, Josiane ne boude pas son plaisir d'être recrutée par André Téchiné pour *Hôtel des Amériques*, un film éloigné de son univers habituel. Ce drame sentimental retrace à Biarritz les amours tourmentées d'Hélène, veuve et anesthésiste (Catherine Deneuve), et de Gilles, fragile et désœuvré (Patrick Dewaere). Gilles a une amie de longue date prénommée Colette (Josiane Balasko), employée de la Poste. Un jour, il lui propose de le rejoindre à dîner pour découvrir « la plus belle femme du monde ». Pendant le repas, Josiane Balasko et Catherine Deneuve se font face. Tout se passe comme si Téchiné orchestrait là la confrontation entre les représentantes de deux types de femme, la « divine » Catherine et la « normale » Josiane. Colette pourrait être ainsi un avatar de ces personnages de « grosses » mal dans leur peau dont Josiane s'est fait une spécialité. Pourtant, la Colette d'*Hôtel des Amériques* est bien différente de la Lydie des *Hommes préfèrent les grosses*. Elle est d'un naturel joyeux et paraît bien dans sa peau. Il est vrai que son petit ami Bernard (Étienne Chicot) est goujat avec elle, mais Colette ne se laisse pas marcher sur les pieds. Et puis, l'on ne tarde pas à découvrir que Colette est habituée aux « plans à trois » avec son ami homosexuel de la Poste. Colette n'a pas besoin d'être « la plus belle femme du monde » pour être une femme très libre. Une liberté que le surgissement du sida au milieu des années 1980 va bientôt remettre en question.

Sur le tournage à Biarritz, Josiane se sent un peu comme la petite nouvelle qui arrive au milieu des stars… Il y a non seulement Catherine Deneuve, mais aussi Serge Gainsbourg que cette dernière retrouve alors qu'ils viennent de tourner dans *Je vous aime* de Claude Berri. Josiane connaît bien Patrick Dewaere, le copain du Café de la gare, garçon entier et sincère qui est aussi tourmenté que Gilles, le *loser* d'*Hôtel des Amériques*. Quelque temps après le tournage du Téchiné, il répète le rôle de Marcel Cerdan pour un film de Claude Lelouch[1]. Au téléphone avec Josiane, il s'angoisse : « J'y arriverai jamais ! » Son amie l'encourage : « Mais si Patrick, tu vas y arriver, tu as déjà fait de la boxe, c'est au metteur en scène de faire croire que t'es un boxeur… » Mais Dewaere, engagé corps et âme dans ses rôles, a du mal à faire la différence entre ses personnages et lui-même. Il mettra fin à ses jours en 1982.

1. *Édith et Marcel* sort en 1983 et c'est le fils de Marcel Cerdan qui a remplacé au pied levé Patrick Dewaere.

7

À la recherche de premiers rôles

> « Josiane, c'est quelqu'un qui ne lâche pas,
> quand elle veut quelque chose, elle va au bout.
> Et puis, elle est très fidèle en amitié.
> C'est ma sœur ! »
>
> Thierry LHERMITTE

En tournant *Clara et les chics types*, Jacques Monnet est tombé sous le charme de Josiane Balasko, cette actrice hors normes. Il écrit alors un scénario avec Alain Godard, qui comme lui vient du monde de la publicité. Nous sommes au début des années Mitterrand. Beaucoup de riches, paniqués par le surgissement de l'impôt sur la fortune, ont été tentés par l'exil. Le duo de scénaristes imagine ainsi les démêlés d'un riche vétérinaire avec l'administration fiscale. Pour son *Signes extérieurs de richesse*, Monnet engage Claude Brasseur et Jean-Pierre Marielle, et veut donner le premier rôle féminin à Josiane Balasko. Mais *Les hommes préfèrent les grosses* a beau avoir été un succès en salle, le réalisateur est obligé de se battre auprès des producteurs pour imposer la comédienne. Le début du tournage lambine…

C'est à ce même moment que les potes du Splendid obtiennent l'accord de l'oncle de Christian Clavier pour adapter enfin au cinéma *Le père Noël est une ordure*.

Mme Musquin

Josiane convainc ses amis de confier la réalisation du film au réalisateur des *Hommes préfèrent les grosses*. Rousset-Rouard aurait préféré quelqu'un de plus chevronné mais, une fois de plus, les Splendid font comprendre que c'est non négociable et s'attellent à l'adaptation avec Jean-Marie Poiré. Le rôle de Thérèse initialement écrit pour Josiane est conservé par Anémone, qui a fait ses preuves sur les planches dans le personnage de la brave fille coincée… Il faut donc créer un nouveau protagoniste pour Josiane.

Comme Anémone campe une femme douce et mièvre, le deuxième personnage féminin de SOS Amitié doit faire contraste : Marie-Ange Musquin sera autoritaire. Avec son maquilleur préféré Didier Lavergne, Josiane a l'idée d'imiter le look de Simone Veil. Chignon impeccable laissant les cheveux bombés sur le crâne, blouse à lavallière et tailleur, le tout agrémenté de colliers bon chic et de boucles d'oreilles bon genre : son look est devenu iconique, symbole d'une forme de *girl power* en politique.

Mme Musquin ne peut pas être trop présente dans le film afin de réduire les jours de tournage pour Josiane qui espère encore jouer dans *Signes extérieurs de richesse* au même moment. Jean-Marie Poiré taquine alors sa copine en voyant que le film de Jacques Monnet est de nouveau retardé : « Je passais mon temps à me foutre de sa gueule en lui disant : “Tu aurais eu un rôle plus gros si tu n’avais pas fait l’autre film !” » Mais il comprend que Josiane attache de l’importance à ce projet qui sera son premier long-métrage d’envergure avec des vedettes comme Brasseur et Marielle.

« Minuterie ! »

Dès le début du scénario, Marie-Ange Musquin a pour objectif de quitter au plus tôt la permanence de SOS-Amitié afin de réveillonner en famille. Pourtant, le destin l’en empêche avec une obstination qui confine au génie. Pierre (Lhermitte) doit la remplacer et se fait attendre. Exaspérée, elle assène : « Homme en retard, liaison dans le tiroir. » En effet, Mme Musquin a tendance à parler en demi-proverbes, une manière d’asseoir son autorité. Finalement, l’arrivée de Lhermitte dans l’appartement est l’occasion de lancer une des répliques phares du *Père Noël* : « Je ne vous jette pas la pierre, Pierre, mais j’étais à deux doigts de m’agacer ! » Mme Musquin se retrouve bientôt coincée dans l’ascenseur. Est-ce parce que l’équipe du *Père Noël* aurait eu envie de garder plus longtemps Balasko dans le film ? On pourrait le croire, mais les auteurs du scénario n’en ont pas conscience sur le moment…

Quoi qu’il en soit, Mme Musquin passera l’essentiel du réveillon emprisonnée dans l’ascenseur grillagé. Elle tâche d’alerter les gens de l’immeuble en soufflant dans la trompette qu’elle avait achetée pour ses neveux, et trompe son ennui en appuyant sur un « Simon », jeu électronique devenu iconique en partie grâce au film.

Malgré le ridicule de sa situation, Marie-Ange Musquin ne se départ jamais de sa raideur cassante. Elle continue à donner des ordres à la pauvre Thérèse à travers le grillage, répétant en *leitmotiv* : « Minuterie ! » Quand elle « a affreusement envie de faire la petite commission » (*dixit* Thérèse), Mme Musquin compte sur Pierre pour qu'il l'extraie de l'ascenseur. Ce qui occasionne une séquence de cascades : Mme Musquin va-t-elle tomber dans le vide ? Sera-t-elle empalée quand Zézette remontera dans la cabine d'ascenseur ?

Balasko joue encore un grand moment resté dans les annales. Tandis que Zézette s'est mis en tête de répondre au téléphone de la permanence, elle subit les grossièretés d'un pervers. La jeune femme enceinte jusqu'aux dents ne se laisse pas faire et réplique avec verdeur. Croyant que Zézette dérape, Mme Musquin arrache alors le combiné. Lorsqu'elle entend à son tour les cochonneries, elle reste flegmatique, rétorquant avec aplomb : « Très poétique, très poétique, je ne connaissais pas toutes ces expressions. Eh bien, allez-y, monsieur, insultez-moi à loisir, nous sommes là pour ça ! » Évidemment, cette repartie a le don de bloquer son interlocuteur. Mme Musquin reprend : « Mais que se passe-t-il ? Vous ne continuez pas, monsieur ? Vous en étiez à “peau de couilles”, je crois… Hein ! Que se passe-t-il ensuite ? » Le visage de Josiane Balasko jubile et le spectateur boit lui aussi du petit-lait. Le pervers, séché, raccroche. Remettant tranquillement sa boucle d'oreille, Marie-Ange fait la leçon à Thérèse… En fait, tout se passe comme si elle s'adressait constamment à des enfants débiles ou mal élevés… Il ne faudra rien de moins que le courant électrique qui lui fait voir trente-six chandelles pour qu'elle perde de sa superbe quelques minutes… Mais le naturel revient vite au galop.

L'actrice s'est follement amusée à camper cette femme si loin d'elle, qui présente sous sa façade de bien-pensance les relents de la frustration, tout en méprisant les pauvres, les incultes et les pouilleux. Après le précédent film réalisé également par Jean-Marie Poiré[1], c'est une manière pour Josiane d'explorer un autre archétype que celui de la gentille « grosse » victime du sort. Le film ne fait « que » 1 604 220 entrées en salle en 1982, mais il devient un succès récurrent du petit écran, jamais démenti, programmé à chaque Noël avec un audimat record. À l'instar des *Bronzés*, *Le Père Noël* est devenu véritablement culte, et pour plusieurs générations de spectateurs.

Tout arrive à qui sait attendre

C'est entre ce tournage et la sortie du film le 25 août 1982 que Josiane s'aperçoit qu'elle est enceinte. Depuis leur mariage, Josiane et Philippe espèrent un enfant. Mais Josiane a fait plusieurs fausses couches. C'est donc le bonheur lorsqu'elle constate que, cette fois-ci, le bébé s'accroche bien. Le 1er février 1983, elle met au monde par césarienne un beau bébé prénommé Marilou – l'idée leur est venue de la chanson de Gainsbourg.

C'est aussi en cette année 1983 que Josiane tourne enfin *Signes extérieurs de richesse*. Jacques Monnet a réussi

1. Après *Le Père Noël*, Josiane et Jean-Marie Poiré écrivent un projet de scénario pour Pierre Richard, *Le Baroudeur*. Mais comme l'acteur n'est pas convaincu par les premières pages qu'il lit, l'idée est abandonnée.

à convaincre le producteur qui voulait une « actrice plus glamour ». Contresens total d'ailleurs puisque l'argument de cette comédie, c'est justement la rencontre improbable entre une inspectrice des impôts provinciale et rigide et un directeur de clinique vétérinaire, play-boy parisien flambeur.

Pour incarner Béatrice, l'inspectrice des impôts, Josiane choisit la sobriété. Il aurait été facile d'en faire une caricature de fille coincée qui ne connaît pas les codes de la capitale, mais la force de son personnage, c'est d'être émouvant par-delà son métier *a priori* peu sympathique. Cheveux courts et lunettes sages, Béatrice vit, solitaire, dans une chambre de bonne. Elle est consciencieuse, bosseuse et efficace. Le vétérinaire surnommé Gigi (Claude Brasseur) essuie un contrôle fiscal et commence par essayer de rouler la jeune inspectrice dans la farine en fournissant des justifications oiseuses. Mais Béatrice ne se laisse pas berner. Face au hâbleur qui tente de l'embobiner dans son bureau, elle réalise ses opérations de tête avec une aisance de matheuse hors pair. Changeant son fusil d'épaule, Gigi tente la séduction. Le play-boy s'y connaît en drague. Sauf que lorsque Béatrice comprend son petit jeu et l'envoie balader, il la traite sans ménagement de « boudin ». Monnet choisit de tourner la scène du point de vue de Béatrice, de telle manière que l'imposteur apparaît minable en utilisant les armes de l'insulte face à la jeune femme qui reste digne.

Après plusieurs péripéties drolatiques, contre toute attente, Gigi tombe sous le charme de Béatrice. La séduction de Balasko finit une fois de plus par émerger, par-delà une apparence ordinaire qui, au départ, avait pu laisser de marbre, voire rebuter. Béatrice se laisse elle aussi séduire par ce vétérinaire parisien qui a su exprimer ses sentiments et racheter sa muflerie initiale…

Josiane se sent à l'aise sur le plateau aux côtés de l'acteur chevronné, sauf le jour où Brasseur a un peu forcé sur l'alcool et empeste. Le tournage de la séquence exige un rapprochement physique qui incommode l'actrice. Qu'à cela ne tienne : elle croque dans une gousse d'ail, histoire de rééquilibrer les forces en présence !

L'autre rôle masculin important du film est celui d'un imposteur, faux expert-comptable incompétent incarné par Jean-Pierre Marielle, qui lance une des répliques devenue culte dans la profession des inspecteurs d'impôts pour se moquer des fraudeurs : « Je ne t'ai jamais dit que j'étais expert-comptable. Je suis expert en comptabilité. »

Signes extérieurs de richesse parvient à dépasser le million de spectateurs et confirme Josiane comme une actrice qui fait des entrées.

Quelles smalas !

Josiane Balasko avait collaboré avec le réalisateur Jean-Loup Hubert pour le scénario de *L'Année prochaine si tout va bien* (1981). L'histoire donnait l'impression de retrouver les héros de *Clara et les chics types* dans une sorte de fausse suite avec Isabelle Adjani et Thierry Lhermitte, un couple passant son temps à se chamailler et à se réconcilier… Jean-Loup Hubert engage cette fois-ci Josiane pour le premier rôle féminin de *La Smala* (1984), une comédie de banlieue avec Victor Lanoux. Simone, aide-ménagère, est secrètement amoureuse de Robert, père de cinq enfants dépressif, abandonné par son épouse. Plus jeune, Simone chantait dans un groupe de rock, Les Pionnières… À la fin, les yeux de Robert se sont enfin dessillés : il se rend compte qu'il est amoureux de la confidente au grand cœur mal fagotée. Comme dans *Les hommes préfèrent les grosses*, l'héroïne en dehors des normes part avec le beau gosse.

Même si elle décroche désormais des premiers rôles, Josiane ne dédaigne pas les seconds et accepte celui que Gérard Lauzier lui propose dans *P'tit con* (1984). Le réalisateur, connu pour sa sensibilité plutôt conservatrice, y épingle ce qu'il considère comme les travers des gauchistes, des babas cool et des féministes. Josiane interprète une intello qui déclare très vite à son soupirant qu'elle « n'est pas du tout vaginale, mais cent pour cent clitoridienne » et lui raconte par le menu les détails de ses rêves érotiques où Staline croise de Gaulle… C'est la même année que Josiane apparaît dans un petit rôle chez Gérard Oury, *La Vengeance du serpent à plumes*, en conductrice de taxi haute en couleur. Cultivant un mauvais goût très sûr pour le motif zèbre et adepte des fautes de français, elle campe un personnage totalement décomplexé face à Coluche. Son racisme est tellement énorme qu'il en devient risible, à la manière de celui de Louis de Funès dans *Rabbi Jacob*. Josiane fait mouche avec sa casquette de Gavroche, son accent parisien à couper au couteau et son bagou à revendre.

Certes, la comédienne ne dédaigne pas les seconds rôles ou les participations dans lesquelles elle peut s'amuser. Mais depuis *Signes extérieurs de richesse*, elle est obligée de constater que les réalisateurs ne se bousculent pas pour lui proposer des premiers rôles intéressants. Et comme elle n'est pas le genre à se morfondre pour attendre un coup de fil hypothétique, elle va se retrousser les manches et écrire elle-même.

8

On n'est jamais mieux servie que par soi-même

« Elle a imposé sa volonté de ne pas être prisonnière, ça, c'est capital, c'est une leçon pour beaucoup. Moi, elle m'a aidée. Sa démarche aide. Depuis longtemps. Même sa façon de jouer. »

Claire DENIS

« Puisque ça a si bien marché, elle n'a qu'à écrire *Les hommes préfèrent les grosses* n° 2. » Après son coup gagnant en solo en 1981, les producteurs voudraient que Josiane aille vers la facilité. Mais ils en sont pour leurs frais : elle a envie de se renouveler. Pour son nouveau film, *Sac de nœuds*, elle travaille en tandem avec Jacques Audiard[1], un scénariste qui s'y connaît en polars. Fils du célèbre dialoguiste, il a écrit quelque temps plus tôt *Le Professionnel* (Georges Lautner) et *Mortelle randonnée* (Claude Miller). Josiane a justement envie d'un *road-movie*, un genre de *Valseuses* mais dans lequel Depardieu et Dewaere seraient devenus des femmes. Josiane veut

1. Au début, Josiane avait proposé à Jean-Marie Poiré de travailler de nouveau avec elle, mais il était alors occupé avec *Papy fait de la résistance*.

raconter une histoire d'amitié et d'amour, celle d'un trio dans lequel les deux femmes, Anita et Rose-Marie, mènent l'action plus qu'elles ne la subissent. Tandis que dans *Les Valseuses*, le duo masculin était perturbé par une jeune femme, le duo féminin de *Sac de nœuds* voit surgir Rico, un homme qui se trouve la victime consentante d'Anita et de Rose-Marie, entraîné malgré lui dans des aventures rocambolesques.

Josiane écrit le rôle d'Anita pour elle-même mais, cette fois-ci, la « moche », absente du champ du désir des hommes, sera un clown triste plus tragique que ceux de *Bunny's Bar* ou des *Hommes préfèrent les grosses*. Fidèle à son goût des antinomies, Josiane imagine un acolyte qui doit contraster avec le physique peu avenant d'Anita. La scénariste veut en confier le rôle à Isabelle Huppert, d'autant plus intéressante à ses yeux qu'elle ne fait pas partie de son cercle et qu'elle sent chez Huppert une nature comique encore peu exploitée. Lorsque Josiane lui propose le rôle, l'actrice de *Violette Nozière* saute de joie, mais ce n'est pas pour plaire au producteur Claude Berri. Pour lui, Rose-Marie doit être jouée par Anémone. Les succès de Patrice Leconte obtenus par *Viens chez moi, j'habite chez une copine* et *Ma femme s'appelle reviens* en font une actrice populaire. Claude Berri est rassuré par l'image « Splendid » que ce tandem donnerait aux spectateurs. Josiane a beau expliquer que son *Sac de nœuds* explore de nouveaux territoires et qu'elle veut une actrice venue d'autres horizons, Claude Berri n'en démord pas. C'est donc le clash.

Josiane parvient finalement à décrocher l'accord de la Warner. Que les Américains produisent ce film qui raconte l'*empowerment*[1] de deux femmes, ce n'est pas si étonnant. Dans un entretien de l'époque à *Libération*, Balasko remarque ce vieux paradoxe hollywoodien qui veut que le système des Studios, très autoritaire avec les actrices, ait donné des rôles puissants aux femmes dans les films : « On n'a jamais revu des personnages féminins aussi sublimes que ceux qu'incarnaient les Gene Tierney ou Bette Davis. À l'époque, les femmes étaient dangereuses, bien plus fortes que les personnages masculins[2]. »

Le budget de 14 millions de francs prévoit trois mois de tournage et soixante-six décors différents. Reste à trouver le réalisateur de son *road-movie*. Et ce n'est pas simple. En France, pays des « auteurs », les réalisateurs aiment être à l'initiative du scénario. Si bien qu'on finit par conseiller à Josiane de réaliser elle-même son film. Après tout, Michel Blanc s'y est mis avec *Marche à l'ombre* (1984). Gérard Jugnot lui aussi s'est lancé avec *Pinot simple flic* (1984). Des cartons au box-office. Mais contrairement à ses deux copains du Splendid qui depuis l'adolescence se rêvent cinéastes, Josiane n'a jamais eu le fantasme de jeter ses ordres dans un mégaphone et de dire « moteur ! ». Elle se vit essentiellement comme une auteure. Le côté sacré de la mise en scène de cinéma, avec le réalisateur-prêtre qui officie, lui paraît alors un obstacle infranchissable. Et puis, elle ne connaît rien à la technique. La production et la distribution du film croient pourtant en elle et

1. C'est-à-dire l'autonomisation, la prise de pouvoir.

2. *Libération*, propos recueillis par Olivier Séguret, 28 mars 1985. Pour une étude du phénomène, voir *Hollywood. La cité des femmes*, par Antoine Sire (Arles, Actes Sud, 2016).

l'encouragent. Elle résiste. Mais comme aucun metteur en scène ne se propose, de guerre lasse, elle finit par se lancer.

Moteur !

Claude Miller est censé conseiller Josiane pour la technique ; en fait, pour l'essentiel, elle va se débrouiller toute seule. Pour un premier film, elle n'a pas choisi la facilité. Car qui dit *road-movie* dit tournage en voiture, ce qui n'est pas techniquement des plus évident. D'autant que ni elle ni Isabelle Huppert n'ont leur permis de conduire ! C'est un peu la catastrophe : Josiane a pris quelques leçons, Isabelle aucune… Cela n'empêchera pas les deux comédiennes de tenir le volant sur les quarante-six décors en voiture de *Sac de nœuds*.

Le film commence dans une cité de banlieue pas éloignée de celle de *La Smala*, mais l'atmosphère y est nettement plus sinistre. Anita, semi-clochardisée, fait des passes chez l'épicier chinois du coin pour quelques biftons, tandis que Rose-Marie se fait tabasser par son mari gendarme. En se défendant, elle blesse son mari à mort. Errant dans son immeuble, elle se réfugie par hasard chez Anita, occupée à mettre fin à ses jours avec une bonbonne de gaz ! Le suicide est raté et Anita se retrouve malgré elle embarquée dans la cavale de Rose-Marie.

Anita et Rose-Marie, c'est l'association de la carpe et du lapin. L'une, Marilyn de HLM blonde platine, est apparemment écervelée, quand l'autre est une dure à cuire aux cheveux en pétard et vêtements informes. Les deux femmes ne tardent pas à croiser le chemin de

Rico, échappé involontaire d'un fourgon cellulaire qui le conduisait à la Santé. Pour jouer ce personnage de paumé lunaire, la réalisatrice a choisi Farid Chopel. Chanteur, danseur et comédien, l'homme a joué peu de temps avant dans *La Vengeance du serpent à plumes*. Il est devenu une icône des années 1980 grâce aux publicités pour Perrier et aux clips vidéo de Jean-Baptiste Mondino. C'est l'une des premières vedettes beur, qui parvient à être engagé pour jouer autre chose que « l'Arabe de service ». D'ailleurs, dans *Sac de nœuds*, Rico est portugais[1].

Sur le chemin de leur folle équipée, les trois allumés croisent un pharmacien de campagne fort en gueule (Jean Carmet) qui leur prête asile un temps. Mélomane averti, ce pharmacien se méfie de la police française depuis que, sous l'Occupation, il a été dénoncé comme Juif par son voisin et envoyé en camp de concentration. La cavale des compagnons d'infortune leur fait également croiser un personnage très louche (Michel Albertini), qui fait basculer le film dans la comédie noire. De son côté, Coluche interprète un personnage de maquereau cynique ; il a convaincu Josiane de l'engager, s'arrangeant toujours pour jouer dans les films des copains… On croise enfin les pas de Dominique Lavanant en infirmière poussant la chaise roulante d'Howard Vernon, médecin qui n'a pas su jadis empêcher la mort de l'enfant d'Anita. Au dénouement, les deux copines kidnappent un homme qui essayait de leur voler leur voiture. Elles le logent à l'arrière de leur engin, à la place de feu Rico. Pour incarner ce nouvel acolyte, Josiane a demandé à son mari de

1. Tombé dans la drogue, Farid Chopel sombrera et n'aura pas la carrière escomptée ; il mourra en 2008 d'un cancer foudroyant.

jouer. Philippe Berry fait là sa première expérience de comédien de cinéma.

Sur le plateau, la réalisatrice débutante n'a pas vraiment le temps d'être angoissée car tout va trop vite : à chaque embûche, il faut trouver tout de suite des solutions. Josiane choisit de faire confiance à son intuition. Elle ne veut pas utiliser de contrôle vidéo, parce qu'elle trouve que ça casse la magie. Elle attend donc le soir pour voir les rushs dans une salle obscure. Lorsque la productrice Marie-Laure Reyre vient sur le tournage, Josiane voit rouge : « Casse-toi, fous le camp de ma planète ! » Mais comme elle a dépassé le temps de tournage, la productrice se montre inflexible : elle ne lui donne que treize jours pour achever le montage après une première mouture. Josiane se rend compte qu'elle aurait dû faire des stages pour mieux évaluer les plans dont elle aurait besoin. Pour autant, elle décide avec sa monteuse de ne pas faire une seule heure sup. Elle fait front et boucle le film dans les temps.

Un film en avance

Josiane a mis beaucoup d'elle-même dans *Sac de nœuds*, comme elle l'explique à un journaliste à sa sortie : « Mes parents tenaient un tout petit bistrot de bas étage, où on servait le calva dès 7 heures du mat. C'est ce monde-là qui continue à me plaire et que j'ai envie de montrer. Un univers un peu sale, quoi[1]. » Par ailleurs, le suicide de son amie Maryse Frenkel a eu lieu une dizaine d'années plus tôt.

1. *Op. cit.*

Le personnage suicidaire tragicomique d'Anita est comme un exorcisme… Enfin, la période de l'Occupation et le génocide des Juifs d'Europe hantent l'imaginaire de la génération de Josiane. Laura Laufer a été victime à l'école de l'antisémitisme d'une institutrice, tandis que son propre père avait été déporté en Allemagne… Les copains du Splendid font à la même époque *Papy fait de la résistance* dans lequel Josiane a un petit rôle de coiffeuse, « collaboratrice horizontale ». Dans *Sac de nœuds*, elle aborde la question de manière moins burlesque que dans *Papy* : Jean Carmet, en rescapé digne et droit, est un des personnages les plus forts et attachants du film.

Sorti le 20 mars 1985 sur les écrans, *Sac de nœuds* est diversement apprécié par la critique. Jacques Siclier note dans *Le Monde* : « Le résultat est étrange. […] *Sac de nœuds* ouvre des tiroirs secrets qui intriguent[1]. » Olivier Séguret écrit quant à lui dans *Libération* : « *Sac de nœuds* est loin d'être raté, c'est un film qui fourmille d'idées ingénieuses, qui est souvent drôle […], mais il laisse légèrement insatisfait[2]. » Avec 633 000 entrées, le long-métrage n'est pas le succès escompté par les producteurs qui ont misé sur un membre du Splendid. Peut-être que le ton extrêmement grinçant heurte, surtout venant d'une comédie écrite et réalisée par une femme. *Sac de nœuds* dégomme la France des « salauds » en tous genres : les collabos, les médecins assassins, les flics cogneurs de femmes, les maquereaux exploiteurs, les violeurs qui parfois s'en prennent aussi aux hommes. Lorsque Rico retrouve le détraqué qui l'a violé et lui dit en le menaçant « Tu me remets ? », l'homme

1. 22 mars 1985.
2. 25 mars 1985.

répond : « Quand tu veux. » Un humour à froid, qu'on n'attend pas d'une auteure. Tout comme on n'attend pas nécessairement cette manière de dédramatiser la sexualité en faisant d'Anita une gagneuse occasionnelle, qui fait des pipes pour se payer un sandwich ! « Le cinéma comique français a toujours connu un humour plutôt sage, finalement il a bien besoin d'être secoué[1] », estime alors la réalisatrice.

Au moment de la promotion de *Sac de nœuds*, Josiane a conscience de proposer une histoire qui sort des sentiers battus des rôles genrés : « D'habitude, ce type de film est écrit pour des héros masculins, sur le mode grivois. [...] Aujourd'hui, un beau rôle de femme, c'est *Femme active*, vous savez, la pub pour les déodorants [...], le genre pas moche, qui en plus ne sent pas sous les bras et qui est bien coiffée[2]. » Anita, elle, a les cheveux mal peignés et sent certainement la sueur ; d'ailleurs, Rose-Marie dépense beaucoup de fric en bouteilles de parfum qu'Anita balance rageusement par la fenêtre.

Déçue par le succès en demi-teinte de *Sac de nœuds*, Josiane se promet qu'on ne l'y reprendra plus : « Plus jamais je me ferai chier à mettre en scène ! » aime-t-elle dire alors. Elle voit cette décision comme définitive[3].

1. *Op. cit.*

2. *Ibid.* Aux yeux de Josiane Balasko, *Sac de nœuds* est sorti dix ans trop tôt. Lorsqu'on le revoit aujourd'hui, on ne peut s'empêcher de penser à *Thelma et Louise*, gros succès de Ridley Scott en 1991. Un *Thelma et Louise* « moins glamour », plus *trash*, mais qui paradoxalement se termine de manière plus optimiste puisque le duo français ne se suicide pas au dénouement, contrairement à Susan Sarandon et Geena Davis.

3. Pourtant, Claire Denis tient ce film en haute estime : « *Sac de nœuds* décrit un large spectre de la société française de cette époque. Josiane a su

La comédienne compte se requinquer avec une pièce de théâtre qu'elle s'est écrite.

Ivresse bienfaisante

Arrière-salle d'un bistrot de la gare de l'Est. À une table est assise une fille aux cheveux orange, à la tenue voyante, un bandage autour de la cheville. Elle lit un roman-photo. À ses pieds, une petite valise fatiguée. Simone (c'est son nom) est en permission : cinq jours devant elle avant de retourner en prison terminer de purger sa peine. Simone pourrait être la sœur de Lydie des *Hommes préfèrent les grosses*, ou celle d'Anita de *Bunny's Bar* ou de *Sac de nœuds*. Elle mesure 1,60 mètre, est « enrobée des hanches » comme elle dit, et lorsqu'elle ose exprimer son désir à un homme, elle se fait rembarrer, voire carrément humilier. Contre toute attente, Simone va passer une folle nuit alcoolisée avec Jacques Belin, un présentateur vedette de la télé.

Aux côtés de Josiane Balasko qui incarne la Simone de *Nuit d'ivresse*, c'est d'abord Michel Blanc[1] qui endosse le rôle de Jacques Belin. Thierry Lhermitte le remplace

---

voir Isabelle Huppert, elle a vu ce qu'il y avait de drôle chez elle. » Marilou Berry a de même un faible pour *Sac de nœuds* : « C'est mon préféré avec *Ma vie est un enfer*. Huppert et Farid Chopel sont géniaux. La rencontre de ma mère avec Jacques Audiard a été très féconde, il a su amener une profondeur sociale hyper intéressante au scénario. »

1. À l'origine, Josiane avait pensé à Patrick Dewaere. Dewaere aimait le texte, il trouvait que le personnage lui correspondait bien, mais il avait été contraint de décliner : « Il devait faire au même moment un film qui l'emmerdait parce qu'il avait ses impôts à payer. »

ensuite, et le soir de leur première avec Josiane, tous deux sont tellement en confiance qu'ils se « lâchent » en buvant sur scène du vrai champagne. À la deuxième représentation, ils augmentent la dose, tout comme à la troisième... Lors de la quatrième représentation, les deux amis forcent tellement sur l'alcool que c'est un désastre ! Échaudés, ils resteront désormais sobres sur le plateau. Il y a entre eux une écoute exceptionnelle qui leur offre une grande liberté et leur permet chaque soir d'improviser. *Nuit d'ivresse* fait un tabac durant plusieurs mois.

Thierry suggère alors à Josiane d'adapter la pièce au cinéma. Ensemble, ils vont écrire et produire le long-métrage qui gardera la structure en deux parties de la pièce – une folle nuit d'ivresse, puis le réveil du couple le lendemain chez Jacques Belin. Mais Josiane et Thierry décident d'ouvrir d'autres perspectives. Ils abandonnent l'unité de lieu de l'acte I pour promener les deux héros dans le Paris nocturne, et ajoutent des personnages et des situations, comme cette soirée de gens de la télé où Jacques se grille en tabassant son directeur de chaîne au cours d'un duel de queues de billard. À la fin de leur virée, Jacques et « Frède » (le nouveau prénom de Simone) s'enlacent, enamourés, dans la fontaine du Trocadéro, tels Marcello Mastroianni et Anita Ekberg dans *La Dolce vita*. Comme dans *Les hommes préfèrent les grosses*, la fille rondouillarde finit par convoler avec le « prince charmant » qui a su ouvrir ses yeux et son cœur. Josiane opte toujours pour des *happy ends* !

Ne voulant plus endosser la casquette de réalisatrice, elle se tourne vers le nouveau venu Bernard Nauer, qui vient de se faire remarquer aux Césars avec un court-métrage avec Pierre Richard et Jacques Villeret, *Dialogue de sourds*. Josiane demande à son amie Catherine Ringer d'écrire la musique. La chanson du générique, *Ils sont pas faits l'un pour l'autre*, restera dans les mémoires.

Josiane a toujours « trouvé » ses personnages grâce à leurs fringues. Comme elle le dit à son maquilleur Didier Lavergne, « si j'ai le *look*, je n'ai pas à *jouer* ». *Nuit d'ivresse* ne déroge pas à la règle. Les bottes blanches à franges et talons qu'elle a trouvées dans un magasin ont créé le déclic. Au début du film, elle se crée une allure de « perroquet » : crinière orange, ciré jaune et foulard vert flashy. Plus tard, lorsqu'elle veut épater Belin dans un parking souterrain, Frède enfile une robe rouge décolletée avec des gros cœurs, faite sur mesure pour le film.

C'est dans cette robe qu'elle effectue son numéro de majorette resté dans les annales. Jacques Belin la fait boire, l'embobine et lui fait miroiter un job dans son émission de télé, à condition qu'elle fasse ses preuves. Il s'assoit dans son gros 4 × 4, allume les feux en guise de projecteurs. Frède n'a pas dansé depuis longtemps, elle se sent rouillée. Qu'importe, sous les yeux de l'animateur qui se tord de rire à l'abri de son habitacle, la jeune femme sincère entame avec énergie et détermination sa démonstration de majorette, avec lancer de bâton fictif. Belin l'encourage pour faire durer le plaisir. Enhardie, Frède s'accompagne en chantant et se donne à fond, s'appliquant avec des gestes dignes du lapin Duracell… La fameuse « mécanique plaquée sur du vivant » qui provoque irrésistiblement le rire. Et puis, quelque chose se détraque dans le dispositif pervers que l'animateur a orchestré : une passante fait son apparition dans le parking et assiste inopinément au numéro. Ce témoin extérieur fait office de prise de conscience : subitement,

Belin a honte. Honte de lui, autant que honte de la pauvre fille qui s'est ridiculisée sous ses yeux. Il lui demande de cesser son numéro en lui avouant « qu'il s'est foutu de sa gueule ».

Dans leur scène, Jacques, le beau gosse à l'aisance de grand bourgeois, a humilié Frède, fagotée comme l'as de pique et qui bouge comme une ouvrière. En écrivant *Nuit d'ivresse*, Josiane montre avec acuité le mépris de classe en confrontant le grand corps bourgeois élancé (et la diction qui va avec) et le petit corps prolétaire grassouillet (et l'accent qui va avec). Elle est désarmante de sincérité dans son rôle de naïve au « cœur simple », tandis que Lhermitte joue à merveille la roublardise sadique.

Comment ces deux êtres socialement si dissemblables vont-ils finalement se rapprocher et s'unir ? C'est la nuit et l'alcool qui désinhibent les corps et abrasent les conventions sociales. Jacques promet à Frède le mariage. Mais l'élixir de l'alcool provoque aussi l'amnésie. Au réveil, les vieux réflexes reviennent : à la journaliste venue l'interviewer – France Roche dans son propre rôle –, Jacques présente Frède comme sa femme de ménage.

Pourtant, les sentiments ont résisté à la simple nuit d'ivresse… « Arrêtez de me regarder comme ça… avec vos yeux… Je sais pas, posez-les ailleurs… » implore Frède. Le trouble et le désir montent, les sentiments grandissants sont palpables. Une alchimie très particulière se dégage entre les deux acteurs, partenaires depuis une dizaine d'années et amis dans la vie. Rarement le jeu de Balasko et Lhermitte s'est fait aussi délicat. Josiane rayonne dans cette séquence finale. Dans un entretien donné à la sortie du film, l'actrice confie : « Ma réussite sentimentale m'a portée professionnellement. Je me suis épanouie.

À trente-cinq balais, je me sens bien dans ma peau. Parfois, je me trouve même… belle. À d'autres moments, je me dis "T'as vu la tronche que t'as ?", mais ça, c'est normal, ça n'empêche pas la séduction[1]. »

Nuit d'ivresse sort sur les écrans le 24 septembre 1986, quelques jours après l'attentat de la rue de Rennes qui a fait sept morts devant le magasin Tati[2]. Les spectateurs ont tendance à déserter les salles de cinéma, mais le long-métrage s'en tire plutôt bien. Finalement, il fera 1,3 million d'entrées et reste aujourd'hui l'un de ses films les plus populaires[3].

Une actrice modèle

Trois semaines après la sortie de *Nuit d'ivresse* arrive en salle *Les Frères Pétard*. Réalisé par Hervé Palud, il met en vedette un duo masculin, Jacques Villeret et Gérard Lanvin. Avec 2,1 millions d'entrées, c'est un succès populaire. Le film surfe sur le thème des dealers de shit et promène sa caméra dans un Paris populaire et bariolé où des marginaux très Pieds Nickelés vont prospérer dans

1. *Le Journal du dimanche*, 21 septembre 1986 (propos recueillis par Danièle Attali).

2. Revendiqué par le Hezbollah libanais, dans le contexte de la guerre Iran-Irak.

3. Une trentaine d'années plus tard, le présentateur de télévision Jean-Luc Reichmann appelle Josiane Balasko pour lui demander d'adapter sa propre pièce afin de faire un *Nuit d'ivresse* en version gay : « Quand Reichmann m'a demandé, j'ai accepté rapidement, c'était un exercice de style qui m'amusait de la réécrire avec un duo masculin… » Montée en 2018, la pièce revisitée fait un carton dans toute la France.

le commerce de la dope… La crinière punk orange vif d'Aline la poissonnière (Josiane Balasko) n'est pas suffisante pour la rendre visible aux yeux du beau gosse (Gérard Lanvin), qui fait comme si « la moche » n'existait pas lorsqu'il couche avec sa copine (Valérie Mairesse) sur le propre lit d'Aline. Celle-ci va donc prendre les restes, c'est-à-dire Jacques Villeret, son homologue masculin tel que le réalisateur le conçoit.

Hervé Palud exploite l'image « vulgaire » de Josiane Balasko, que la comédienne entretient volontiers comme une manière d'insubordination aux règles du bon goût… Il n'en demeure pas moins qu'à ce moment-là de sa carrière, elle est considérée comme une actrice importante du cinéma français, à tel point que certaines novices l'appellent pour lui demander conseil. C'est le cas du *top model* Claudia Schiffer, ce qui ne manque pas d'étonner la comédienne qui s'en amuse. En 1986, Frédéric Mitterrand choisit d'ailleurs d'inviter Josiane Balasko pour sa nouvelle émission, *Acteur studio*. Elle doit départager de jeunes apprenties comédiennes qui passent des épreuves en direct devant la caméra. Josiane donne ce conseil aux novices : « Dites-vous bien avant de monter sur scène : "Je les emmerde tous !" Très fort ! Et vous y allez ! » La méthode Josiane en somme : vous pensez que je ne vaux pas le détour, mais vous allez m'adorer ! Frédéric Mitterrand, l'éternel amoureux des stars, brosse dans son émission un portrait de l'actrice avec des envolées lyriques qui n'appartiennent qu'à lui : « Comment ne pas aimer Josiane Balasko ? Son génie comique, comme chez les seuls grands amuseurs, est tout proche du désespoir, et ses abandons de tendresse et de mélancolie rebondissent sur le rire. Elle console elle-même en un instant

1952 : par manque de moyens, les parents de Josiane ont attendu ses deux ans pour la faire baptiser. La petite est dans les bras de sa mémé Violette et de sa marraine. À droite, sa mère Fernande et son père Ivan. À l'arrière-gauche, son frère Pierre. © Coll. part.

La petite Josy, douée pour le dessin, crayonne souvent sur les nappes du bistrot parental. Elle aime reproduire des tableaux de grands maîtres (surtout Raphaël) ou peindre des paysages. Elle signe alors d'un « J. Balaskovic ».
© Coll. part.

Les dimanches, Josiane va à la messe accompagnée de sa grand-mère. Elle y baille aux corneilles et se souviendra longtemps de l'enfer des piqûres de cortisone administrées quotidiennement par une bonne sœur pour ses rhumatismes… En revanche, un habit de communiante, c'était un déguisement amusant ! © Coll. part.

Josiane a sept ans, l'âge de raison, mais avec sa coupe à la Zazie, elle n'a pas sa langue dans sa poche. Elle aurait aimé participer au casting de Louis Malle, le rendez-vous avec le cinéma sera pour plus tard.
© Coll. part.

À la mort prématurée de son père, Josiane découvre qu'elle a un demi-frère bien plus âgé qu'elle (à gauche) qui vit en Yougoslavie, le pays d'origine d'Ivan. Elle fera plusieurs fois le voyage pour lui rendre visite, ainsi qu'à son neveu (à droite) et au reste de sa famille yougoslave. © Coll. part.

En 1973, Josiane fait son premier café-théâtre à la Candeleria avec sa meilleure amie Maryse Frenkel sur un texte qu'elle a écrit, *Quand j'serai grande, j'serai paranoïaque...* Un des sketchs met en scène deux bonnes sœurs junkies tentées par le strip-tease ! Peu de temps après, c'est le drame : Maryse se donne la mort à cause d'un chagrin d'amour.

Rencontrée au cours Balachova alors qu'elle est encore adolescente, Catherine Ringer devient une amie de Josiane. Au sein des Rita Mitsouko, elle chante pour certains de ses films comme *Nuit d'ivresse* (1986) et *Un grand cri d'amour* (1998).

Bien qu'en couple de 1974 à 1979, Josiane et Bruno Moynot ont longtemps gardé une grande discrétion à ce sujet, à l'image de cet ingénieur de formation, devenu comédien du Splendid, puis gérant du café-théâtre.

Lasse de son emploi de grosse rigolote, Josiane perd dix kilos pour incarner une épouse volage dans *Amour, coquillages et crustacés* (1977). Le contraste avec sa physionomie d'adolescente gonflée par la cortisone est tel qu'elle épingle à l'époque une vieille photo d'identité sur le côté…

© Coll. part.

Lorsqu'en 1976 Coluche reprend *Ginette Lacaze*, c'est à Josiane qu'il donne le rôle de « la moche Monique » auprès notamment des compères Lhermitte et Clavier. Josiane cartonne dans la joyeuse comédie musicale au temps des yéyé, mais elle en a assez du sobriquet des médias, « la petite sœur de Coluche ». Ces deux-là ne cessent de se chamailler pour se rabibocher. Après sa mort, Josiane reprend le flambeau de certains de ses combats.

© James Andanson/Sygma *via* Getty Images

Dans *Le père Noël est une ordure*, si elle n'avait joué chaque soir sa pièce *Bunny's Bar*, Josiane aurait incarné le rôle de Thérèse, tenu par Anémone. Sur scène, il lui est arrivé d'être Zézette à la place de Marie-Anne Chazel. Pour l'adaptation au cinéma (1982), les Splendid créent le personnage de Mme Musquin, et Josiane a l'idée de lui donner le look de Simone Veil. © Jean-Pierre Fizet/Sygma/Sygma *via* Getty Images

Dans le scénario original des *Hommes préfèrent les grosses* (1981), qu'elle écrit, Josiane invente une nouvelle héroïne de cinéma. Prenant plusieurs kilos pour le film, elle se met en scène en « petit boudin », entourée de mannequins géants, comme ici, au Palace, célèbre boîte de nuit parisienne.

© Collection Christophel/Groupement des éditeurs de films/ Photo Étienne George

Dans les premières représentations théâtrales de *Nuit d'ivresse* (1986), c'est Michel Blanc qui joue Jacques Belin, avant de céder le rôle à Thierry Lhermitte, qui l'endosse aussi dans l'adaptation au cinéma. Dans cette robe avec un gros cœur et faite sur mesure, Josiane donnera sa représentation de majorette au parking. Culte. © Jean-Pierre Fizet/Collection Christophel/*via* AFP

© Coll. part.

L'affiche de *Trop belle pour toi* (1989) met à l'honneur Josiane Balasko, mais c'est Carole Bouquet qui a les faveurs de la presse et décroche le César de la meilleure actrice. Qu'importe, le travail avec Bertrand Blier est un des plus grands souvenirs de Josiane.

© Everett/Bridgeman Images

Dans *Ma vie est un enfer* (1991), cette robe princesse rose à crinoline, dessinée par Jean-Paul Gaultier, est offerte à Leah par le diable joué par Daniel Auteuil. Pour que Leah vole au petit matin dans les airs avec la robe de ses rêves, Josiane sera suspendue à une grue.

Tout le monde n'a pas eu la chance d'avoir des parents communistes (1993), le premier film de Jean-Jacques Zilbermann, vaut à la comédienne sa deuxième nomination aux Césars. On fera souvent le rapprochement avec le père de Josiane, né en Yougoslavie en 1903 et venu en France pour fuir la pauvreté. Mais si un des chanteurs de l'Armée rouge du film se prénomme Ivan comme le père de l'actrice, ce dernier n'était pour autant pas communiste.

Inspiré d'une histoire vraie, *Gazon maudit* (1995) rassemble en France près de 4 millions de spectateurs, qui rient aux éclats face aux déboires d'un macho (Alain Chabat) contraint d'accepter que son épouse (Victoria Abril) a craqué pour une femme (Josiane Balasko). Le film marquera une étape forte dans la visibilité des lesbiennes à l'écran.

Lorsque *J'ai vu tuer Ben Barka* (2005) passe en Espagne, des spectateurs sont épatés que Marguerite Duras soit si bonne actrice, croyant voir la vraie à la place de Josiane Balasko ! Pour Josiane, c'est une première d'incarner une femme ayant réellement existé. Elle rempilera quelque temps plus tard avec Françoise Dolto.

Recruté pour jouer son propre rôle dans l'adaptation française (Gabriel Aghion, 2001) de la série britannique *Absolutely Fabulous*, Jean-Paul Gaultier dessine également les costumes excentriques des acteurs du film. © Arnaud Borrel

Devenue son amie sur le tournage d'*Absolument fabuleux*, Nathalie Baye lance à Josiane lorsqu'elle lit son premier roman *Cliente* (2008) : « Si tu fais le film, je suis ta cliente ! » En tournage aux États-Unis, Josiane et George Aguilar sont comme des poissons dans l'eau à Moab (Utah), tandis que Nathalie y crève d'ennui… © DR

Jean-Baptiste Eyraud du Droit au logement (DAL) le souligne : Josiane Balasko ne fait pas partie de ces « personnalités » qui viennent faire de la figuration pour certaines causes militantes. Elle s'engage corps et âme auprès des familles dans la grande pauvreté, comme ici en novembre 2007.
© Joël Saget/AFP

C'est à Cachan que Josiane rencontre pour la première fois la comédienne Valérie Lang (à gauche). Coup de foudre amical. En militant pour le droit au logement décent, elle rencontre aussi Patrick Pelloux, médecin urgentiste dont elle devient proche.
© Stéphane de Sakutin/AFP

Nouvelle de Simone de Beauvoir publiée en 1967, le monologue de *La Femme rompue* a été adapté par Josée Dayan pour Antenne 2 en 1981 avec la comédienne Malka Ribowska. Josiane Balasko reprend le rôle en 2016 sur les planches des Bouffes du Nord.

Lorsqu'elle rencontre Philippe Berry en 1979, c'est le coup de foudre. Graphiste, il collabore avec Josiane sur des décors de pièces de théâtre et des affiches. Il joue aussi des petits rôles dans trois de ses films. Après la naissance de Marilou, le couple adopte un second enfant, Rudy, avant de divorcer en 2000. Philippe décède en 2019, à 63 ans.

Acteur américain d'origine apache, George Aguilar rencontre Josiane sur le tournage du *Fils du Français* (1999). Ils se marient en 2003. George joue dans de nombreuses pièces et films de Josiane, comme ici sur le plateau de *Cliente*. Militant de la cause amérindienne aux États-Unis, George a cofondé le «Pocahontas Reframed Film Festival» à Richmond.

Née en 1983, Marilou se sent une vocation de comédienne dès l'adolescence et s'est forgée au fil du temps une belle carrière d'actrice (*Comme une image*, *Vilaine*...), tout en réalisant aussi films et téléfilms. Né en 1989, Rudy a été adopté à trois ans et se réalise dans le sport.

ceux qui voudraient la consoler. [...] Elle s'est imposée car on ne se débarrasse pas de cette fille qui est une fausse dure, une vraie forte et une drôle d'aveugle qui croit ne pas être belle faute d'avoir pris le temps de regarder son cœur[1]. »

« C'est l'histoire d'un couple... »

Cette année-là, Coluche a envie de jouer avec Josiane et écrit pour eux deux une nouvelle pièce de théâtre : l'histoire d'un couple de junkies complètement abrutis qui passent leur temps devant un poste de télé vociférant. Un réveil sonne régulièrement l'heure du shoot et les protagonistes se mettent alors à parler très vite en croyant qu'ils ont des idées géniales... Pour écrire sa pièce, Coluche pense à *Qui a peur de Virginia Woolf ?*, la fameuse pièce d'Edward Albee dans laquelle les deux héros forment un couple indestructible malgré leurs sempiternelles engueulades épiques... Hélas, Coluche ne va pas pouvoir en achever l'écriture.

Le 19 juin 1986, l'humoriste séjourne depuis un mois et demi dans le sud de la France lorsqu'il quitte Cannes sur sa nouvelle moto pour se rendre à Grasse, suivi de deux copains dont Didier Lavergne, le maquilleur de Josiane. À la sortie du virage d'une départementale, Coluche heurte un semi-remorque et meurt sur le coup. Il a quarante et un ans. C'est la stupeur générale. Comme tous ses copains, Josiane est abasourdie. Le coup est rude.

1. *Acteur studio*, 6 octobre 1986.

L'année précédente, elle avait rejoint l'humoriste dans son initiative en faveur des plus pauvres. Il avait lancé sur Europe 1 : « J'ai une petite idée comme ça. Si des fois y a des marques qui m'entendent, y a des gens qui sont intéressés pour sponsoriser une cantine gratuite qu'on pourrait commencer par faire à Paris… Nous, on est prêts à aider une entreprise comme ça, qui ferait un resto qui aurait comme ambition, au départ, de distribuer deux ou trois mille couverts par jour… » Fils d'un maçon italien, Michel Colucci avait fait la manche à Paris avant de rencontrer Romain Bouteille en 1969 au Café de la gare. Il n'avait aucun diplôme et avait travaillé à la chaîne à l'usine. Ainsi, lorsqu'il parle de la misère, il sait ce que c'est. Il fonde l'association des Restos du cœur et, en janvier 1986, anime une émission en direct sur TF1 avec de nombreux artistes pour récolter des fonds.

Après la mort de Coluche, aux côtés de Michel Blanc, Miou-Miou et Nathalie Baye, Josiane fait partie d'une délégation des Restos du cœur qui rend visite au président François Mitterrand pour plaider en faveur de la pérennité de l'association. Ainsi, l'engagement politique de Coluche n'a pas été que la plaisanterie des présidentielles, les Restos du cœur restant son legs le plus solide. Par ailleurs, un des sketchs du dernier spectacle qu'il aurait dû jouer au Zénith portait sur le fondateur du Front national. Coluche percevait le vrai danger pour la société française des idées venimeuses de Jean-Marie Le Pen, ancien membre de l'OAS.

À l'époque de la campagne du comédien pour la présidentielle, Josiane s'était tenue un peu à l'écart. Si dans les œuvres qu'elle écrit, elle montre une tendresse particulière pour les laissés-pour-compte de la société, elle éprouve aussi de la méfiance pour la politique. Mais voilà, l'ami Coluche est mort, et quelque chose pour Josiane a changé : « Je me sens de plus en plus concernée par l'actualité. Il faut s'engager. Le Pen n'a plus Coluche en face de lui, c'est très grave[1] », dit-elle à un journaliste quelques mois après la mort de son copain. Le phénomène Le Pen horrifie Josiane, qui a tendance à penser à cette époque-là qu'« au lieu de lui donner la parole, on devrait fermer sa gueule[2] ». Cette préoccupation est au cœur de l'écriture du deuxième film qu'elle va réaliser, *Les Keufs*.

« Salut, les couilles ! » (1987)

« *Les Keufs* ? Qu'est-ce que ça veut dire ? » Dans les bureaux des producteurs avenue des Champs-Élysées, on est un peu déboussolés par le titre choisi par Balasko. La scénariste n'en démord pas : « Descendez dans la rue, tout le monde le sait ! » Josiane est contrainte de commander un sondage pour prouver que la plupart des gens connaissent le verlan de « flic ». Son scénario met en scène un tandem blanc/black, avec une inspectrice de police et un inspecteur des bœuf-carottes[3] d'origine africaine. L'année 1980 avait vu le succès public de *La Femme flic*, film policier réaliste d'Yves Boisset dans lequel Miou-Miou incarnait le personnage principal, faisant équipe un moment avec un policier métis (Alex Lacast). Mais Josiane n'a pas vu le film de Boisset et c'est Magalie, une femme rencontrée

1. *Le Nouvel Observateur*, 19 février 1987.
2. Propos tenus dans le *Journal du dimanche*, 14 mai 1989.
3. L'IGS (Inspection générale des services), aujourd'hui « IGPN ».

chez Rocky, son coiffeur de la rue Quincampoix, qui lui a inspiré le personnage de Mireille Molyneux. Née dans le sud de la France, Magalie a travaillé pour la BAC à Marseille, puis est devenue inspectrice à Paris. Son boulot, c'est d'infiltrer les dealers de drogue, et pour ce faire, elle ne lésine pas sur les moyens en adoptant un look punk à chaînes. Avec son accent du sud, la jeune femme raconte à Josiane ses expériences et son quotidien d'inspectrice. Quand elle a débarqué au commissariat à Paris, elle s'est fait bizuter. Un confrère lui a demandé de décrocher un type pendu au milieu de la salle ; elle s'est exécutée et le pendu s'est vidé sur elle ! Pour survivre dans un milieu franchement macho, Magalie n'a pas seulement du courage, mais aussi de l'humour. Quand elle arrive au commissariat, elle lance à ses collègues un ironique « Salut, les couilles ! ».

Incarner une femme flic, voilà de quoi séduire Josiane et la sortir de ses personnages de « paumées sympas[1] ». Et il y a là un vrai sujet à explorer : les premières mesures en faveur d'un recrutement égalitaire au sein de la police française ne datent que de 1968. Le producteur Jean-Claude Fleury a engagé l'auteur de polars Jean-Bernard Pouy pour le scénario. Josiane le réécrit en entier pour en faire résolument une comédie. Fidèle à son tempérament, elle pense en effet que la meilleure façon de faire réagir contre les discriminations, c'est l'humour. Et même si elle

1. « Pour la première fois dans *Les Keufs*, je m'offre un rôle de femme installée dans la vie. Un rôle de nana qui n'est ni celui de la grosse faussement décontractée, ni celui de la paumée sympa dont je me suis fait une spécialité, par pudeur et par facilité », *Le Nouvel Observateur*, n° 1215, 19 février 1987, propos recueillis par Sylvie Véran.

s'était promis de ne plus réaliser de film, elle se laisse finalement tenter par cette nouvelle expérience. Aucune réalisatrice du cinéma français n'a jusque-là travaillé à un polar avec un premier rôle de femme policier.

Pour jouer Blaise Lacroix, le bœuf-carottes, Josiane choisit l'acteur ivoirien Isaac de Bankolé qui vient de jouer dans *Black Mic-Mac* (Thomas Gilou, 1986). Avec son visage sculptural et son corps athlétique, l'acteur sera parfait pour développer une histoire d'amour entre l'inspectrice et l'homme chargé de faire une enquête sur elle. Car c'est ainsi que commence cette comédie située dans les quartiers populaires parisiens. Mireille, déguisée en gagneuse (cheveux roux vif, longue queue-de-cheval, pantalon moulant et talons hauts), infiltre les milieux de la prostitution en vue de combattre le proxénétisme. Elle s'est prise d'amitié pour Yasmina, une prostituée qu'elle veut aider à se défaire de son julot violent. En guise de représailles, le proxénète accuse l'inspectrice de corruption auprès de sa hiérarchie, d'où l'enquête des bœuf-carottes qui s'ensuit avec une série de quiproquos comiques. Mais Josiane ménage aussi des séquences plus tendues lorsque la question de la prostitution forcée est abordée : elle n'escamote pas la domination des maquereaux ni leur violence à l'égard des femmes.

Bouvreuil, supérieur hiérarchique de Mireille Molyneux, la surnomme ironiquement « sœur Theresa du tapin ». Josiane sollicite Jean-Pierre Léaud pour incarner ce commissaire macho. Mais recruter le grand acteur de la Nouvelle Vague n'est pas évident. Quelque temps auparavant, il a envoyé un pot de fleurs sur une voisine qui faisait trop de bruit et il a eu des soucis avec la police… On explique à Josiane que les assurances ne voudront pas prendre de risque pour ce comédien perçu comme instable. Josiane décide de faire tourner Léaud sans assurance. L'acteur s'implique beaucoup et fait du commissaire un personnage de poésie, totalement allumé. Elle accueille avec intérêt les propositions du comédien, qui a disposé dans sa loge tous ses médicaments et qui, avant chaque prise, pousse un hurlement ! Dans une séquence, il prend l'initiative d'embrasser inopinément le portrait photographique du président François Mitterrand affiché au-dessus de son bureau, et dans une autre, il décide de mettre un coup de tête à un prévenu… Josiane est utilement secondée par le chef opérateur Dominique Chapuis, qui connaît bien Jean-Pierre Léaud pour avoir été assistant sur des films de Truffaut. Il sait qu'il vaut mieux faire le plan le plus large possible avec l'acteur afin d'être certain de le garder dans le champ, car avec une échelle plus rapprochée, on n'est jamais sûr qu'il ne va pas sortir du cadre !

Sexisme ordinaire

Josiane a piqué à Magalie sa phrase de salutation ironique lorsqu'elle entre au commissariat. Léaud, lui, n'hésite pas à en rajouter dans le caractère libidineux de son personnage… Mireille Molyneux arborant un décolleté pigeonnant, Bouvreuil lui dit tranquillement : « Continuez de parler, je regarde vos seins. » Il se croit même autorisé à lui poser une main sur la poitrine en déclarant : « Vous pouvez être très chiante, mais je vous ai toujours couvert. » Tapant sur la main baladeuse, Mireille rétorque du tac au tac : « *Couverte*, avec un "e", ça s'accorde avec le complément ! Ou alors je suis un homme. »

Finalement, une solidarité naît entre la keuf discriminée comme femme et l'inspecteur de l'IGS discriminé comme Noir. Tout au long de son enquête rocambolesque pour se disculper de toute corruption, mais aussi pour libérer Yasmina des griffes de son maquereau, la keuf qui était un peu raciste apprendra à dépasser ses préjugés. Elle se retrouve même contrainte, dans un métro, de régler leur compte à deux néo-nazis en les menottant autour d'une barre et en baissant leur pantalon qui découvre sur une fesse un tatouage représentant Hitler ! Scène inspirée à Josiane par une anecdote contée par Magalie.

Lorsqu'elle vole au secours de la prostituée Yasmina, l'inspectrice Molyneux se débarrasse des proxénètes à coups de prises de karaté et de boxe thaïe, Josiane s'étant préparée à la scène en prenant quelques cours d'arts martiaux. Elle a engagé le mannequin Farida Khelfa pour jouer la prostituée. Habituée du Palace et des Bains Douches, celle-ci deviendra une égérie de Jean-Paul Gaultier, Azzedine Alaïa et Jean-Paul Goude. Farida ne se sentait pas capable d'endosser un rôle important dans un long-métrage, n'ayant presque pas d'expérience, mais Josiane a réussi à la convaincre de jouer dans son film. Elle a aussi engagé pour un petit rôle de concierge la mère de Marie-Anne Chazel, Louba Guertchikoff.

Chef d'orchestre

Cette nouvelle expérience comme réalisatrice est plus sereine que la première. Josiane est confortée par son chef opérateur Dominique Chapuis, grand pédagogue qui l'initie à la technique. Finalement, il y a comme une analogie entre son personnage d'inspectrice et la position de la réalisatrice dans le rapport à l'autorité. Aux journalistes de *Libération* venus l'interviewer à l'époque, Balasko fait remarquer : « Le premier jour de tournage est essentiel. Il faut donner confiance à l'équipe. Surtout si vous êtes une femme et que c'est votre second film. C'est comme un chef d'orchestre qui réunirait quarante musiciens[1]. » Dans ce même entretien, l'actrice évoque avec une vigueur particulière le manque de sollicitation de la part des réalisateurs et la nécessité qu'elle a de s'écrire elle-même des rôles : « S'ils ne veulent pas travailler avec moi, je peux me passer d'eux et je la leur mets ! Je suis obligée d'avoir cette attitude. De toute façon, entre le désir du public et le désir des gens qui font le cinéma, il y a un fossé [...]. Moi, je fais des entrées, et pourtant je ne fais pas de couvertures. » On croirait un peu entendre Mireille Molyneux, l'amazone des *Keufs* !

Pour la première (et la dernière) fois, Josiane a eu envie de faire jouer dans son film sa propre mère. Fernande Balaskovic interprète une vieille dame qui se retrouve au commissariat : « Oh, mémé, qu'est-ce que tu nous as encore fait comme grosse bêtise, toi ? » lui demande l'inspectrice

1. *Libération*, 17 décembre 1987 (propos recueillis par Marie Colmant et Laurent Bachet).

attendrie. Fernande, qui improvise, répond : « Difficile, difficile de joindre les deux bouts ! » Josiane rétorque alors : « Mémé, évite de te faire piquer quand tu fauches au Prisu ! » Trente secondes particulièrement émouvantes[1]...

Sociologique...

Le film ne laisse pas la critique indifférente à sa sortie. *Les Keufs* a même les honneurs du sacro-saint *Le Masque et la Plume* sur France Inter[2]. Jacques Siclier ne boude pas son plaisir : « J'ai rigolé, c'est tellement rare en ce moment ! J'ai appris que "les keufs", ça veut dire les flics en verlan ; ça fait fuck à l'envers [*sic*]. » Michel Ciment estime que « c'est mieux filmé que *Sac de nœuds* » et évoque une analogie entre Isaac de Bankolé et Eddie Murphy, l'acteur comique afro-américain très populaire à l'époque. Serge Toubiana, lui, s'il dit aimer Balasko « qui introduit quelque chose d'intéressant dans le cinéma français », reproche au film d'être « sociologique » et « trop gentil », tout comme Gérard Lefort, qui proclame « adorer Balasko », mais reproche aux *Keufs* d'être « trop bien-pensant » : « Le film aurait pu être écrit avec Harlem Désir », ajoute-t-il. Pierre Bouteiller lui lance alors : « Vous l'auriez aimé mal-pensant avec Le Pen ?! » Lefort, piqué, se défend en rassurant l'auditoire sur son antiracisme et tente un « Balasko, c'est l'enfant caché de Bourvil et

1. Dans *Les Keufs* joue également la nièce Sylvie Audcœur, alors créditée Sylvie Balaskovic, ainsi que les jeunes Florent Pagny et Roschdy Zem dans des petits rôles.

2. Émission du 20 décembre 1987 présentée par Pierre Bouteiller.

de Jacqueline Maillant » ! Pour *Le Canard enchaîné*, « en signant l'adaptation, les dialogues et la réalisation de cette comédie drôle et vacharde, Josiane Balasko n'a pas raté son affaire. Comme à l'habitude, elle est désopilante et “assume” avec un culot qui fait plaisir[1] ».

Le public confirme cet avis, avec un peu plus de 1 million d'entrées, plaçant *Les Keufs* dans les trente meilleurs scores de l'année. Une comédie française avec une histoire d'amour entre une Blanche et un Noir, c'est nouveau en 1987, et Josiane est ravie de constater que le film a un retentissement jusque dans les cités. Jean-Pierre Léaud est nommé au César du second rôle. L'attention des critiques de l'époque se porte essentiellement sur la question du racisme dénoncé par le film, et non sur le ton résolument féministe des *Keufs*. On ne remarque pas que Balasko n'a pas choisi de faire de sa femme flic une inspectrice qui gommerait ses attributs féminins. En fait, elle aura rarement été autant sur-féminisée que dans *Les Keufs*, avec ses pantalons moulants, ses jupes courtes et ses décolletés pigeonnants ! Sous couvert de comédie, la réalisatrice semble dire aux machos : une femme peut être sexy et au même moment courageuse, entreprenante, énergique, intelligente. En un mot, puissante. Lorsque le flic joué par Isaac de Bankolé arrive dans l'appartement de l'inspectrice avec laquelle il entame un flirt, il s'étonne : « Tu t'arrêtes jamais ? Tu peux pas être une femme comme les autres ? » À quoi elle répond : « Mais je suis une femme comme les autres… Mais j'ai plus souvent un flingue à la main qu'une casserole. »

1. 23 décembre 1987.

Femme forte

L'image de Josiane est telle que Jean-Pierre Mocky la choisit dans *Une nuit à l'Assemblée nationale* (1988) pour incarner une journaliste particulièrement entreprenante. Selon ses habitudes, le réalisateur a concocté une comédie-choral déjantée, avec une pléiade d'acteurs, parmi lesquels Michel Blanc, Jacqueline Maillant, Jean Poiret, Darry Cowl, Roland Blanche et Bernadette Lafont.

Walter Arbeit (Michel Blanc), militant de la nudité et de la nourriture naturelle, se retrouve au cœur d'un imbroglio politique sur fond de trafic de Légion d'honneur. Une journaliste politique (Josiane Balasko) trouve le militant écolo à son goût et se jette sur lui dans un petit bureau de l'Assemblée nationale. Elle le viole ! Mocky s'amuse à faire durer la scène en cadrant alternativement les visages des deux acteurs, dont les personnages inversent les rôles genrés traditionnels de violeur et violé…

En cette seconde partie des années 1980, Josiane Balasko a su imposer sur les écrans son personnage féminin transgressant les normes assignées au « deuxième sexe ». Cependant, l'actrice est bien obligée de constater que pour avoir de bons rôles, elle doit plutôt compter sur elle-même. Tout se passe comme si, une fois qu'elle avait commencé à exister comme auteure, les réalisateurs avaient pensé qu'elle n'avait besoin de personne. La vérité, c'est que Josiane a beau être une scénariste talentueuse capable de s'écrire des personnages consistants, elle aimerait ne pas toujours avoir à le faire. Elle souffre du manque de désir des auteurs et des metteurs en scène… Si bien que lorsqu'en 1988 le réalisateur Bertrand Blier l'appelle pour lui proposer enfin un rôle, elle exulte !

9

La ronde qui dérange

«Josiane incarne quelque chose de la femme
qui à la fois me fascine et me fait peur.
Moi, je suis encombrée par la peur de ce qui déborde,
je suis dans un contrôle de mon corps,
qui est commun à plein de femmes.
Chez Josiane, ça déborde et c'est beau.»

Hélène FILLIÈRES

« Le plus difficile pour moi, c'est d'enclencher les choses, d'éveiller la curiosité. C'est toujours un peu tiède. Ils le sentent bien confusément, les hommes, que quelque part, je vaux le détour. Mais ils se disent : oh non ! quand même, elle est vraiment trop tarte, si jamais ça s'apprend, on va se foutre de ma gueule. Le plus souvent, ils ne donnent pas suite, ils se contentent d'y penser, ils poursuivent leur chemin. Mais parfois, y en a un qui s'attarde, un curieux, un fragile. Il est fragile, Bernard, malgré ses airs robustes… » C'est Colette Chevassus qui parle. Elle explique à Florence, l'épouse de Bernard, la manière dont tout a commencé. Comment Bernard en est venu à coucher avec elle, la secrétaire modeste, alors qu'il est marié avec la sublime Florence. Colette, c'est Josiane Balasko, Florence, c'est Carole Bouquet, et Bernard, Gérard Depardieu.

Trop belle pour toi (1989)

Un jour, au début des années 1970, Josiane accompagne Serge Maggiani dans un théâtre où il a un petit rôle dans une pièce. Dans l'ombre de la salle, elle désigne à Serge un grand gaillard : « Tu vois, lui, c'est Depardieu, c'est un génie et tu vas en entendre parler. » C'était avant *Les Valseuses* (1973), le film de Bertrand Blier qui a tant impressionné Josiane parce qu'il cassait tous les codes, avec ses acteurs qui parlaient la langue de la rue, la poésie en plus… La comédienne rêve depuis de tourner sous la direction de Blier. Lorsque le réalisateur voit *Les Bronzés*, il appelle Balasko pour la féliciter, tant il a été sous le charme de sa drôlerie et de l'intelligence de son jeu. Il lui promet qu'un jour ils travailleront ensemble.

Bertrand Blier a conscience qu'il n'a encore jamais écrit de vrais grands rôles pour des femmes avant de se lancer dans *Trop belle pour toi*. Il se demande s'il est capable de faire parler longuement des personnages féminins. Il organise donc avec Balasko et Bouquet une petite lecture des dialogues qu'il a déjà écrits pour vérifier si quelque chose les gêne. La réaction positive des actrices le rassure. À l'époque, il ne dit à personne que cette histoire d'un homme qui trompe sa très belle femme pour une autre au physique ordinaire le concerne de près. La vérité psychologique, la justesse des dialogues et le lyrisme de la mise en scène proviennent ainsi d'une réelle dimension autobiographique.

Alchimie des corps

Gérard Depardieu est un vieux compagnon de route de Blier, ils en sont à leur cinquième collaboration. Carole Bouquet avait quant à elle tenu un petit rôle dans *Buffet froid* (1979). Seule Josiane est une nouvelle venue dans l'univers du réalisateur. Le premier jour du tournage, elle tremble de trac. Colette Chevassus est une femme qui doit paraître « ordinaire » au spectateur, mais qui doit aussi le convaincre qu'elle a les armes pour séduire Bernard. Elle surgit un jour comme secrétaire intérimaire dans les bureaux du garage du patron et, contre toute attente, c'est le coup de foudre. Cette femme sans prétention capte le regard du patron blasé, qui vit bourgeoisement avec épouse et enfants. Elle-même est troublée par le regard de Bernard. Tout le long du film, Blier fait entendre la voix intérieure des personnages : « On peut quand même pas dire à un homme qu'on ne connaît pas : j'ai envie de vous retrouver dans une chambre ! Ça se fait pas, ces choses-là… Et pourquoi ça se fait pas ? Et si tout à coup ça se faisait ? Ça dérangerait quelqu'un ? » Colette prend le combiné et appelle son patron : « C'est difficile, ce que j'ai à vous dire… C'est à propos de votre regard… Il me fait mal. Il me déstabilise. Il me fait du bien aussi. » Colette et Bernard ne sont séparés que par une vitre et se contemplent. On pense à la réplique du *Dernier métro* (1980) que Depardieu répétait à Deneuve : « Tu es belle, Hélène. Si belle que te regarder est une souffrance. Une joie et une souffrance. » Chez Blier, c'est la femme qui ose dire à Depardieu cette joie mêlée de souffrance que procure le regard amoureux.

Trop belle pour toi est un film sur le coup de foudre, sur l'élan irrésistible qui pousse deux êtres l'un vers l'autre. Et c'est aussi un film sur la passion charnelle. Passé les premiers émois au bureau, Colette et Bernard se retrouvent clandestinement à l'hôtel et c'est la révélation. Alors que dans ses tournages précédents, le réalisateur a abondamment exhibé ses acteurs dans leur plus simple appareil, il évite ici la nudité frontale. Comme si, cette fois-ci, l'histoire le touchait de trop près et que la jouissance, la vraie, s'exprimait mieux par les mots. « Dès que tu me touches, je démarre… Je comprends pas ce qui m'arrive… Tes mains, tes doigts, ça ressemble à rien de ce que j'ai connu. Comment ça se fait qu'on est si bien ? » murmure Colette à Bernard. Ailleurs, c'est Bernard qui implore Colette d'une voix plaintive de cesser de bouger les fesses si doucement sur lui parce que c'est trop excitant ; mais la femme ne peut pas, ses fesses ne lui obéissent plus… Le spectateur croit à l'alchimie des corps de Balasko et Depardieu. Bertrand Blier remarque ainsi, avec son langage bien à lui : « Ils sont quand même assez proches, ils viennent de la même famille : ce sont des *acteurs à viande*. Quand ils sont côte à côte, on sent bien qu'ils sont faits pour être ensemble, quoi ! Alors que Carole Bouquet, elle, n'est pas une actrice *viandesque* ! »

« Ça, c'est Josiane ! »

Sur le tournage de *Trop belle pour toi*, Depardieu n'est pas toujours facile. Comme il force sur l'alcool, le travail matinal est compliqué. Parfois, il pèse sur Josiane de tout son poids et elle doit le retenir. Dans une séquence,

Colette Chevassus apporte du café à Bernard, et Gérard en profite pour mettre une main aux fesses de Josiane, hors champ. L'actrice repart tranquillement pour poser les tasses, puis revient et attrape les couilles de Gérard ! « C'est la seule femme que j'aie vu faire ça, se souvient Bertrand Blier, attraper les couilles de Gérard ! Faut y aller quoi ! Ça m'a fait hurler de rire. Ça, c'est Josiane ! »

Bertrand Blier demande à la comédienne de viser la sobriété. Elle doit se dépouiller, abandonner certains réflexes acquis dans la comédie et le café-théâtre. Aller plus loin encore dans le dénuement que ce qu'elle faisait dans les dernières séquences de *Nuit d'ivresse*. Car Josiane doit jouer la femme amoureuse pendant tout le film – la femme chavirée par la passion et le plaisir physique. Une séquence est emblématique de ce que l'actrice doit opérer auprès du spectateur : partager avec lui cette émotion en restant pure dans l'indécence. Sur le quai du métro, le visage rayonnant, Colette s'adresse à un inconnu : « Je viens de faire l'amour pendant trois heures… inoubliables. J'en ai encore des crampes nerveuses. » L'homme, interloqué, lui demande pourquoi elle lui dit cela, à quoi Colette répond joyeusement : « Bonheur, cadeau, partage ! »

Avec le personnage de Bernard, le contraste entre le physique colossal de Depardieu et la douceur de sa voix et de son regard atteint un point d'incandescence qui fait de son interprétation une des plus marquantes de sa carrière. Josiane est ainsi portée par le génie de son partenaire.

Mais il y a aussi des séquences délicates à interpréter, particulièrement celle qui confronte l'épouse bafouée à la maîtresse nue dans le lit de l'hôtel où elle vient de faire l'amour. Après le départ de son amant, Colette voit surgir

Florence, venue en découdre. Blier sent qu'il est sur le fil du rasoir : « C'est une des rares scènes dans ma carrière où je me suis fait peur. J'ai eu peur de ce que j'avais écrit : c'est d'une violence terrible… » L'épouse cherche à humilier la maîtresse : « Elle me plaît pas, votre tête, je la trouve vulgaire et disgracieuse… Vous n'avez aucun charme, du moins apparent ! » Puis, enragée, elle secoue sa rivale en lui lançant : « C'est quoi ton truc pour plaire aux hommes ? » Colette répond de sa voix douce : « Une femme qui donne beaucoup d'amour, elle finit toujours par se faire aimer », puis implore tout aussi calmement : « Vous pouvez pas me le prêter encore un tout petit peu ? Il est bien avec moi, il est calme, il se repose… » Sur le plateau règne un silence de mort. Personne ne bouge dans l'équipe qui éprouve la sensation que quelque chose d'important est en train de se passer. Le tournage de la scène dure toute la journée. Nue dans le lit avec une trentaine de personnes autour d'elle, Josiane ne se sent pas à l'aise. Elle demande de la vodka à Blier pour l'aider à se détendre. Au début, le réalisateur résiste, puis il cède et constate que Balasko reste parfaitement lucide.

Si cette scène est difficile pour elle, c'est aussi parce qu'elle se sent très loin du personnage qu'elle doit incarner : « On m'aurait traitée comme ça dans la vie, j'aurais cogné ou tout du moins balancé une vanne[1] ! » confie-t-elle à l'époque à Jacques Siclier dans une interview pour *Le Monde*. Josiane n'a jamais voulu être une victime. Elle sait qu'elle aurait pu dans la vie devenir comme Colette et a tout fait pour être l'opposé… Avec Blier, Balasko doit donc explorer de nouveaux territoires. Il ne s'agit plus de

1. *Le Monde*, 11 mai 1989.

jouer le clown blanc comme dans *Les hommes préfèrent les grosses*, mais un véritable drame, où la musique de Schubert choisie pour la bande-son vient encore amplifier la dimension déchirante. Si avant *Trop belle pour toi* Josiane a parfois joué des partitions poignantes dans des comédies douces-amères, elle n'a jamais eu à s'impliquer aussi profondément. Elle avoue volontiers aussi à ce moment-là que « le côté *loser* du personnage » la perturbe beaucoup : « Colette sait d'avance qu'elle va perdre. Moi, je n'ai pas l'habitude, je sais d'avance que je vais gagner. Du moins, je l'espère[1]. » D'ailleurs, la comédienne confie à son réalisateur qu'elle se sent alors incapable de s'écrire pour elle-même de tels rôles dramatiques, comme si la pudeur l'emportait : « Le rire est une enveloppe très efficace, une arme imparable, en même temps qu'un piège. »

Josiane est heureuse de tourner dans ce film dont elle pressent la réussite. Sa fille Marilou a cinq ans. Restée à Paris avec son père, elle est tout excitée quand sa mère l'appelle chaque soir à l'heure du dîner. Pendant une demi-heure, elle lui raconte le tournage. Bertrand Blier n'en revient pas de voir ce rituel quotidien entre la mère et la fille, lui qui a plutôt l'habitude des comédiens qui se lâchent après le tournage en buvant des coups…

Montée des marches

Lorsqu'il s'est lancé dans l'écriture de *Trop belle pour toi*, Bertrand Blier a craint l'écueil de la banalité :

1. Propos recueillis dans le *Journal du dimanche* par Michèle Stouvenot, 14 mai 1989.

« Les histoires d'amour, c'est très emmerdant à raconter, ça n'a aucun intérêt, c'est toujours les mêmes situations : est-ce qu'il va l'aimer ou pas ? » S'il croit dans la force de son histoire, c'est parce qu'« il y a Gérard, Josiane et Carole : un truc exceptionnel ». La caméra sait se faire parfois enveloppante en glissant lentement autour des protagonistes comme pour saisir leur vérité intérieure. La musique de Schubert participe comme une évidence à cette plongée dans les abîmes. C'est aussi sa construction narrative originale qui crée la force de *Trop belle pour toi*. Le récit n'est pas linéaire, la chronologie étant perturbée de retours en arrière ou de scènes qui se répètent avec changements de point de vue. Parfois, des ralentis viennent alanguir le rythme, ou bien les personnages s'arrêtent, fixent la caméra et soliloquent en exprimant leur état d'âme. Cette structure discontinue confère au film son originalité et sa densité singulière.

Il sort sur les écrans de France en mai 1989, en même temps qu'il est présenté au Festival de Cannes, et les spectateurs se pressent dans les salles. Finalement, 2 millions de personnes se sont déplacées. La couverture médiatique est énorme, évidemment amplifiée par l'exposition que donne Cannes, qui permet de vendre *Trop belle pour toi* partout dans le monde. Josiane expérimente alors le tourbillon cannois. C'est la première fois qu'elle fait la montée des marches. Habillée par Jean-Paul Gaultier qui lui a dessiné une robe noire et rouge très simple, agrémentée d'un chapeau noir pointu, l'actrice savoure l'accueil triomphal du public de la salle Lumière, puis dîne sur la plage du Majestic à la table de Caroline de Monaco et de Jack Lang. Les copains sont là aussi !

La critique est excellente, et les journalistes saluent la performance de Josiane Balasko qu'ils n'attendaient pas dans ce rôle grave. À l'instar de Coluche qui avait épaté autrefois dans *Tchao pantin*, Josiane étonne dans *Trop belle pour toi*. La Palme d'or ne semble pas inatteignable. Le jury de Wim Wenders optera finalement pour *Sexe, mensonges et vidéos* (Soderbergh), mais donnera tout de même le grand prix spécial du jury au film de Blier[1].

« Les laides sont à la hausse »

Tout serait merveilleux si le plaisir n'était terni par certains articles venimeux, venus particulièrement de la presse féminine. La palme d'or revient au magazine *Elle*, qui titre « Tiens, voilà des boudins ! » précisant en chapô : « Les laides sont à la hausse », puis, si l'on n'avait pas compris : « Une femme peut avoir un gros bide, de gros seins, de grosses cuisses, et plaire quand même[2]. » L'article se veut spirituel en dissertant sur la méfiance qu'il faudra désormais exercer à l'égard des « moches », mais il révèle surtout l'aliénation dans laquelle se trouve la journaliste, dont l'obsession semble être de ne pas se faire piquer son mec et de rester dans la course en surveillant son tour de taille. Le magazine a pris soin de mettre en couverture Carole Bouquet, titrant « Carole Bouquet inédite dans le film événement de Cannes ». En dessous, on lit en gros : « Spécial beauté : les solaires antirides, la

1. *Ex aequo* avec *Cinéma Paradiso*, de Giuseppe Tornatore. C'est Meryl Streep qui décroche quant à elle le prix d'interprétation féminine.
2. *Elle*, n° 2262, 15 mai 1989.

stratégie minceur, le top du top pour être dans le coup cet été. » À l'intérieur, Carole Bouquet a droit à sa photo pleine page, légendée « La revanche de la belle », avec un article vantant ses qualités : « Forte. Solide. Directe. Carrée aussi sous sa silhouette de liane. » Le visage de Josiane Balasko n'apparaît que sur un petit photogramme du film, où l'actrice partage l'image avec « la belle ».

Décidément, en 1989, quelque chose chez Josiane Balasko dérange toujours les journalistes d'un certain nombre de magazines féminins, quand bien même certains se réclament du féminisme. Même si elle s'est cuirassée au fil du temps, la comédienne est meurtrie par certains de ces articles indélicats. Toutefois, lorsqu'elle lit « Carole Bouquet est belle, *mais* intelligente », ce « mais » rassure Josiane sur le niveau de la journaliste d'*Elle*... Elle convoque le souvenir de son ami décédé trois ans plus tôt : « Je suis comme Coluche et je pense souvent à lui. Je me dis : et comment il agirait, Michel ? Bah ! Il me répondrait : "Tous des cons, ma poule, fonce[1] !" »

Le mépris de classe ne semble pas toujours loin dans les articles perfides. On le vérifie d'autant mieux qu'au même moment, le magazine populaire *Télé 7 jours* choisit de mettre Josiane en couverture, titrant : « Josiane Balasko, la nouvelle beauté des femmes au cinéma. Elle crée le choc au Festival de Cannes[2]. » Dans l'entretien qu'elle accorde à cet hebdomadaire lu par la classe moyenne, l'actrice remarque en riant : « S'il n'y avait que les mannequins des magazines qui aient droit aux belles histoires d'amour,

1. Propos recueillis dans le *Journal du dimanche* par Michèle Stouvenot, 14 mai 1989.

2. *Télé 7 jours*, n° 1512, 20-26 mai 1989.

où irions-nous ? Dans l'histoire, les grandes séductrices n'étaient pas forcément de très jolies femmes. »

Bouquet *vs* Balasko

Lorsque *Trop belle pour toi* est projeté à Cannes, cela fait une bonne quinzaine d'années déjà que Josiane lance des pavés dans la mare en interrogeant à travers ses pièces de théâtre et ses films cette question des normes esthétiques assignées aux femmes. Or, la fin des années 1980 voit surgir le phénomène des *top models* stars : Cindy Crawford, Claudia Schiffer ou Naomi Campbell deviennent des noms aussi connus que ceux des étoiles du cinéma. Les jeunes filles ordinaires découvrent sur papier glacé des déesses de 1,80 mètre présentées comme des modèles à imiter. Aussi, en 1989, le film de Bertrand Blier crée le débat. Si Josiane Balasko, en s'appuyant sur son personnage de Colette Chevassus, fait valoir que toutes les femmes peuvent être désirables, Carole Bouquet fait remarquer la prison que peut constituer un physique canonique. Josiane estime que « la beauté est un passeport qui ouvre des portes mais qui peut en fermer d'autres », ajoutant : « Paradoxalement, Carole et moi avons eu les mêmes problèmes de carrière. On ne lui donnait pas de grands rôles parce qu'on la trouvait trop belle ; on ne m'en donnait pas parce que j'étais trop quelconque[1]. » Toujours le même constat : tandis que les hommes sont considérés essentiellement pour leur talent, les femmes, elles, restent prisonnières de leur physique.

1. Propos recueillis par Monique Pantel dans *France-Soir*, 12 mai 1989.

À la cérémonie des Césars de l'année 1990, *Trop belle pour toi* rafle les prix de meilleur film, meilleure réalisation, meilleur scénario, meilleur montage et meilleure interprétation féminine pour… Carole Bouquet. Bertrand Blier estime aujourd'hui que « les Césars sont une entreprise d'imbéciles ». Pour lui, « Carole était merveilleuse dans le film, ce n'est pas le problème, mais il fallait donner le prix *ex aequo* aux deux actrices ». Aux yeux des copains Jugnot et Lhermitte, le prix d'interprétation féminine aurait dû revenir à Balasko (même si la prestation de Carole Bouquet, impeccable, n'est pas en cause). La réalisatrice Claire Denis analyse l'attitude des votants des Césars comme une forme de pusillanimité : « Le film de Blier a mis mal à l'aise, il s'attaquait à des tabous. Voter pour Carole, la Belle, l'Épouse, et pas pour Josiane, la maîtresse, c'était une façon de dire : on ne veut pas entrer dans cette ambiguïté-là. Les gens se protègent. »

Qu'importe, Josiane sait qu'elle a touché le public en interprétant l'émouvante Colette. Beaucoup de femmes se sont retrouvées dans la secrétaire intérimaire qui ne paye pas de mines mais peut déclencher le désir des hommes et vivre une grande passion. Il lui arrive d'en plaisanter, en disant que lorsqu'elle est dans les bras de Depardieu, « tous les boudins du coin se sentent heureuses, comme un coup de justice immanente » ! Enfin, après ses copains Coluche et Lhermitte (*La Femme de mon pote*) ou Michel Blanc (*Tenue de soirée*), Josiane, elle aussi, a joué dans un film de Bertrand Blier. Elle attendait ça depuis si longtemps ! Josiane vient de vivre une expérience de comédienne extrêmement riche et clôt ainsi la décennie en beauté.

Sa vie n'est pas un enfer (1991)

Josiane se remet rapidement à l'écriture. Comme elle s'en doutait, le téléphone ne sonne pas davantage après le succès de *Trop belle pour toi*. « Je n'ai pas le format », aime-t-elle ironiser. Alors, justement, dans ce nouveau film qu'elle s'écrit, elle va explorer jusqu'au bout cette question de la conformité obligatoire aux normes esthétiques de la société contemporaine. Ce sera une comédie, parce que le rire reste l'arme la plus efficace pour épingler les ridicules sociaux. Mais une comédie d'un genre nouveau : pour s'affranchir de toutes limites, le fantastique est le genre rêvé ! Nourrie au lait de la SF, Josiane renoue avec ses premières amours. Elle s'adjoint l'aide d'un complice rencontré lors des jeunes années où elle dessinait pour des fanzines : Joël Houssin. Et cette fois-ci, elle se sent assez aguerrie pour ne plus douter de ses capacités à mettre en scène elle-même son sénario.

Josiane aime depuis longtemps un film de René Clair dans lequel Michel Simon passe un pacte avec le Diable (Gérard Philipe) pour retrouver sa jeunesse et acquérir la richesse. Ce film, c'est *La Beauté du diable* (1950), une variation à la fois drôle et pleine de poésie sur le mythe de Faust. La comédienne tient là son nouveau sujet. Cependant, Faust sera ici une femme. Et si elle acceptera de vendre son âme au diable, ce ne sera pas pour retrouver la jeunesse, mais pour devenir belle et mince. Voilà le pacte faustien qu'une femme du début des années 1990 est tentée de conclure, elle qui se trouve environnée par les couvertures de magazines où s'exhibe le corps parfait d'une top surnommée « The Body » (Elle Macpherson) ou bien par les affiches noir et blanc d'une marque de sous-vêtements offrant des « leçons de séduction » à coups de décolletés vertigineux et de postérieurs callipyges… Un pacte avec le diable : une manière plus efficace pour devenir canon que de s'avaler des substituts de repas venus des États-Unis qui promettent de devenir « slim » rapidement !

Le titre est trouvé : *Ma vie est un enfer*. À la manière de René Clair, Georges Franju ou Jean Cocteau, les démons seront en complet-veston et évolueront dans le monde d'aujourd'hui. Cela va sans dire, l'héroïne prénommée Leah, Josiane va l'interpréter. Reste à dénicher le démon. La réalisatrice le voudrait drôle comme Michel Simon, sexy comme Jack Nicholson, et séduisant comme Gérard Philipe. Elle trouve le candidat *ad hoc* en la personne de Daniel Auteuil, qu'elle a déjà croisé dans *Clara et les chics types*, et surtout avec qui elle a vécu le grand amour dans *Les hommes préfèrent les grosses*. Il faudra aussi un archange Gabriel. Josiane pense à Michael Lonsdale, son professeur de théâtre chez Tania Balachova. Il a la stature, le charisme et le flegme idéal pour l'incarner. Mais elle a peur que Lonsdale, qui ne fait pas mystère de sa foi chrétienne, décline un tel rôle dans un film burlesque. Elle est donc ravie lorsqu'il accepte. Dans le bar où grouilleront des suppôts de Satan, il y aura Luis Rego et Catherine Hiegel. La collègue de cette dernière à la Comédie-Française, Catherine Samie, endosse le rôle de la mère de Leah. Jean Benguigui campe un voisin de palier grossier et obsédé sexuel.

Un jour, le téléphone de Josiane sonne : c'est son beau-frère, Richard. N'y aurait-il pas un rôle pour lui dans le nouveau film qu'elle prépare ? La belle-sœur répond tout à trac : « Si, il y a un psy qui se fait sodomiser par une patiente. » Richard Berry encaisse et répond : « Quand tu veux ! » Le rôle du psy, Josiane avait pensé auparavant le confier à Bertrand Blier, mais celui-ci avait rétorqué qu'il était hors de question qu'il se fasse sodomiser dans un film ! Il accepte néanmoins un petit rôle de prêtre qui viendra confesser Leah. Marilou Berry, sept ans, fera une figuration : une patiente qui attend dans une salle d'attente.

Josiane réfléchit ensuite aux défis que soulève la réalisation d'un film fantastique. En guise d'inspiration, elle organise une projection à son équipe avant le tournage : *Le Locataire* (Roman Polanski) pour le fantastique *intérieur*, et *Poltergeist* (Tobe Hooper) pour la grosse artillerie des effets spéciaux. Jean-Claude Fleury accepte de mettre à la disposition de Josiane des moyens importants en engageant un des plus grands spécialistes au monde des effets spéciaux, Kent Houston, et rien de moins que le dresseur des chevaux de *Ben Hur*, François Nadal, afin de dresser un cochon !

Expérience inédite pour la réalisatrice, le tournage a pour une large part lieu en studio. Afin de figurer le paradis, elle imagine avec son équipe des décors en forme de vastes bureaux très propres aux tons clairs pastel, très méthodiquement organisés. À l'opposé, le « bar de l'enfer » est sombre, crasseux et « bordélique ». Enfin, pour la bande-son, Josiane opte pour un mélange de classiques (*La Damnation de Faust* de Berlioz…) et d'une musique originale composée par les Rita Mitsouko.

Fantastique freudien

Au début du film, on découvre Leah, trente-cinq ans, assistante dentaire, terne et mal dans sa peau, en psychanalyse chez un certain docteur Langsam, play-boy autocentré (Richard Berry). Sur le divan, Leah raconte qu'elle n'a pas eu de rapports sexuels depuis un an et demi, et que de toute façon ils ont été très décevants. Lorsqu'elle rentre le soir chez elle, elle croise M. Chpill (Jean Benguigui), son voisin libidineux qui la drague lourdement. Bref, la vie de Leah est bien un enfer.

Si Leah est aussi inhibée et malheureuse en amour, c'est qu'elle a une mère indigne. Rombière ultra-pomponnée, Flo (Catherine Samie) a une vie amoureuse très active. Narcissique et vénale, elle n'exprime aucune affection pour sa fille qu'elle regarde comme une ratée : « Quel dommage que tu n'aies pas hérité de mon sens de l'esthétique, tu passes à côté de beaucoup de choses… » Le jour où elle oublie l'anniversaire de sa fille, Leah trinque en compagnie de son bichon maltais. Et c'est là que le diable fait son entrée en scène, surgissant des toilettes de l'appartement de Leah. Josiane aime l'idée de faire apparaître son diable « derrière la porte des chiottes », et non dans une chapelle ou un cimetière. Tout de noir vêtu, Daniel Auteuil s'amuse comme un fou à jouer ce Belzébuth survolté. En fait, Abargadon, dit Abar, s'est trompé de cible en confondant la mère et la fille. Comme Leah résiste d'abord au pacte du démon, il se venge en transformant le bichon maltais en énorme porc. Clin d'œil de Josiane aux Bébert de son enfance…

Grâce aux effets spéciaux, la réalisatrice s'amuse de l'angoisse du vieillissement. La coquette Flo se transforme à vue jusqu'à ressembler à la sorcière édentée de *Blanche-Neige*. Josiane se moque aussi de la figure du « psychanalyste freudien » en faisant de Xavier Langsam un médecin ultra-vénal et totalement dépourvu d'empathie. C'est parce qu'elle n'est pas secourue par son psychanalyste que Leah finit par céder aux avances du démon : « Je n'intéresse personne. On ne me regarde pas, on m'*aperçoit* à la rigueur. Si j'étais une grande blonde avec des nichons comme ça, c'est sûr que j'aurais moins de problèmes de communication. » Le pacte étant scellé, le spectateur découvre sur un green de golf la toute nouvelle Leah juchée sur des talons hauts. Jambes fines interminables, taille bien prise, seins pigeonnants, chevelure blonde à la Brigitte Bardot, la créature de rêve se prénomme Scarlett. L'actrice qui joue la Leah métamorphosée en sorte de Jessica Rabbit n'est autre que la propre épouse à la ville de Richard Berry, Jessica Forde[1].

Secrètement amoureuse de son psy depuis longtemps, Leah va pouvoir assouvir son désir transgressif puisque ses nouvelles mensurations correspondent aux fantasmes du play-boy. Mais lorsque, rapetissée aux dimensions d'une souris, la jeune femme épie les propos échangés par le psy avec ses copains du golf, elle découvre qu'il ne la considère que comme un objet sexuel qu'il partagera avec ses copains à tour de rôle : « C'est monstrueux, sanglote-t-elle, je préfère être moche et sans intérêt, au moins j'ai pas de

1. Jessica Forde avait joué avant dans des films de Doillon et Rohmer. Aujourd'hui photographe, elle a eu une fille avec Richard Berry, la comédienne Joséphine Berry, cousine de Marilou.

désillusions. » C'est là que le diable va retourner la situation en faveur de son âme damnée : « Je vais te donner une arme imparable pour te défendre », lui confie-t-il.

Josiane Balasko frappe fort. En ombre chinoise, on aperçoit en effet que vient de pousser un pénis turgescent à la pin-up à gros seins ! Scarlett retourne le psy contre le mur et le sodomise. L'infortuné crie de douleur… Pourtant, après une ellipse, on le retrouve au lit, le visage épanoui, fumant une cigarette. Il confie : « Je me suis toujours demandé ce qui manquait chez les femmes, et vous m'avez aidé à trouver la réponse : un pénis. » Une sacrée découverte pour un psychanalyste ! « Vous avez fait sauter un verrou. Si on allait dîner ? Tout ça m'a donné une faim de loup », conclut le psy converti. Le genre fantastique permet d'aborder ces questions débattues par les théoriciens du freudo-lacanisme de la manière la plus gonflée qui soit. Que l'acteur qui prononce ces paroles soit à la ville le beau-frère de la réalisatrice ne peut manquer de faire gloser les vrais psy… Mais Josiane n'est pas du genre à théoriser sur la « castration » freudienne, la « femme-pas-toute » de Lacan, ou l'éventuelle homosexualité latente des machos, non, elle est bien davantage préoccupée par des questions techniques. Elle a ainsi une longue discussion au téléphone avec le chargé des effets spéciaux pour savoir quelles seront la forme et la longueur du pénis de Scarlett !

C'est avec une autre scène que Josiane fait jaser un certain nombre de critiques, apparemment choqués que la réalisatrice ne sache pas où s'arrêter. Josiane s'inspire des films d'horreur comme *Shining* où les murs suintent du sang. Mais comme elle trouve lassant que ce soit toujours de l'hémoglobine qui coule, en guise de représailles contre

M. Chpill, le diable fait littéralement déféquer la porte d'entrée de son appartement ! Les vantaux se gonflent comme des fesses. Le technicien interroge la réalisatrice : « Quelle consistance, la merde ? » L'équipe au complet est présente sur le plateau et pleure de rire. Toute ressemblance avec l'épisode infantile de la diarrhée inopinée suite à l'ingestion de crème glacée est déclarée fortuite ! Josiane a aussi envie de s'offrir des moments plus planants, comme la séquence où Leah vole tel un oiseau au-dessus du Sacré-Cœur. Elle est alors habillée d'une robe de princesse extravagante dessinée par Jean-Paul Gaultier. Pour obtenir l'effet spécial, il a fallu pendre Josiane au bout d'une grue et faire la prise de très bonne heure.

À la fin, on l'aura deviné, la vie de Leah n'est plus un enfer, puisqu'Abar est véritablement tombé amoureux d'elle, et vice versa. Comme dans les contes de fées, l'amour authentique a vaincu. Mais ce *happy end* où Josiane Balasko se retrouve dans les bras de Daniel Auteuil n'est pas tout à fait rose bonbon. Après avoir été transfusée avec le sang d'Abar, Leah s'est métamorphosée en femme d'affaires impitoyable, à la tête d'une multinationale crapuleuse. Coupe à la Louise Brooks et tailleurs pied-de-poule, elle affiche une assurance de *killeuse* et est dotée de pouvoirs surnaturels, comme celui de projeter violemment Abar d'un simple rire démoniaque contre un mur.

Avec *Ma vie est un enfer*, Josiane semble ainsi avoir exorcisé de manière radicale ses démons, en pratiquant selon son habitude l'autodérision avec un art consommé. La réception critique du film est diverse. Anne Andreu l'étrille avec virulence dans *L'Événement du jeudi*[1]. Jacques

1. 5 décembre 1991.

Siclier rejette dans *Le Monde* ce qu'il nomme « un comique fangeux » et « un esprit carabin assorti de beaucoup de méchanceté »[1]. La réalisatrice Claire Denis fait remarquer à cet égard : « C'est un film osé, qui va loin. Sur le ton de l'humour, Josiane met le public face à ses limites. » Un grand nombre d'articles sont tout de même favorables au long-métrage à sa sortie. Dans *Le Figaro magazine*, le producteur Daniel Toscan du Plantier en reconnaît l'audace : « Beaucoup, probablement, seront surpris par un film inattendu, plus complexe qu'il n'y paraît. [...] La grande Josiane Balasko a voulu mettre beaucoup de choses dans son film, en utilisant des moyens financiers et techniques considérables, qui nous valent quelques séquences spectaculaires[2]. » La réalisatrice persiste et signe dans la provocation lorsqu'à l'occasion de la sortie de son film, elle fait remarquer au journaliste Michel Boujut : « Il y a des pubs qui sont de la science-fiction, comme celle qui se passe dans un train et qui a une forte connotation sexuelle. Une fille mange un yaourt et l'idée qu'on veut faire passer, c'est bien sûr que le yaourt, c'est aussi bon que le sperme ! »

Malgré certains critiques bégueules, le public accepte d'être bousculé par *Ma vie est un enfer* puisque celui-ci enregistre au total 1 170 523 entrées. Aujourd'hui, *Ma vie est un enfer* est un film culte chez un certain nombre de trentenaires qui aiment son esprit transgressif, son délire visuel, ses effets spéciaux kitsch et son côté *too much* assumé.

---

1. 7 décembre 1991
2. 30 novembre 1991.

10

Mère idéale

« Sur le tournage de *Maman*, je disais à Josiane
qu'elle était ma maman adoptive.
J'aurais adoré avoir une mère comme elle… »

Alexandra Leclère

Si la vie de Josiane est loin d'être un enfer l'année de la sortie de son troisième film comme réalisatrice, c'est aussi pour une autre raison. 1991 est l'année de l'arrivée dans sa vie du petit Rudy. Après la naissance de Marilou en 1983, la jeune mère voulait un second enfant. Après plusieurs fausses couches, elle s'est décidée avec Philippe Berry pour l'adoption. À près de quarante ans, elle ne se sent plus de pouponner et préfère adopter un bambin d'environ trois ans. On lui présente la photo d'un petit garçon d'origine martiniquaise et il se passe alors la même chose que lorsque Marilou est née et qu'on l'a posée sur son ventre : Josiane reconnaît tout de suite que c'est lui !

Un deuxième enfant

À sa naissance en 1988, Rudy est élevé à plein temps chez Mme Boukhanef, une nounou algérienne originaire de Kabylie. Elle-même a eu huit enfants et a dû assumer cette famille avec courage, en particulier lorsque son mari, éboueur, a eu un grave accident du travail qui l'a mis en invalidité. Lorsqu'à l'âge de trois ans et demi, Rudy est adopté, Josiane fait en sorte qu'il n'y ait pas de rupture avec celle qu'il considère comme sa « tata ». Josiane entretient elle-même de bonnes relations avec la famille Boukhanef. Total hasard : Kader, l'un des fils, est acteur. En 1985, il a même été nommé aux Césars comme meilleur espoir masculin pour *Le Thé au harem d'Archimède* de Mehdi Charef.

Marilou a huit ans lorsque Rudy rejoint la famille. Si au début, l'idée lui plaît, l'arrivée de ce petit frère n'est pas si facile à avaler. La petite Marilou est jalouse, elle se demande s'il ne va pas tout lui piquer ! Quand Josiane achète un camion en plastique à Rudy, elle offre donc le même à Marilou… Rien que de très banal, en somme.

Solo

En cette année 1992, Josiane Balasko s'affiche dans les artères de la capitale en maillot de bain jaune une pièce, dans un graphisme très années 1950. Pour son retour au théâtre, elle a le trac, se demandant si elle ne va pas avoir un trou de mémoire durant ses deux heures de seule-en-scène… *Solo*, de l'Anglais Willy Russell, a déjà triomphé à Londres et à Broadway et Josiane l'adapte à un contexte français : Solange Loiseau – quarante-deux ans, deux enfants, vingt ans de mariage – est seule dans sa cuisine où elle soliloque avec son mur ! Elle lui raconte avec drôlerie, et aussi pas mal de mélancolie, ses espoirs et ses déceptions. Solange n'est pas une femme sexuellement épanouie : « Le sexe, je m'en fiche, pour moi, c'est comme aller un samedi chez Tati… Tu te fais piétiner, bousculer, tu dépenses une énergie folle et finalement tu repars avec pas grand-chose ! » Un jour, sa copine lui propose de l'accompagner en vacances à Corfou. Solange n'a jamais quitté la France, va-t-elle sauter le pas ?

Avec *Solo*, l'actrice défend une fois de plus les femmes qui ne sont pas celles du papier glacé des magazines : « Les femmes qu'on dit ordinaires, à mauvais titre, sont des femmes formidables ! On est tellement cernés par la beauté toute faite, par des concepts de beauté qui nous stressent et nous tyrannisent… » Quand le journaliste de France 3 interroge Josiane pour savoir si cette Solange ne lui ressemblerait pas, ses yeux se fixent pensivement vers le plafond et l'actrice finit par déclarer en tirant une bouffée de sa cigarette : « Elle n'est pas très loin de moi… » Lydie, Anita, Leah, Solange : la même famille.

Une mère communiste

Avec Philippe, Marilou et désormais Rudy, Josiane réside rue du Moulin-Joly dans le XIe, dans un appartement qui donne sur une impasse où jouent les enfants du quartier, comme on le voyait dans l'ouverture des *Keufs*. Le jour où le réalisateur Jean-Jacques Zilbermann se rend chez l'actrice pour lui proposer le premier rôle de son premier long-métrage, il est frappé par l'atmosphère populaire et conviviale des lieux. Il se dit que pour incarner la fervente communiste de son film, ça colle parfaitement. Né en 1955, Zilbermann a choisi dans son scénario de transposer son enfance dix ans plus tôt. En 1958, avant le Printemps de Prague, on pouvait en effet encore avoir une certaine naïveté par rapport au communisme. Quand le président de l'Avance sur recettes, Serge Toubiana, pose le scénario de *Minuit à Moscou* sur la table, il lance : « Évidemment, tout le monde n'a pas eu la chance d'avoir des parents communistes. » Zilbermann trouve que ces mots feront un titre génial.

« Un jour, ma mère a prononcé une phrase qui m'a vraiment ému et qui a guidé toute l'écriture du scénario : "Le jour où on en sera au communisme, il n'y aura plus de chagrin d'amour". » Juive polonaise née non loin d'Auschwitz, la mère de Jean-Jacques Zilbermann avait émigré à Paris. Résistante sous l'Occupation, elle avait été arrêtée en mai 1944. Parmi ses compagnes de déportation à Auschwitz se trouvaient Simone Veil et Marceline Loridan-Ivens. Libérée du camp en janvier 1945 par les Soviétiques, elle milite après guerre pour le PCF. Le père du réalisateur est quant à lui né à Paris. Déjà marié avant la guerre et père d'une fille, il est arrêté au Vel' d'Hiv' en juillet 1942. Interné à Drancy, il y reste de longs mois avant d'être déporté fin 1943. S'il survit au camp, son épouse, sa fille, mais aussi sa mère et ses deux sœurs ont été gazées. Les parents de Jean-Jacques Zilbermann se rencontrent après la guerre dans une association d'anciens déportés. « Mon père ne parlait jamais de la déportation, il était traumatisé. Tandis que ma mère en parlait tout le temps, elle travaillait pour la mémoire, agissait comme militante politique. Ma mère s'en est sortie par l'engagement, alors que mon père s'est muré dans sa douleur. »

Le pari du réalisateur est d'évoquer son enfance avec ses parents si complexes et attachants sur le ton romancé de la comédie de mœurs, et Josiane Balasko est emballée par le scénario. Zilbermann, touché par le « côté slave » de Josiane, trouve que cela colle parfaitement pour incarner sa propre mère. Il offre à lire à l'actrice un texte de Marguerite Duras disant en substance que rien de plus beau ni de plus grand n'a été proposé à l'homme que l'espoir communiste... L'idée du réalisateur n'est nullement de faire un film de propagande, mais de raconter avec tendresse l'espoir des gens qui ont cru à cet idéal de partage. Josiane comprend bien cette mère courage, personnage qu'elle n'a jamais incarné jusque-là[1]. Jean-Jacques Zilbermann souhaite que l'actrice rencontre sa propre mère dans sa petite HLM du quartier Daumesnil à Paris. La vieille dame, tout émue et un peu nerveuse, a préparé un bon repas pour Josiane, qui écoute attentivement son histoire. Une familiarité naît rapidement entre les deux femmes et, au bout d'une heure, elles se donnent des « ma petite cocotte » et « ma petite chérie » !

La motivation de Josiane est grande que le projet aboutisse. Mais le financement s'avère compliqué. Qui, quelque temps après la dissolution de l'URSS, va bien vouloir produire un film sur l'histoire d'une femme exaltée par l'Armée rouge et le modèle soviétique ? Contre toute attente, un décideur de TF1 s'exclame : « Oui,

1. Hormis dans son propre film *Sac de nœuds*, elle n'a jamais été une mère à l'écran.

Balasko, le communisme, pourquoi pas ?! » Le financement par la chaîne de télévision permet alors de monter le long-métrage.

Pour compléter la distribution, Jean-Jacques Zilbermann choisit Maurice Bénichou dans le rôle du mari de Balasko. Zilbermann rencontre Régine pour jouer l'amie de la mère, mais celle-ci avoue son incompréhension de l'idéal communiste. Le réalisateur opte donc pour une proche de Josiane, Catherine Hiegel. Christine Dejoux, l'ancienne partenaire de *Bunny's Bar*, est élue pour un second rôle. Enfin, Nikita Mikhalkov, l'acteur et réalisateur russe, a donné son accord pour jouer le personnage clé d'Ivan, le soliste de l'Armée rouge pour lequel le cœur de Balasko palpite. Cependant, la star fait savoir qu'elle exige un très gros cachet, ainsi qu'un cours de tennis pour jouer le matin ! Or, le budget du tournage est relativement faible : 18 millions de francs. *Exit* Mikhalkov ! Ce sera Victor Nieznanov qui incarnera le ténor à la voix d'or.

Josiane a beau savoir chanter, elle estime que dans la séquence où elle doit fredonner *Le Temps du muguet*, il serait mieux que son amie Catherine Ringer la double. Zilbermann n'est pas de cet avis. Avec Josiane, il attend à dîner le producteur du film, Maurice Bernart. L'actrice lance alors un pari : si elle embrasse les fesses du producteur, elle ne chantera pas ! Zilbermann accepte le jeu car il n'imagine pas un seul instant qu'elle osera faire une chose pareille. Quand Maurice Bernart arrive à table, Josiane lui lance : « Je peux t'embrasser les fesses[1] ? »

1. En 1996, Josiane acceptera en revanche de chanter *La Complainte des filles de joie* sur la compilation *Ils chantent Brassens*, parmi une pléiade de chanteurs comme Francis Cabrel et Renaud.

Un tournage mémorable

Jusque-là, Jean-Jacques Zilbermann n'a exercé que le métier d'exploitant de salles de cinéma et les producteurs ont une confiance très limitée en ses capacités. Un directeur de production a pour mission, à la moindre défaillance du réalisateur inexpérimenté, de prendre l'affaire en main pour éviter un sinistre financier. Le premier jour, posté derrière Zilbermann, le directeur de production déclare à Balasko que ce serait mieux qu'elle retire son foulard. Josiane rétorque aussitôt : « Toi, tu m'adresses plus la parole jusqu'à la fin du tournage. Le metteur en scène, c'est Jean-Jacques. » Zilbermann éprouve alors pour l'actrice une reconnaissance éperdue, comme si elle lui avait donné ce jour-là sa carte de réalisateur.

Tous les matins, un maquilleur inscrit sur le bras de Josiane Balasko le numéro de déportation de la mère du réalisateur : « 1 55 88 ». Jean-Jacques Zilbermann désire que l'actrice, le temps du maquillage, se remémore que sa mère a vécu cet enfer des camps, quand bien même Irène est un personnage énergique, plein de fantaisie et d'idéalisme.

Le réalisateur compense les limites du budget dont il dispose pour son film historique par la présence d'un chef opérateur doué, Bruno Delbonnel, dont c'est le premier long-métrage. Delbonnel reconstitue la France de 1958 en optant pour des couleurs saturées éclatantes. Zilbermann a eu du nez : l'homme travaillera par la suite pour Jean-Pierre Jeunet (*Amélie Poulain*…), les frères Coen et Tim Burton. Mais ce jeune chef opérateur a un défaut : il est tellement méticuleux qu'il prend le temps qu'il estime nécessaire en se moquant du reste ! C'est ce qui se produit notamment pour la séquence dont l'affiche du film reprendra le visuel : Balasko et Bénichou sont au lit, chacun lisant le journal symbolisant leurs opinions politiques, *L'Humanité* pour la communiste, *France-Soir* pour le gaulliste. Le plan de tournage prévoit huit heures pour tourner la scène. Rien que pour régler l'éclairage, le chef op en prend sept ! Josiane a beau être patiente, à un moment donné, elle tâche de hâter les choses à l'aide de coups de pied dans les projecteurs tout en lançant : « On va commencer à s'énerver ! » Son franc-parler est également salutaire en Hongrie, où l'équipe se trouve dans les vestiaires d'un gymnase, puants, humides et sales. Tout le monde a envie de vomir. Josiane finit par prendre les choses en main : « On va pas se faire chier là ! J'en ai marre ! On tire des câbles là et hop ! On va dehors ! » Soulagement de l'équipe.

À Budapest, Josiane et les autres dînent le soir dans le restaurant de l'hôtel. La gourmandise de l'actrice lui joue un tour lorsqu'elle croque un beau poivron rouge disposé dans une assiette. Il s'agissait en fait d'un objet de déco ! Le produit chimique ingéré la fait se tordre de douleur… Quant à Zilbermann, qui s'inquiète de voir son actrice grossir lors du tournage, il demande aux assistants régie de ne proposer que des crudités pour le casse-croûte. Josiane finit par comprendre l'entourloupe et réclame du salami !

Le dernier jour, elle a une séquence importante à tourner : déguisée en soldate de l'Armée rouge, Irène danse avec les autres militaires à une fête de l'ambassade d'URSS. Lorsque Zilbermann voit arriver Josiane sur le plateau à 7 heures du matin, il s'aperçoit qu'elle est complètement ivre ! Elle se montre même agressive avec l'équipe. Sa costumière Fabienne Katany passe, la comédienne lui demande si la jolie robe est pour elle. Lorsque Fabienne répond que le vêtement est trop juste, Josiane réplique vertement : « Tu dis ça pour m'humilier ?! » Le directeur de production est envoyé à la rescousse et revient consterné : Balasko est en train de vomir. Elle demande pourtant juste après qu'on lui apporte encore de la vodka.

Le réalisateur, totalement déprimé de voir que la scène sera fichue, en réclame aussi, tant qu'à faire… À force de boire pour noyer son chagrin, il devient passablement éméché. Vers midi, Josiane sort de sa loge dans un tel état qu'il faut la soutenir pour la mener jusqu'au décor. On tente tout de même une prise. L'actrice doit danser dans cette scène, et patatras ! Elle s'affaisse par terre. Jean-Jacques Zilbermann, terriblement inquiet, hurle : « Josiane ! » Alors celle-ci se relève d'un bond ! Elle sourit, parfaitement lucide. En vérité, depuis le début de la matinée, la comédienne jouait un canular avec la complicité de l'équipe et l'assentiment du producteur. Incrédule, Zilbermann n'en revient pas et rit de bon cœur avec tout le monde, soulagé de pouvoir enfin travailler sa séquence.

Le tournage bouclé, on organise une grande fête. Josiane voit arriver le repas pour une centaine de personnes avec des spécialités ashkénazes (foie haché, pickles…) livrées par Goldenberg, le fameux traiteur de la rue des Rosiers. Elle goûte aux victuailles… et mange la moitié du buffet !

Deuxième nomination

Pour monter son film, Jean-Jacques Zilbermann bénéficie de l'expérience de Joëlle van Effenterre, monteuse d'Agnès Varda et de Costa-Gavras (*Music Box*). Le but du réalisateur est atteint : restituer, sous les couleurs de la comédie douce-amère, une époque où l'idée communiste pouvait encore exalter des habitants du bloc de l'Ouest qui idéalisaient un régime dont le partage était censé être le principe directeur.

Zilbermann est très touché par la manière dont Josiane Balasko est parvenue à jouer tout en finesse les deux facettes de son personnage : la mère courage généreuse, refusant la résignation et débordant d'amour pour son fils ; mais aussi la femme coquette, émoustillée par le beau ténor soviétique avec lequel elle se sent à l'unisson… Même si les parents de Josiane n'étaient pas encartés communistes, même si l'actrice n'est pas juive et que personne n'a été déporté dans sa propre famille, il existe d'indéniables points de contact entre elle et Irène. Dans l'avion qui l'emmène à Budapest, elle serre très fort la main de Catherine Hegel parce que ce voyage la rapproche de ses racines paternelles. Jean-Jacques Zilbermann remarque un autre phénomène étonnant à la sortie du film. En lisant un journal qui publie une photo de sa mère prise dans les années 1950 à côté d'une photo de Balasko dans le film, il est tout à coup frappé par leur ressemblance ! Tout se passe comme si, en entrant dans la peau du personnage, Josiane avait fini par lui ressembler…

Le film vaut à la comédienne une deuxième nomination aux Césars de la meilleure actrice en 1994, après celle de *Trop belle pour toi*. Il passe même un jour à la télévision chinoise. Zilbermann reçoit alors un message de l'ambassadeur de France à Pékin qui l'informe que 80 millions de téléspectateurs ont vu *Tout le monde n'a pas eu la chance d'avoir des parents communistes*. Ce qui fait beaucoup rire le réalisateur : « Là-bas, ils sont obligés d'avoir des parents communistes ! »

Josy, la Minikeum

La même année que la sortie du film de Zilbermann arrivent les Minikeums sur l'antenne de France 3. Comme les Guignols de l'info, ces superstars en latex sont créées par Alain Duverne, avec les mêmes voix d'imitateurs, Sandrine Alexi et Gérald Dahan. Josiane Balasko a sa marionnette, nommée Josy. Écologiste, elle a un caractère bien trempé mais aussi un grand cœur. Les Minikeums deviennent rapidement les présentateurs préférés des quatre à dix ans et reçoivent chaque jour des centaines de lettres et demandes de photos dédicacées des enfants. Grâce à eux, le nombre de spectateurs de France 3 dans cette tranche d'âge augmente considérablement. Quant à Josiane, elle aime bien sa marionnette et ne s'y trompe pas : sa présence récurrente dans le show est le signe de sa popularité bien installée dans le cœur des Français de toutes les générations. C'est également en 1993 qu'un sondage est effectué dans les médias auprès des Français pour désigner leur mère idéale. Josiane Balasko est élue !

Retrouvailles au sommet

Les amis au complet du Splendid n'ont pas joué depuis un bout de temps ensemble lorsque Michel Blanc les réunit pour une séquence de *Grosse fatigue* (1994) qu'il réalise. Les retrouvailles sont électriques. C'est plus fort qu'eux ! Impossible de garder leur sérieux. Le délire collectif s'éternise, au grand dam de Michel, très agacé d'être obligé de patienter pour pouvoir enfin tourner.

Le compère du Splendid a écrit une histoire dans laquelle chacun des acteurs joue son propre rôle. L'idée du scénario est venue à Michel Blanc à la suite d'une mésaventure de Gérard Jugnot : un sosie a usurpé quelque temps l'identité de l'acteur en faisant des animations dans des supermarchés… Michel Blanc imagine ainsi qu'il se débat avec un sosie usurpateur. Or, ce dernier parvient un jour à amadouer Josiane Balasko pour s'introduire chez elle, puis la cogner, l'attacher au radiateur et la violer. La scène reste hors champ, mais la comédienne est bien dans le plan quand elle vient en découdre avec (le vrai) Michel Blanc qui ignore tout des agissements criminels de son sosie. Elle l'affranchit (« Tu m'as attachée et violée, si on peut appeler ça violer… J'ai simulé pour que ça s'arrête ! »), et lui colle son poing dans la figure, non sans avoir commencé par lui saisir violemment les testicules. Michel Blanc a imaginé cette situation comme une réponse provocatrice à *Une nuit à l'Assemblée nationale* dans lequel Josiane le violait.

Avant de recevoir le coup de poing, Michel Blanc a été interrogé par les policiers : « Paraît qu'elle est gouine, Balasko, c'est mon frère qu'est aux stup qui m'a dit ça. »

La même année que la sortie de *Grosse fatigue*, Josiane fait l'émission de Nagui *Taratata*, et chante un rock en duo avec Eddie Mitchell. Pantalon et tee-shirt noirs, grandes lunettes cerclées, coupe à la garçonne, l'actrice prend une attitude crâne pour évoquer le tournage de son prochain film. « L'émission est-elle tout public ? » interroge-t-elle, goguenarde, avant de lancer dans un éclat de rire qu'un temps elle avait songé intituler son prochain film *Les Sœurs broutées* ! La réalisatrice s'apprête à vigoureusement dépoussiérer la comédie populaire française en proposant l'histoire d'une émancipation.

11

Gay friendly

« Dans *Gazon maudit*, les personnages sont justes,
j'ai l'impression de les connaître.
Josiane est émouvante aussi. »

Jean-Paul GAULTIER

Pour écrire le scénario de *Gazon maudit*, Josiane s'inspire d'une histoire vraie qu'on lui a racontée : une femme plutôt classique apprend un jour les multiples liaisons de son cavaleur de mari et décide de se venger. Sur les lieux de son travail, l'épouse bafouée fait la connaissance d'une lesbienne, en tombe amoureuse et la ramène à la maison… Le mari, dépité, est obligé de dormir sur le canapé et tombe en dépression. Josiane est fan de cette histoire parce qu'elle n'a jamais été racontée au cinéma. Elle sent qu'elle tient là un vrai sujet novateur.

Dans la vie, Josiane a quelques amies lesbiennes. À l'époque de sa formation théâtrale, elle voyait Tania Balachova ouvertement en couple avec son assistante Véra Gregh. Ces femmes existent, et pourtant, le cinéma n'en parle pas, ou si mal. En France, avant les années 1990, les rares lesbiennes des films sont généralement des femmes tragiques – à l'instar de Simone Renant dans *Quai des orfèvres* (1947) d'Henri-Georges Clouzot, à laquelle Louis Jouvet confie : « Vous êtes un type dans mon genre : avec les femmes, vous n'aurez jamais de chance. » Jacqueline Audry, seule réalisatrice de l'époque de la Qualité française, est une des rares à mettre en scène quelques lesbiennes dans ses films grand public (*Olivia*, 1950). Chez le cinéaste de la Nouvelle Vague Claude Chabrol, l'amour entre femmes est maudit et finit dans le sang (*Les Biches*, 1968). Dans le cinéma *mainstream* des années 1980, il faut souvent que l'héroïne qui s'autorise des amours saphiques soit une femme d'exception, à l'instar de *La Banquière* (Francis Girod, 1980) inspirée de la vraie femme d'affaires de l'entre-deux-guerres Marthe Hanau[1]. Aux États-Unis, il y a bien eu Marlene Dietrich qui, furtivement, donnait un baiser à une femme dans *Morocco* (1931) de Josef von Sternberg… Avant Marlene, Louise Brooks goûtait aux amours saphiques dans le mythique *Loulou* (1929) tourné par Pabst en Allemagne, mais on ne peut pas dire que cela lui portait chance. Dans *Rebecca* d'Hitchcock (1940), la gouvernante amoureuse du fantôme de sa patronne est un monstre qui brûle *in fine* dans les flammes d'un incendie infernal. Reste le « cinéma indé » américain qui, à l'époque où Josiane réfléchit à son film, propose

1. On pourrait aussi citer un autre personnage de la même époque, fictionnelle cette fois : la « garçonne » Monique Lherbier. Le roman de Victor Margueritte de 1922 est adapté trois fois au cinéma : par Armand du Plessy en 1923, par Jean de Limur en 1936 (avec Marie Bell, Arletty, Édith Piaf…), puis par Jacqueline Audry en 1957.

des scénarios et des points de vue alternatifs. Ces films restent confidentiels, produits pour un public ciblé[1]. Or, Josiane ne veut pas écrire pour une minorité. Si elle a été élue marraine de la Gay Pride en 1994, elle refuse de se laisser enfermer : « Moi, je ne fais pas partie du ghetto et je ne travaille pas pour le ghetto[2]. » Elle souhaite écrire une comédie parce que c'est sa pente naturelle et que le genre permet de toucher un vaste public, mais surtout pas dans le style de *La Cage aux folles* (1978), avec des personnages outrancièrement ridicules qui conforteraient les clichés.

En fait, cette idée de comédie, Josiane la porte en elle depuis le tournage de *Trop belle pour toi*. Le titre, c'est Bertrand Blier qui en a eu l'idée. « Gazon » pour la toison pubienne, et « maudit » comme l'interdit social qui frappe les amours des femmes. Josiane aime ce titre pour son côté à la fois explicite et hermétique ; et pour son aspect baudelairien aussi. Elle écrit dans la foulée une première mouture de scénario. Mais elle se sent tellement influencée par l'univers de Blier que son texte lui semble trop loin d'elle. Elle lui soumet son script : il lui dit franchement que ce n'est pas ça… Josiane n'en prend pas ombrage et le range dans un tiroir. Il faudra attendre quelques années de maturation pour retrouver une fraîcheur d'inspiration. La difficulté réside dans le fait de réaliser une comédie sans se référer à un modèle,

1. Pour la présence de personnages homosexuels ou lesbiens dans le cinéma (y compris de manière cryptée aux États-Unis en raison du code Hays), voir le documentaire *The Celluloid Closet* (1996, de Rob Epstein et Jeffrey Friedman, adapté du livre de Vito Russo, 1981) et le livre de Didier Roth-Bettoni, *L'Homosexualité au cinéma*, Paris, La Musardine, 2007.

2. *Le Point*, 4 février 1995.

« les modèles de comédie étant souvent des modèles masculins[1] ».

Josiane se fait épauler par la scénariste Telsche Boorman[2]. Leur idée directrice est que la comédie côtoie constamment le drame. Josiane a à l'esprit *Nous nous sommes tant aimés* (1974) d'Ettore Scola, dans lequel on donne une chance à tous les personnages. Sa lesbienne, Josiane veut qu'elle soit extrêmement sympathique aux yeux des spectateurs. Le mari volage n'a pas le beau rôle, mais ses sentiments authentiques pour son épouse finiront par le rendre émouvant… Pour que le film soit réussi, Josiane sait qu'il va falloir rendre crédible l'histoire d'amour entre une épouse « rangée des voitures », et *a priori* parfaitement hétéro, et une femme homosexuelle surgie d'une autre planète. Et, une fois n'est pas coutume, cet amour entre deux femmes doit être filmé comme joyeux et émouvant, sain et sensuel. Sans voyeurisme ni fétichisme. Tel est le pari.

Claude Berri est prêt à produire *Gazon maudit* avec sa société et convainc TF1 de l'accompagner. Josiane sait que son film se monte au départ sur un malentendu : les décideurs croient qu'ils vont produire « une grosse comédie avec Balasko en gouine » ! Elle savoure d'autant mieux la situation qu'elle sait avoir écrit une grenade et que son film va exploser…

---

1. Entretien avec Thierry Jousse, *Les Cahiers du cinéma*, n° 489, 1er mars 1995.

2. Fille du réalisateur anglais John Boorman.

Casting

La réalisatrice doit construire la distribution. Pour Laurent, le mari infidèle, elle pense d'abord à Thierry Lhermitte, mais il ne se sent pas d'attaque. Josiane songe alors à Christophe Lambert. Il se montre intéressé, mais lorsqu'il apprend qu'il doit tourner nu, il se récuse. Un distributeur parle alors à Josiane d'Alain Chabat, que lui conseille aussi l'agent Dominique Besnehard. Elle adore l'humoriste des Nuls sur Canal Plus, mais elle a besoin d'être rassurée sur ses capacités d'acteur. Elle vérifie ses talents en visionnant des rushs d'un film dans lequel Chabat vient de jouer, *À la folie* (1994) de Diane Kurys. Bingo !

Pour l'épouse bafouée qui va virer sa cuti, Josiane songe très rapidement à Victoria Abril. Elle connaît bien l'actrice qu'elle a dirigée dans *Nuit d'ivresse* au théâtre avec Gérard Jugnot[1] en 1986 et dont elle a apprécié la profondeur dramatique. La comédienne espagnole vit en France depuis qu'elle s'est mariée au chef opérateur Gérard de Battista, que Josiane Balasko choisit justement pour faire la lumière de *Gazon maudit*. En France, Victoria Abril est surtout connue pour ses rôles de sex-symbol dans les films débridés de la Movida qu'elle a tournés fin 1980 et début 1990 sous la direction de Pedro Almodovar : *La Loi du désir*, *Attache-moi !*, *Talons aiguilles* et *Kika*.

1. Jugnot donne plusieurs rôles à Victoria Abril dans ses propres films. Ils sont devenus amis et l'acteur est même le parrain des filles de l'actrice (Victoria Abril faisait aussi une apparition en forme de clin d'œil dans la version filmique de *Nuit d'ivresse*, en invitée de la party endiablée chez le directeur de chaîne de télévision).

L'actrice madrilène a aussi joué au début de sa carrière dans *Cambio de sexo* (Vicente Aranda, 1977), dans lequel elle incarne un garçon adolescent qui change de sexe. Avec ce film, elle est devenue une icône gay en Espagne.

La comédienne espagnole est emballée par l'offre de Josiane, qui l'invite en vacances dans sa maison de campagne du Luberon, une vieille bâtisse meublée de bric et de broc et dans laquelle on entend grincer la nuit comme si des âmes rôdaient… Elle puise dans la personnalité de la Madrilène et écrit ses répliques sur mesure en écoutant parler Victoria avec sa faconde ensoleillée truffée d'hispanismes. Josiane fait de Loli une ancienne danseuse espagnole très libre avec son corps et importe dans son film le vent de libération sexuelle de la Movida, telle une réminiscence d'un paradis perdu.

Pour les rôles secondaires, Josiane engage un certain nombre de ses proches. Catherine Hiegel, la tante de Marilou, joue une ancienne petite amie de Marijo. Pour interpréter une des jolies maîtresses du mari infidèle, Josiane choisit sa propre nièce, Sylvie Audcœur. Fille de son frère aîné, Sylvie est aussi sa filleule. Peut-être est-ce sa tante qui a eu une influence sur sa vocation, alors que la jeune femme a initialement fait des études d'ingénieur comme ses deux parents[1]. La coscénariste du film, Telsche Boorman, jouera quant à elle une autre maîtresse occasionnelle de Laurent, une Anglaise baba cool. Catherine Samie, déjà présente dans *Ma vie est un enfer*, est engagée pour incarner une prostituée sur le retour. Ticky Holgado complète la distribution en interprétant

1. Sylvie Audcœur a par la suite fait beaucoup de télévision. Elle est également auteure et scénariste.

le collègue et ami de Laurent. Enfin, Josiane demande à son mari Philippe de jouer un vendeur à la sauvette au début du film… Le dénouement de *Gazon maudit* propose une issue utopique avec un ménage à trois harmonieux. Mais Josiane décide de prolonger le récit par un épilogue où Laurent se découvre inopinément une attirance pour un homme au charme dévastateur. Victoria Abril suggère d'engager son ami et compatriote Miguel Bosé, le bel hidalgo de *Talons aiguilles*.

Reste le principal : comment Josiane va-t-elle être crédible dans le rôle de Marijo, la lesbienne ? Comme d'habitude, pour sentir de l'intérieur son personnage, elle a besoin de se faire un look. Avec sa costumière, elle se rend alors à un concert de Catherine Lara afin de trouver son modèle. Elle y observe des couples de lesbiennes très différentes, des filles féminines, des filles plus masculines. Elle croise une femme qui porte des clés accrochées à sa ceinture et adopte ce détail pour Marijo. Ce qu'elle veut, c'est composer une *butch*, une lesbienne à l'allure de mec. Elle se dit qu'elle sera plus authentique en laissant ses propres cheveux gris et cesse donc de les teindre. D'habitude, lorsqu'elle réalise le film dans lequel elle joue, elle commence par tourner pendant plusieurs jours des scènes où elle ne figure pas. Elle a donc encore du temps pour trouver sa coupe de cheveux et c'est à la cantine du tournage qu'elle aperçoit une fille qui arbore le style « Eton College 1905 », une coupe courte avec les côtés rasés. C'est le déclic, elle tient son personnage[1] !

Le clap de début a été donné l'été dans cette campagne du Luberon que Josiane affectionne. Les acteurs viennent

1. Une allure pas éloignée de celle de la réalisatrice Josée Dayan.

avec leurs enfants qui forment comme une petite colonie de vacances. Et ces enfants, parmi lesquels Marilou qui a alors onze ans, se demandent souvent si les parents sont vraiment les adultes, tant ils font les fous. On saute dans les piscines, on fait des dîners très très arrosés… Josiane sait toujours créer une bonne ambiance sur les tournages dont elle est la réalisatrice, mais avec *Gazon maudit*, c'est le summum de l'harmonie et de la fiesta. Le tournage de rêve pour tout le monde.

La *butch*, la danseuse et le beauf

De l'histoire vraie dont elle s'est inspirée, Josiane a gardé le principe directeur en développant des péripéties tragicomiques. Dans une petite ville du Sud, Laurent, marié, deux enfants, est agent immobilier. Don Juan de province, il trompe sa ravissante femme au foyer, tandis qu'elle s'ennuie au milieu du linge sale et des enfants. La routine se dérègle lorsque survient inopinément Marijo dont le minibus tombe en panne devant la résidence des époux. Un courant de sympathie s'installe entre Loli et la voyageuse. Lorsque l'époux rentre à la maison, il sent instinctivement le danger, comme si le loup s'était installé dans la bergerie. C'est l'arroseur arrosé. L'homophobie « ordinaire » de Laurent est totalement décomplexée et c'est l'occasion pour Josiane de concentrer chez son personnage de beauf tous les clichés contre les lesbiennes.

Que la *butch* soit instantanément séduite par la ravissante et sensuelle Victoria Abril, ce n'est pas difficile à croire. Mais comment faire accepter aux spectateurs que l'épouse hétérosexuelle puisse tomber sous le charme d'une femme au point de la désirer ? La séquence décisive, celle de la drague où Loli succombe à Marijo, souligne par sa mise en scène le plaisir que la femme délaissée éprouve à être regardée de nouveau par des yeux désirants. Les esprits s'échauffent à la faveur des verres d'alcool et du joint partagé. Loli exhibe ses jolies jambes et s'épanouit progressivement sous le regard aimanté de Marijo qui sait trouver les mots… Elle flatte et, par un jeu de déni, habitue pas à pas la femme convoitée à l'idée de leur rapprochement. Exaspérée de désir, c'est finalement Loli qui se jette au cou de Marijo. Ni Victoria ni Josiane n'ont vécu elles-mêmes d'histoires homosexuelles. « Moi, j'imagine quelqu'un que j'aime, *claro que si* ! explique Victoria Abril. Et je regarde avec les yeux de l'amour… Le cinéma, c'est des mensonges pour raconter vrai. » L'amitié qui est née entre Victoria et Josiane les aide aussi à être crédibles. Et puis Josiane s'amuse beaucoup à jouer la *butch*, comme dans cette scène où Loli danse le flamenco en compagnie de Marijo, torse bombé de toréro à la virilité triomphante.

Une séquence s'avère délicate à tourner parce qu'Alain Chabat doit dépasser sa pudeur. C'est le moment où Laurent parade tout nu devant Marijo en vibrionnant et en clamant d'un ton satisfait : « Je suis chez moi, et chez moi je me balade à poil, si je veux ! » Josiane filme la scène à la manière d'un ballet… Alain Chabat savait qu'il lui faudrait jouer entièrement nu, mais lorsqu'il se trouve face à l'obstacle, il n'en mène pas large. Victoria Abril, elle, est tout à fait décontractée. Danseuse classique de formation, elle considère le corps comme un instrument. De plus, elle a souvent tourné nue dans ses films espagnols de la Movida… Pour aider son partenaire à combattre sa gêne, elle décide de ne revêtir qu'un simple mini-tablier une bonne demi-heure avant que la caméra ne tourne. La meilleure façon de mettre l'acteur à l'aise, pense-t-elle, c'est de lui donner le temps de s'habituer. Alain Chabat parvient, grâce à elle, à dépasser son embarras. La séquence deviendra culte, avec le fameux combat de coqs s'ensuivant entre Laurent, qui met son poing dans la face de Marijo, et celle-ci qui riposte par un coup de boule.

En pleine crise de désespoir, Laurent erre en ville et finit par échouer chez une vieille prostituée. Catherine Samie, la soixantaine, interprète avec conviction le rôle de cette femme au grand cœur qui console tout en donnant des conseils pour retrouver l'amour de l'épouse. Mais cette scène ne plaît pas au producteur Claude Berri qui ne la juge pas crédible. Josiane lui tient tête. D'abord, elle ne se revendique pas ici documentariste sur les prostituées d'un certain âge. Ensuite, elle a besoin de cette séquence pour l'économie dramaturgique de son film. Elle propose donc à Berri d'organiser une projection test rue Lincoln et de sonder les spectateurs à la sortie. Elle obtient gain de cause et la scène n'est pas coupée.

Si Josiane n'a pas cherché à faire un film documentaire, elle reconstitue toutefois un lieu mythique de la communauté lesbienne de l'époque, Le Katmandou. Située rue du Vieux-Colombier à Paris et tenue par Elula Perrin, auteure d'un texte autobiographique qui avait fait date, *Les femmes préfèrent les femmes* (1977), cette boîte a depuis disparu. Tournée dans le sous-sol du célèbre Palace que Josiane peuple de figurantes recrutées sur Fréquence Gay, la séquence met en scène l'atmosphère particulière du Katmandou avec à sa tête la patronne, interprétée par la comédienne Catherine Lachens, impériale.

Gazon béni !

Gazon maudit rencontrera-t-il son public ? Claude Berri a des doutes. Le jour de la sortie, il attend avec Josiane les résultats chez le distributeur. Ils sont tous les deux sur des charbons ardents. Quand tombe l'excellent chiffre de 20 000 entrées à Paris, Claude Berri est tellement heureux qu'il monte sur la table ! Josiane s'attendait bien à ce que « sa grenade explose » et elle est exaucée. Le film frôlera les 4 millions d'entrées en France (3 990 094) et restera son plus gros succès en tant que réalisatrice.

Pour autant, la réception par la critique est partagée. Alain Riou, dans *Le Nouvel Observateur*, salue une « œuvre véritable, importante et subtile ». *Le Point*, qui titre « Feydeau à Lesbos », apprécie un film « dérangeant en forme de fable » et qui, « mine de rien, fait sauter un sacré tabou ». *Le Figaro* pinaille sans rejeter l'œuvre totalement, *Le Monde* l'éreinte et *Télérama* n'est pas tendre. Quant au journal catholique *La Croix*, il critique un « scénario qui s'essouffle, s'emmêle les pinceaux [...], le tout à grand renfort de dialogues, scènes scabreuses qui laissent augurer sans peine d'une "happy end" parfaitement immorale »[1].

En réalité, *Gazon maudit* devient un phénomène de société. Le magazine populaire *VSD* accorde sa couverture

1. Toutes les critiques ont été publiées entre le 4 et le 11 février 1995.

à Josiane et Victoria, titrant : « Le plaisir féminin contre-attaque. Josiane Balasko et Victoria Abril lancent la mode. Attention, voici : les femmes gays[1]. » Le mot « gay » est écrit dans une police de caractères énorme, comme si *VSD* voulait souligner la soudaine déferlante des lesbiennes dans le monde !

L'hebdomadaire *Elle* n'accorde pas plus sa couverture à Josiane Balasko qu'à l'époque de la sortie de *Trop belle pour toi*, c'est en effet Isabelle Adjani qui a les honneurs. Mais à côté du visage d'Adjani (« Une maman comme nous » ! clame *Elle*), on lit le titre : « Josiane Balasko bouscule les tabous de l'homosexualité féminine[2]. » À l'intérieur du magazine, un édito prévient : « Eh oui, personne n'est à l'abri ! » reconnaissant que l'homosexualité peut tomber sur n'importe quelle femme : « Affabulation de cinéaste ? Pas du tout, si l'on en croit nos témoignages. » Suivent les récits de quidams hétérosexuelles relatant leur découverte de l'amour dans les bras d'une femme. Puis vient un entretien avec la réalisatrice de *Gazon maudit*, photographiée pleine page par Jean-Marie Périer : Balasko, look *butch*, tient entre ses mains une femme sculpturale nue vue de dos. Une image sexy collant bien au fantasme masculin traditionnel. Les lèvres pincées de Josiane sur la photo semblent traduire son malaise de s'être retrouvée dans ce traquenard. Dans l'entretien, elle confirme qu'elle n'a jamais eu d'histoire d'amour avec une femme, mais qu'elle n'a pas la certitude que cela ne puisse jamais lui arriver – tout en reconnaissant qu'elle « préfère la bite » [*sic*] !

---

1. *VSD*, n° 911, 9 février 1995.
2. *Elle*, n° 2562, 6 février 1995.

La réalisatrice répond également à une objection fréquemment présente dans la presse de l'époque : pourquoi avoir choisi de donner à Marijo un look *butch*[1] ? « Les filles qui au cinéma ont des scènes de saphisme sont belles, sages et ce, pour le seul plaisir des hommes de les voir se titiller et se rouler des pelles. Dans le personnage de Marijo que j'incarne, il n'y a pas une volonté de ressembler à un homme, mais plutôt d'avoir son pouvoir, sa parole, ce que nous n'avons pas. »

Dans la communauté gay, *Gazon maudit* est accueilli globalement avec joie et gratitude. Enfin une comédie populaire qui fait sortir les lesbiennes du placard ! Enfin un film qui dépeint des amours entre femmes non pas dans le registre tragique, mais avec santé et énergie ! La plupart des spectatrices lesbiennes ne sont pas gênées par le look *butch* de Balasko. Les séquences qui montrent les deux femmes s'aimer sont reçues très favorablement, en particulier celle où Marijo et Loli sont lovées dans la baignoire, Marijo la main sur la fesse de Loli, Loli la main sur le sein de Marijo. Une scène à la fois sensuelle, pudique et tendre.

Lorsque Josiane tournait le film dans le Luberon et ses alentours, elle entendait déjà les langues qui se déliaient : « La femme du boulanger est avec la femme du garagiste… » À la sortie de *Gazon maudit*, les lesbiennes vivant en province bénéficient de la déculpabilisation suscitée par la popularité de cette comédie.

1. Dans *Télérama*, par exemple, Claude-Marie Trémois critique le choix de faire de la lesbienne une femme « hommasse », « à la limite du travelo », ajoutant qu'« on a du mal à croire au pouvoir de séduction d'un tel personnage », et donc que Balasko « limite la portée de son film » (8 février 1995).

Plusieurs années après la sortie du film, il arrive encore lors de tournées en province que des femmes viennent remercier Josiane. Grâce à *Gazon maudit*, elles ont pu parler à leur famille de leur homosexualité, ou bien se sentir moins seules, plus légitimes, plus visibles. Et si les lesbiennes parisiennes avaient plus de lieux de rencontre que les provinciales, elles aussi savent gré au film de Balasko d'avoir dédramatisé l'homosexualité féminine.

Un aspect du film est tout de même très mal perçu à sa sortie par une frange de la communauté lesbienne : c'est le fait que Marijo se fasse faire un enfant par Laurent. À cette époque, beaucoup de femmes gays rejettent la maternité tout comme le mariage. Le bébé de Marijo est ainsi interprété comme une récupération patriarcale, comme si Marijo rentrait dans le rang. Vingt-cinq plus tard, la donne a changé. Les femmes gays ont le droit de se marier et quand elles n'ont recours ni à la PMA ni à la GPA, il arrive qu'elles demandent à un ami de servir de géniteur. Ainsi, non seulement *Gazon maudit* n'a pas pris une ride, mais il est à certains égards précurseur !

Après la France, le film connaît une belle carrière internationale. En Corée et au Japon, Victoria Abril est frappée par la manière dont le public s'esclaffe aux gags à la même seconde qu'en France. Le film a un grand retentissement dans le monde latino-américain et en Espagne, en partie grâce à la popularité de Victoria Abril, qui d'ailleurs met son grain de sel dans le doublage qu'elle trouve exécrable. Elle appelle ses amis pour refaire les voix espagnoles, parmi lesquels l'actrice d'Almodovar Rossy de Palma.

Présélectionné pour les Oscars, *French Twist* (son titre en anglais) n'est pas retenu pour la sélection finale, les comédies étant rarement choisies. Il concourt toutefois à la 53e cérémonie des Golden Globes. En France, *Gazon maudit* est nommé cinq fois aux Césars (meilleur film, meilleur producteur, meilleur scénario, meilleur acteur masculin dans un premier rôle et dans un second rôle)[1]. Il ne remporte que le prix du meilleur scénario. Josiane vient chercher sa récompense sans sa coscénariste Telsche Boorman, morte tragiquement d'un cancer très peu de temps après la sortie de *Gazon maudit*. Elle n'avait que trente-six ans.

Avec son quatrième film comme réalisatrice, Josiane a fait bouger les lignes comme elle aime le faire. Parmi le public, certains confondent le personnage de Marijo et le réel. Pour sa fille Marilou, ce n'est pas toujours simple lorsqu'à l'école, des camarades malveillants persiflent en se moquant de sa mère qu'ils croient homosexuelle. En pleine adolescence, ce n'est pas évident à encaisser. Josiane aide sa fille à minimiser, tout en lui conseillant « de les envoyer chier ». De toute façon, Marilou a de la ressource, elle s'est même fait faire la coupe de cheveux de Marijo ! Sa tante Catherine Hiegel reçoit quant à elle des insultes homophobes comme si elle était nécessairement lesbienne comme son personnage ; elle essuie même des menaces de mort anonymes par téléphone !

En 2012, la romancière féministe Virginie Despentes faisait le constat suivant : « Je suis devenue lesbienne

1. Pourquoi pas de nomination pour les deux premiers rôles féminins, excellents ? Mystère des arcanes des Césars…

à trente-cinq ans. Et j'ai découvert d'un coup que je n'étais plus représentée au cinéma, à moins d'aller dans les festivals gays et lesbiens. En France, il n'y a eu aucun film à gros budget depuis *Gazon maudit*, de Josiane Balasko[1]. »

---

1. Propos recueillis dans *Télérama* (19 mars 2012). Depuis 2012, quelques films d'auteurs avec des stars ont cependant ouvert la voie à une représentation plus importante et positive des lesbiennes à l'écran. On peut citer le film américain *Carol* (Todd Haynes, avec Cate Blanchett, 2015) et le film français *Portrait de la jeune fille en feu* (Céline Sciamma, avec Adèle Haenel, 2019). *La Vie d'Adèle* (Abdellatif Kechiche, 2013), gros succès critique (avec une Palme d'or donnée par Steven Spielberg à Cannes), a connu une réception mitigée par la communauté gay, voyant dans le film un fantasme hétéro-centré. Après *Gazon maudit*, on peut citer d'autres comédies françaises grand public présentant des personnages de lesbiennes positifs : *Belle-maman* (Aghion, 1999), *Pourquoi pas moi* (Giusti, 1999) et la trilogie de Klapisch avec le personnage joué par Cécile de France (*L'Auberge espagnole*, 2002, *Les Poupées russes*, 2005, et *Casse-tête chinois*, 2013).

12

Grand cri d'amour

« Josiane Balasko est tellement à l'aise
avec son corps, tellement à l'aise avec ce qu'elle est.
Elle vieillit extrêmement bien.
Elle a cette intelligence de ne pas subir
les injonctions patriarcales,
de ne pas répondre bêtement
aux injonctions publicitaires.
Et puis son mec est hyper-beau et sexy ! »

Louise BOURGOIN

C'est au cours du tournage de *Ma vie est un enfer* qu'a germé dans l'esprit de Josiane l'idée d'une nouvelle pièce. Daniel Auteuil et sa partenaire, qui s'entendent très bien dans le travail, évoquent ensemble les ambiances détestables qui au contraire peuvent régner sur certains plateaux, comme celui de *Certains l'aiment chaud* (1959). Tony Curtis et Marilyn Monroe devaient s'embrasser voluptueusement devant la caméra de Billy Wilder, alors que leur relation à la ville était des plus tendue[1].

1. *Certains l'aiment chaud ! et Marilyn* (Paris, « J'ai lu », 2012).

Josiane approche les cinquante ans lorsqu'elle rédige *Un grand cri d'amour*. Un âge critique pour une actrice. Cela fera aussi bientôt vingt ans qu'elle est mariée. Pas toujours simple de faire durer son couple. L'écriture de sa nouvelle pièce sera ainsi également une forme d'exorcisme…

Duo pimenté

Les comédiens Gigi Ortega et Hugo Martial ont autrefois connu une violente séparation amoureuse alors qu'ils étaient au faîte de leur carrière. Aujourd'hui, ils sont considérés tous deux comme des *has been*. Gigi sort même d'un long épisode alcoolique. C'est parce qu'ils ont formé jadis un couple mythique qu'un agent manipulateur se met en tête de les réunir pour faire un coup de pub. Mais Gigi et Hugo ne peuvent plus se sentir. Un metteur en scène va essuyer les plâtres et, malgré les vicissitudes, parvenir à monter avec eux une pièce à succès.

Gigi et Hugo ressemblent à ces couples terribles d'acteurs qui se déchirent à la ville comme à l'écran, à l'instar de Liz Taylor et Richard Burton façon *Qui a peur de Virginia Woolf ?*. Ils sont aussi les parangons de ces « monstres sacrés » vieillissants rongés par l'angoisse de disparaître. Josiane s'amuse à montrer le narcissisme de chacun d'eux, qui les pousse à tirer la couverture à soi au détriment de leur partenaire.

Tignasse teinte en rouge, elle affuble son personnage des tenues kitsch les plus extravagantes, concoctées avec sa costumière Fabienne Katany, sa complice depuis *Tout le monde n'a pas eu la chance d'avoir des parents communistes.*

La dialoguiste s'amuse de cette question de la vulgarité qui la poursuit depuis ses débuts. Hugo dit ainsi à Gigi en répétition : « Une de tes grosses limites, c'est ton immense vulgarité. » Un comble, quand lui-même assène à tout bout de champs des grossièretés comme : « Me calmer ? On se fait enculer et il faut apporter la vaseline en plus ? »

Pour jouer le rôle d'Hugo Martial, Josiane embauche Richard Berry. Cette engueulade de couple qui dure une heure et demie sur scène ressemble à un drôle d'exutoire avec le frère de son propre époux ! Lors d'une représentation, au moment de la scène finale où Gigi et Hugo s'embrassent, la comédienne met une énorme cuillère de piment dans sa bouche. Abasourdi, Richard Berry doit donner le change face au public et ne pas se mordre la joue ! Belle mise en abyme d'*Un grand cri d'amour*… Créée au théâtre de La Michodière en janvier 1996, la pièce remporte un grand succès. C'est décidé, Josiane en écrit une adaptation pour le cinéma.

« On est des monstres ! »

Pour les besoins du film, elle étoffe le texte en ajoutant aux quatre personnages de la pièce des rôles secondaires : un producteur joué par Claude Berri lui-même, un journaliste de *Paris-Match* qui pose des questions vachardes sur l'âge canonique de Gigi et sa traversée du désert… Un autre personnage fait son apparition, Daisy, une carline que Gigi s'ingénie à emmener aux répétitions malgré ses aboiements, ce qui a le don d'exaspérer Hugo. Pour jouer le rôle, Josiane embauche Lili, sa propre chienne dressée spécialement pour l'occasion.

L'actrice garde son look tapageur : cheveux coupés court teints en roux flashy, rouge à lèvres écarlate assorti et larges lunettes noires. L'essentiel des répliques demeure, comme cette saillie : « Le tabac rétrécit les artères, l'alcool les dilate. Pour une bonne santé, jamais l'un sans l'autre ! » La scénariste ajoute des scènes en dehors du huis clos du théâtre. Lors d'une promenade nocturne dans Paris, Gigi revient sur sa fausse couche. Elle interroge Hugo : pourquoi ne l'a-t-il pas empêchée de s'épuiser sur scène alors qu'elle était enceinte ? Comme Hugo se justifie en faisant valoir que la pièce marchait du feu de Dieu, Gigi s'exclame : « Mais t'es un monstre ! » À quoi Hugo riposte : « *On* est des monstres ! »

Gigi Ortega ou la caricature de la diva hystérique qui se regarde le nombril et dont le vieillissement met en péril la carrière fragile. Lorsque dans *France-Soir* Monique Pantel[1] demande à Balasko si « elle est aussi cinglée » que Gigi, la comédienne rétorque : « Elle est très loin de moi, heureusement. D'abord, je ne suis pas une actrice ringarde, et je ne suis pas non plus caractérielle. Notre seul point commun, c'est qu'elle crânerait même au fond d'un seau de merde, comme moi. »

Pretty woman : la fin d'un cycle

Josiane avait croisé Claude Zidi pour un petit rôle dans *L'Animal* en 1977. Vingt ans plus tard, elle devient Arlette, le personnage principal du film éponyme du même réalisateur. Elle participe au scénario et en écrit

1. 9 janvier 1998.

les dialogues, donnant la réplique au prince charmant incarné par Christophe Lambert. Arlette est comme la dernière sœur de cette famille d'anti-héroïnes rondelettes dont l'actrice s'est fait le porte-parole le plus vibrant. Les tenues vestimentaires excentriques d'Arlette[1] et sa crinière punk resteront dans les mémoires de ses fans... Mais le film au budget important ne réussit à attirer que 718 670 spectateurs. Si Josiane est impeccable dans le rôle de cette Cendrillon de bar autoroutier, *Arlette* est comme le chant du cygne de son personnage des *Hommes préfèrent les grosses*. Il est temps de passer à autre chose.

Coup de foudre

Josiane est alors embauchée par Gérard Lauzier pour jouer dans *Le Fils du Français*, une histoire rocambolesque où une concierge ombrageuse et joueuse de poker forme un tandem avec une chanteuse lyrique du grand monde. L'association de la carpe et du lapin. C'est Fanny Ardant qui incarne la diva.

Le tournage a lieu au Venezuela, non loin de la frontière avec la Colombie, un endroit dangereux où guérillas et narcotrafiquants sévissent... Gérard Lauzier fait construire un village de cases d'Indiens et engage des figurants d'une tribu protégée par le gouvernement, les Piaroas. Il dégote aussi au cœur de la jungle une ancienne hacienda au style colonial intacte.

1. Dont une robe ultra-sexy, remake de celle de Mireille Darc dans *Le Grand Blond avec une chaussure noire* (Yves Robert, 1972).

Lorsque Josiane s'embarque pour trois mois dans cette région au climat chaud humide, elle n'est pas tout à fait rassurée. Mais c'est une expérience inédite qui l'excite. Elle ne tarde pas à adopter un perroquet qui aime se nicher sur son épaule et lui grignoter les cheveux. La relation avec Fanny Ardant se révèle excellente. Elles aiment discuter des choses les plus diverses, sans tabou et en profondeur. Fanny se sent proche de celle qui en apparence pourrait passer pour son opposée… Le tournage est éprouvant et Josiane insuffle à sa partenaire sa force positive.

Dans *Le Fils du Français*, la concierge parisienne jouée par Josiane rencontre inopinément un chef indien. Il la trouve à son goût et en fait son épouse, sans qu'elle ait vraiment voix au chapitre. Pour jouer l'époux amazonien, Lauzier a recruté un acteur américain d'origine apache, George Aguilar, qui vit alors à Los Angeles. Beau et solide gaillard aux longs cheveux noir de jais, il est né en 1952 et compte déjà dans son CV des seconds rôles chez Robert Aldrich (*Fureur apache* avec Burt Lancaster, 1972), Percy Adlon (*Bagdad café*, 1987), Roland Joffé (*Les Amants du Nouveau Monde*, 1995) et Terry Gilliam (*L'Armée des douze singes*, 1995). Il a joué également dans des séries culte, telles que *La Petite Maison dans la prairie*[1] et *Star Trek* (1994).

À cette époque, George a déjà été marié trois fois. Il ne parle pas français, et Josiane baragouine seulement

1. Dans l'épisode 7 de la saison 6, intitulé *Le Rêve d'Halloween*, 1979 (le jeune Albert rêve durant son sommeil qu'au cours d'une soirée costumée, il est enlevé avec sa sœur Laura par des Indiens, parmi lesquels un personnage joué par George Aguilar. Les Indiens le prennent pour le fils de leur chef et lui demandent de prendre leur tête).

quelques mots d'anglais. Quand il l'aborde, les premiers mots que George lui adresse sont en espagnol : « *Tu eres mi esposa* » (« Tu es ma femme »). À quoi Josiane répond un « oui » laconique, puis repart vaquer à ses occupations. Dialogue prémonitoire… Quelques semaines auparavant, quand George Aguilar s'était retrouvé à Caracas dans les bureaux de la production, on lui avait mis sous le nez deux clichés de ses futures partenaires françaises : sur l'un, Fanny Ardant souriant, sur l'autre, Josiane Balasko faisant la tête. Observant chaque photo attentivement, l'acteur américain se dit alors : « Celle qui fait la tête, c'est mon type de femme ! »

Sur le tournage, George porte dans sa poche des piments très puissants qu'il sort au cours des repas pour agrémenter ses aliments. À table, Josiane lui en demande un. Elle mord dedans, tranquillement. Admiratif, l'Apache se dit qu'elle est décidément son type de femme ! Dans une scène du film, la comédienne doit lui donner la main au moment où il succombe à ses blessures. Avant de répéter, Josiane dit à George dans son anglais alors approximatif : « *I am a comedian.* » *Comedian* étant un faux ami, la Française ne sait pas qu'elle vient de dire : « Je suis une comique. » L'Américain se dit alors : « Puisque c'est une comique, on va bien s'amuser. » Dans le contrat qu'il a signé, il est stipulé qu'il n'y aura pas de contact sexuel entre son personnage et sa partenaire. Il bricole alors un système avec un bâton qu'il actionne de la main pour simuler une érection ! Au moment où il meurt dans la scène, il fait lever le bâton…

Bouleversements

Aidés par Fanny Ardant qui se fait souvent leur interprète, Josy et George construisent donc une belle complicité… Mais en plein milieu du tournage, une nouvelle malheureuse tombe. Fernande, quatre-vingt-huit ans, vient de mourir des suites d'une occlusion intestinale. Elle vivait alors dans une maison de retraite du midi de la France. Josiane est très abattue. Elle part l'enterrer à Paris. Lui revient alors en mémoire à quel point, ces dernières années, Fernande était devenue croyante et superstitieuse, multipliant les médaillons et priant saint Antoine de Padoue lorsqu'elle perdait un objet…

Quand elle revient sur le tournage au Venezuela, Josiane est lessivée, accablée par le chagrin. On est le 15 avril. C'est son anniversaire et elle se prend une cuite magistrale à la vodka. Mais elle n'a pas l'habitude de boire, et l'alcool entraîne chez elle un certain nombre de débordements ! D'abord, elle croit dur comme fer qu'elle nage comme une championne olympique et met donc sous sa robe un maillot de bain dans le but d'aller piquer une tête. Son agent Jean-François de Marthod, présent sur le tournage, et George Aguilar l'empêchent de commettre cet acte imprudent. Mais la comédienne, complètement ivre, ne l'entend pas de cette oreille. Elle finit par vomir sur le costume blanc de son agent, puis sur George. Enfin, comme si cela ne suffisait pas, Josiane honore George d'un jet d'urine ! De bonne constitution, il essuie même des coups, avant que, de guerre lasse, elle ne s'endorme à poings fermés. George garde un œil sur elle. À son réveil, elle voit le beau visage attendri de l'Apache au-dessus d'elle. Rassérénée, elle lui demande naïvement ce qui s'est passé.

Ça n'est pas donné à tout le monde de tomber sur un homme qui n'est pas rebuté par une telle entrée en matière. Josiane le sait et se dit alors : « Si un mec reste après ça, c'est que c'est le bon ! » Depuis quelques années, sa relation avec Philippe Berry est devenue difficile. À la maison, ce n'est pas l'harmonie. Les enfants le sentent bien. Après vingt ans de vie commune, la séparation est désormais inéluctable. Le coup de foudre entre Josiane et George, puisqu'il s'agit bien de cela, est l'élément déclencheur de la rupture définitive.

La comédienne est bouleversée par cette rencontre à laquelle elle ne s'attendait pas. Elle sait qu'il est plutôt rare de vivre une passion amoureuse à près de cinquante ans. Après la fin du tournage du *Fils du Français*, elle décide de prendre le large, direction Londres. George la rejoint. Gamin, il avait l'habitude de s'agripper clandestinement aux trains pour aller à l'école. Il n'a jamais pris un train de manière classique, encore moins un Eurostar. L'acteur est un casse-cou qui a essuyé par le passé huit accidents de voiture, trois de moto, une chute de cheval. Sans oublier un plongeon du haut d'un toit, qui lui a valu de recracher trois de ses dents…

Après avoir appris à mieux se connaître à Londres pendant plusieurs semaines de *farniente*, les deux tourtereaux constatent que c'est du sérieux. George, divorcé plusieurs fois, a cinq fils et une fille qui résident tous au pays de l'Oncle Sam[1]. Il déménage six mois plus tard

1. Son fils nommé George comme lui est décédé en 2008 à l'âge de vingt-huit ans.

à Paris et s'installe définitivement chez Josiane. Il aime cette ville où il se sent très à l'aise. Contrairement aux États-Unis où il subit régulièrement le racisme envers les Amérindiens, en France, il ne ressent aucune hostilité. Les amis de Josiane, surpris, accueillent son bel Apache d'autant plus volontiers qu'ils voient que leur copine irradie de bonheur. Marie-Anne Chazel est baba le jour où elle caresse les « longs cheveux de soie » de l'Américain… Après le divorce de Josiane et Philippe, son mariage avec George aura lieu en 2003.

Pour Marilou et Rudy, la séparation de leurs parents n'est d'abord pas facile à accepter. Voir un nouvel homme dans la vie de leur mère n'est pas évident. Rudy n'a pas encore onze ans et doit s'adapter. Marilou, elle, a seize ans. Si elle doit digérer ces bouleversements, elle n'est pas vraiment étonnée par l'arrivée de George. Il fallait un homme qui ait une véritable histoire, qui vienne de loin, pas « un monsieur-tout-le-monde »… Elle se dit que « c'est classe, un Apache », et digne de sa mère !

L'adolescente en ébullition, pas très bien dans sa peau, faisait depuis un certain temps claquer les portes du domicile familial. En seconde au lycée Condorcet dans le IXe arrondissement, elle sent qu'elle ne s'habituera décidément jamais au système scolaire classique. Un jour, Marilou crie aux oreilles de sa mère : « Je veux être comédienne ! » Josiane lui fait alors remarquer qu'elle n'a pas besoin de hurler… Elle accepte l'idée, même si elle s'inquiète que sa fille emprunte une voie dont elle sait à quel point elle est semée d'embûches. L'arrivée de George à Paris coïncide ainsi avec le moment où la jeune fille décide de prendre son autonomie et de vivre de son côté. Elle quitte le lycée pour suivre assidûment les cours du conservatoire du VIIe arrondissement de Paris. Josiane voudrait être certaine que sa fille ait du talent. Elle est rassurée le jour où elle voit Marilou sur des planches amateurs dans *Madame Marguerite*, pièce traduite par Dabadie et créée en 1974 par Annie Girardot.

Monstre (con)sacré ?

Josiane Balasko est comblée par sa nouvelle très belle histoire d'amour. Elle apprend bientôt qu'on lui décerne un César d'honneur pour l'ensemble de sa carrière. Elle va fêter ses cinquante ans. Ce prix pourrait ressembler à un enterrement de première classe, signe que sa vie professionnelle est désormais derrière elle. C'est ce que certains de ses proches, affolés, imaginent : serait-elle malade, par hasard ? Mais non ! Elle a raté le prix d'interprétation pour *Trop belle pour toi* et pour *Tout le monde n'a pas eu la chance d'avoir des parents communistes*. Recevoir une distinction une bonne fois pour toutes lui convient donc très bien.

Dans les coulisses du théâtre des Champs-Élysées, la comédienne retrouve avec joie Jean-Pierre Léaud qui reçoit la même distinction qu'elle. Les cheveux noués en un chignon pyramidal, elle a choisi de porter une robe extravagante tout en plumes, signée Jean-Paul Gaultier... George veut photographier sa femme, mais à ce moment-là un homme, la soixantaine grisonnante, entre dans le champ et gâche le cliché. George lui demande brusquement de se pousser. L'inconnu obtempère. Cet homme, c'est Alain Delon ! Josiane se souviendra longtemps de la bourde hilarante de George qui, aux États-Unis, n'a pas grandi avec l'acteur iconique... Tout comme elle se souviendra de ce jour où son mari, après avoir raccroché le combiné, rejoint Josiane pour lui dire qu'on vient de lui proposer de jouer dans un film, *Notre musique*, d'un type, un certain « Jean-Luc Gouda ou quelque chose comme ça » ! Josiane accompagnera son mari à Sarajevo pour le tournage du maestro de la Nouvelle Vague, curieuse de voir comment Godard travaille avec une équipe réduite à une dizaine de personnes[1].

Claude Berri remet son César à Josiane, qui s'ingénie à détraquer son discours en prenant le pouvoir sur scène. Elle interrompt sans cesse son producteur, lui enjoint d'essayer d'être amusant, lui reproche vertement de ne pas l'avoir choisie pour un film où elle s'était présentée en short parce qu'il l'avait trouvée trop grosse, et finit par l'embrasser sur la bouche en lui laissant une trace de rouge à lèvres !

La même année, Josiane est l'une des très rares femmes à jouer dans *Les Acteurs* (2000) de Bertrand Blier, film où tout le cinéma français *masculin* défile, chacun dans son propre rôle : Belmondo, Delon, Brialy, Depardieu, Brasseur, Rich, Frey, Galabru, Marielle, Piccoli, Villeret, Dussolier, Lonsdale, Serrault, Yanne… Lorsque surgit Josiane Balasko, elle « n'est pas » Josiane Balasko, mais « elle est » André Dussolier. Sa doublure. Et personne n'y trouve à redire : tous les protagonistes ont l'air de trouver parfaitement normal que Josiane Balasko *soit* un homme. Tout se passe comme si, pour Bertrand Blier, au fond, Balasko était un mec. Une femme « couillue »,

1. *Notre musique* de Jean-Luc Godard sortira en 2004 sur les écrans. George joue également à la même époque dans un autre film français, *Le Mystère de la chambre jaune*, réalisé par Bruno Podalydès.

comme elle l'a montré notamment sur le plateau de *Trop belle pour toi* lorsqu'elle a saisi celles de Depardieu en guise de représailles…

Monstres en tous genres…

Trois semaines avant *Les Acteurs* était sorti sur les écrans *Le Libertin*. Pour incarner la baronne d'Holbach, une libertine du XVIIIe siècle, Gabriel Aghion a choisi Josiane, qui évolue parmi une pléiade de vedettes (Fanny Ardant, Michel Serrault, Vincent Perez, Audrey Tautou, Arielle Dombasle…). Au château des Holbach, qui cachent un Diderot pourchassé par la répression ecclésiastique, tout le monde couche avec tout le monde. Josiane ouvre le film par un air lyrique au propos coquin, pour lequel elle s'est entraînée afin de ne pas être doublée… La baronne s'offre régulièrement les services sexuels d'un eunuque, mais n'est pas seulement obsédée par « la chose » ; elle est aussi une gourmande invétérée. À tel point qu'elle sacrifie son cochon domestique adoré pour en faire du pâté. Le Bébert de son enfance n'est pas si loin… Au cardinal joué par Michel Serrault, la baronne déclare : « Je suis un monstre ! »

Aghion propose bientôt à Josiane d'incarner un autre « monstre » dans l'adaptation de la fameuse série de la BBC, *Absolutely Fabulous*. Elle sera Edina, aux côtés de Nathalie Baye, *alias* Patsy, deux ex-babas cool désormais *fashion victims* sévèrement portées sur le sexe et l'alcool. Jean-Paul Gaultier, qui joue son propre rôle, dessine les tenues totalement délirantes des deux actrices. Le tournage aurait pu être une immense rigolade, mais ce n'est pas tout à fait le cas. Nathalie Baye s'inquiète en effet de voir le réalisateur un peu ailleurs, comme dépassé… Josiane sent le malaise de sa partenaire et lui propose de nouer une sorte de pacte : elles vont se serrer les coudes, s'observer jouer, s'autocorriger en se faisant une confiance absolue. Elles deviennent les moteurs du film, sans que Gabriel Aghion en prenne ombrage. Une amitié profonde et durable naît entre les deux femmes. Elles se reconnaissent de nombreux points communs : des tempéraments de bosseuses, mais aussi, derrière une apparence solide, des accès de timidité, de vulnérabilité.

À la sortie d'*Absolument fabuleux* en août 2001, Josiane souligne qu'« il n'est pas si courant de montrer au cinéma des femmes de cinquante ans qui font des conneries et s'amusent à briser toutes les conventions de leur âge[1] ». De fait, Edina emprunte des traits saillants de la *persona*[2] de l'actrice poussés à leur paroxysme : la femme gloutonne qui voudrait perdre ses kilos en trop, la femme sexuellement libérée, celle qui refuse la discrétion et les carcans bourgeois.

L'entrée dans la cinquantaine semble décidément rimer pour elle avec ces personnages de « monstre » puisque Jean Becker lui propose la même année le rôle de sa « poison » dans *Un crime au paradis*, remake du film de 1951 de Sacha Guitry. Acariâtre et alcoolique au dernier degré, Lulu fait mener une vie d'enfer à son mari (Jacques Villeret)… Josiane insiste auprès du réalisateur pour en rajouter dans la laideur de la mégère, se composant une face rougeaude et luisante avec un poireau au-dessus de la bouche.

1. *Le Figaro*, 29 août 2001.

2. La théorie du cinéma parle de *persona* pour désigner l'image de l'acteur constituée non seulement de ses différents rôles au cinéma au cours de sa carrière, mais aussi par le tissu des discours tenus par les médias.

13

Femme puissante

« Le féminisme ? Oui, c'est évident que ça traverse
toute la carrière de Josiane Balasko.
Pour moi, elle est l'incarnation de l'actrice
qui a cassé les codes et travaillé, de fait,
les questions du genre. »

Clémentine AUTAIN

Lorsque le réalisateur Guillaume Nicloux découvre en 1989 *Trop belle pour toi*, il est marqué par « la couleur intime, émouvante et mélancolique » du personnage incarné par Josiane Balasko. L'envie de travailler avec elle infuse durant de longues années… En 2002, Thierry Lhermitte tourne avec Nicloux dans *Une affaire privée*. C'est lui qui prévient sa grande amie que le réalisateur veut lui proposer le rôle d'une femme flic.

Nicloux a écrit le personnage de *Cette femme-là* sur mesure pour Josiane. Pour être certain de son adhésion au projet, il commence par la rencontrer chez elle et la prévient : ce sera un film très sombre, très tendu et violent. Il sait qu'un acteur populaire habitué aux comédies est souvent considéré comme jouant à contre-emploi lorsqu'il fait un écart dans un film dramatique. Mais à ses yeux, c'est une absurdité, et Josiane en est d'accord. Après avoir lu le scénario en entier, elle accepte le rôle de Michèle Varin en bloc.

Pour préparer Josiane, Guillaume Nicloux ne travaille pas la psychologie du personnage. Pour lui, à partir du moment où un acteur a dit oui, il *est* le rôle. Le réalisateur ne va pas au-delà. En revanche, il travaille l'apparence de cette femme endeuillée : elle aura des cheveux longs, sombres. Pour le spectateur, cette coiffure est le signe d'une féminité qui inscrit la capitaine de police dans le champ du désir malgré son côté rugueux, sans apprêt. Michèle Varin se fait draguer par un homme marié (Frédéric Pierrot) avec lequel elle entame une liaison, puis se fait courtiser par un collègue (Aurélien Recoing) qu'elle repousse… Nicloux demande à Josiane de se dénuder dans le film. Chose plutôt rare pour une comédienne de plus de cinquante ans, *a fortiori* de sa notoriété : elle ne demande pas de doublure. Une manière de braver les usages et de dire qu'à son âge, et sans silicone dans la poitrine, elle a le droit de se montrer.

Michèle Varin est une femme forte, de peu de mots. Josiane gomme son accent parisien et accentue sa voix grave. Elle adopte un jeu impavide, tout en laissant deviner des abîmes sous sa surface granitique. La minéralité de son jeu ne l'empêche pas de laisser couler des larmes lorsque le personnage évoque la perte de son fils de huit ans… Après avoir enduré cette tragédie personnelle, Michèle va devoir survivre à une nouvelle violence, mentale mais aussi physique, que lui inflige un gang sadique qu'elle a démasqué. Pour tourner ces scènes,

Guillaume Nicloux lui demande de s'impliquer d'une manière radicale.

Lors du tournage dans la forêt de Fontainebleau, il fait un froid inhabituel : il neige et la température descend jusqu'à moins quinze degrés, à tel point que des petites stalactites poussent autour des cheveux de l'actrice ! Pour terroriser Michèle, le gang l'enterre vivante et la scène est réalisée sans trucage. Balancée dans un tombeau à ciel ouvert, Josiane reçoit sur le corps de la terre de bruyère. Elle endure la prise en bravant les terribles frimas, tout en ayant le sentiment que c'est plus impressionnant pour ceux qui jettent la terre que pour elle ! Aux yeux de Guillaume Nicloux, le jeu se fait par automatisme : « Quand on est contraint par un climat, l'esprit et le corps doivent suivre... »

La scène suivante est plus difficile encore à tourner. Michèle Varin se fait sadiser par le chef du gang (Pascal Demolon). Il entoure son visage de film alimentaire pour l'étouffer, lui roule une pelle contre le plastique, puis au dernier moment le perce de sa cigarette au niveau de la bouche. Comme il s'agit d'un plan-séquence, Josiane doit retenir son souffle jusqu'à la délivrance à la dernière minute. Angoissant ! Dans la foulée, elle se prend un jet d'urine sur le visage, garanti sans trucage ! « C'est pour la bonne cause, on fait les choses bien en général », remarque, pince-sans-rire, Guillaume Nicloux.

Produit par Bertrand Tavernier avec sa maison Little Bear, *Cette femme-là* reçoit à sa sortie en 2003 un accueil critique mitigé, largement injuste. Le film ne trouve pas son public, mais offre tout de même à Josiane sa troisième nomination pour le César de la meilleure actrice.

Marilou prend son envol

Lorsque Marilou a quitté le lycée, elle a fait quelques stages sur des tournages (*Un grand cri d'amour…*) et observé des monteurs et mixeurs au travail. Mais son but, c'est bien de devenir actrice. Elle passe le casting pour l'adaptation cinématographique d'un roman autobiographique de Susie Morgenstern. *La Première fois que j'ai eu 20 ans* (2004) est réalisé par Lorraine Lévy qui cherche une jeune femme enrobée pour le rôle principal. Il s'agit d'une fille mal dans sa peau qui, au début des années 1960, bataille pour s'imposer comme contrebassiste dans un jazz-band de garçons machos. Marilou décroche le rôle. Peu de temps après, elle est choisie pour interpréter le premier rôle féminin du film d'Agnès Jaoui, *Comme une image*. Il s'agit encore d'une jeune fille complexée et écorchée vive. Des personnages qui présentent quelques analogies avec ceux que Josiane a endossés au même âge. Marilou l'assume pleinement et ne s'offusque pas lorsqu'on lui dit qu'elle ressemble à sa mère.

Comme une image est sélectionné pour concourir au Festival de Cannes en 2004. Lorsque Josiane découvre sa fille sur l'écran géant de la salle Lumière, elle est à la fois fière et impressionnée. Elle est aussi un peu gênée de voir en gros plan sa « petite » Marilou embrasser un garçon sur la bouche ! Elle n'a plus de doute sur le talent de sa fille, qui se voit même décerner le prix des Lumières de la presse étrangère.

Outre ses deux films à l'affiche, Marilou joue la même année la pièce féministe d'Eve Ensler, *Les Monologues du vagin*, en alternance avec Dani et Rachida Brakni. Un an après, elle est au théâtre du Palais-Royal dans *Toc-Toc*, une création de Laurent Baffie. La pièce rencontre un grand succès et Marilou se voit bientôt consacrée par la profession en recevant le Molière de la révélation théâtrale pour son personnage souffrant d'écholalie et de palilalie. Josiane est aux anges. Elle n'a vraiment plus d'inquiétude pour sa fille. Marilou, elle, songe à ces moments où elle reprochait à sa mère de marcher si vite dans la rue qu'elle n'arrivait pas à la suivre. « Arrête de tracer, maman ! » Elle comprend à présent que si Josiane trottait si vite, c'est parce qu'elle n'avait pas toujours envie qu'on la reconnaisse. Elle vit à présent ces petits désagréments de la célébrité, qui sont tout relatifs.

Trans

En 2005, Josiane reprend son costume de réalisatrice pour adapter sa propre pièce, *L'Ex-femme de ma vie*, créée sur les planches en 1988. Thierry Lhermitte a le premier rôle masculin et se fait aussi coproducteur avec elle. L'esprit très taquin, il décide de monter un canular sur le plateau de sa copine, quand bien même cela va retarder le tournage… Guillaume Nicloux est de la partie.

Josiane a accepté bien volontiers la suggestion de la directrice de casting de proposer à des personnes handicapées de faire office de figurants. C'est alors que Nicloux, dissimulé sous une casquette et des lunettes noires, fait son entrée sous le nom de « M. Jean ». Josiane ne le reconnaît absolument pas. Pendant la prise, M. Jean fait du bruit. La réalisatrice lui demande gentiment de cesser. M. Jean persiste. Il réclame bientôt d'elle la récitation d'une fable de La Fontaine ! Lassée par la situation ubuesque, Josiane offre à l'agitateur un dédommagement et une contribution à une association de personnes handicapées. M. Jean ne désarme pas : il exige qu'elle l'amène aux toilettes ! Josiane n'en peut plus. Guillaume Nicloux retire alors lunettes et casquette. Josiane explose de rire en le reconnaissant !

En 1988, dans la pièce, le personnage de « l'ex-femme » enceinte était interprété par Jane Birkin. La metteure en scène avait joué sur l'image de fragilité de l'actrice en faisant de Frankie une victime. Lorsque, par la suite, elle remplace Birkin dans le rôle, elle s'aperçoit qu'elle est contrainte d'adapter le personnage à sa propre personnalité : elle fait de Frankie un « boulet ». Dans la version cinématographique, Josiane n'ayant plus l'âge d'être enceinte, elle endosse le rôle du psy autrefois dévolu à Daniel Berlioux : elle en fait donc une transsexuelle et se compose un look glamour Hollywood années 1950 – cheveux blonds à la Lana Turner, tailleur de tweed et luxueux manteau de fourrure –, tout en composant un personnage à l'autorité naturelle impressionnante. La réalisatrice se ménage une scène de bagarre épique avec son partenaire Thierry, qui la trouve particulièrement « balèze pour les cascades ». Il envoie Josy valdinguer sur un fauteuil, les deux jambes en l'air, et ils finissent par rouler par terre, Lhermitte étranglant Balasko comme un forcené. Crises de fous rires garanties entre les prises pour les deux vieux copains.

Réincarnation

Le jour où Josiane dit à ses amis du Splendid qu'elle va incarner Marguerite Duras dans le nouveau film de Serge Le Péron, *J'ai vu tuer Ben Barka* (2005), ils pensent tous que sa composition va relever de la parodie. C'est la première fois de sa carrière que l'actrice est sollicitée pour interpréter une femme célèbre. Morte en 1996, Duras a imposé un look d'intello de gauche iconique : grosses lunettes carrées, pull à col roulé, cigarette à la main. Avec cette allure caractéristique et son débit de voix lent et réfléchi, l'écrivaine se prête bien à la satire. Pourtant, tel n'est absolument pas le dessein de Serge Le Péron. Le réalisateur engage Balasko dans un film réaliste retraçant les événements qui aboutirent à l'assassinat de Mehdi Ben Barka.

Principal opposant du roi Hassan II et chef de file du mouvement tiers-mondiste et panafricaniste, Ben Barka est enlevé à Paris en 1965, devant la brasserie Lipp, boulevard Saint-Germain. Son corps ne sera jamais retrouvé. L'énigme de cet assassinat n'a jamais été résolue. Dans son film, Le Péron choisit de mettre en scène cette sombre affaire du point de vue de Georges Figon (Charles Berling), fils de bourgeois renégat qui a fait de la prison, éditeur de romans-photos trafiquant toujours avec des individus interlopes. Sollicité un jour pour monter un film documentaire à la gloire des combats de Ben Barka (Simon Abkarian), Figon a l'idée de s'adjoindre les services de pointures intellectuelles de l'époque. Et c'est là qu'entre dans la danse Marguerite Duras. Elle connaît Figon. Elle est attirée idéologiquement par le révolté, peut-être ont-ils même eu une vague liaison. L'écrivaine a l'idée de solliciter le cinéaste Georges Franju (Jean-Pierre Léaud) pour réaliser le documentaire. C'est grâce à ces deux cautions artistiques et morales que Figon parvient à décrocher un rendez-vous avec Ben Barka. Duras et Franju attendront en vain le leader tiers-mondiste à la brasserie Lipp…

Serge Le Péron a une conscience aiguë des enjeux qui attendent Josiane Balasko pour incarner de manière réaliste Marguerite Duras. Lorsque le visage et le corps d'un « personnage » sont bien connus du public, tout se passe comme s'il y avait toujours « un corps en trop ». Comment l'actrice va-t-elle se débrouiller avec ça ? Pour autant, Le Péron sait aussi que Josiane a une certaine proximité physique avec l'écrivaine, petite de taille et un peu ronde à cette époque.

L'actrice gomme son accent parisien populaire, allège son timbre, ralentit son tempo en marquant des pauses entre ses phrases. Elle adopte une gestuelle plus lente et posée. Sur le plateau, le réalisateur est cueilli dès le premier jour de tournage. Quelque chose se passe. C'est le retour de Duras. Réincarnée. Le Péron est de toute façon convaincu que ce rôle n'est pas un contre-emploi pour Josiane Balasko. À ses yeux, « c'est juste un autre emploi de la même actrice » : celle-ci a en commun avec la femme de lettres un côté réfléchi et une force tranquille. Toutes deux sont des femmes de plume qui élaborent des histoires, des chefs d'orchestre quand elles dirigent un plateau, sans oublier des femmes engagées qui ont des convictions politiques. Pour Le Péron, au fond, « il y a toujours une part documentaire quand on filme des acteurs ».

Troisième opus

Trois mois après *Ben Barka*, Josiane se retrouve au générique des *Bronzés 3*, film attendu comme le Messie par les fans, et qui sera le plus gros succès au box-office de sa carrière, avec plus de 10 millions d'entrées. Vingt-sept ans après le premier opus, le public exulte de retrouver les personnages culte qui ont vieilli avec leurs interprètes. Comme en écho à l'évolution de la société, les amis du Splendid ont écrit un scénario dans lequel la question de l'argent occupe une place centrale. Le protagoniste pivot, Popeye, a épousé une femme très riche, propriétaire d'un luxueux club de vacances en Sardaigne. Jean-Claude Dusse a fait fortune dans la coiffure aux États-Unis et s'est teint en blond. Gigi, elle, s'est fait greffer une gigantesque poitrine. Jérôme n'a plus les moyens de faire le fanfaron depuis qu'il n'a plus le droit d'exercer la médecine… Nathalie et Bernard sont les plus raisonnables des « amis pour la vie ». Bourgeois propriétaires d'une chaîne de magasins, ils sont perturbés quand leur fils leur révèle son homosexualité.

Les retrouvailles des copains sur le plateau du club de vacances de la Costa Smeralda sont à la mesure du futur succès du film en salle : électriques. Le phénomène avait déjà eu lieu lorsque Michel Blanc avait réuni la troupe dans *Grosse fatigue*. Patrice Leconte accepte bien mieux les frasques de la bande. Une scène cristallise particulièrement le délire, celle où le fils gay de Bernard et Nathalie – joué par Arthur Jugnot, le propre fils de Gérard – doit présenter sa fiancée à son père et arrive avec le comptable de l'usine. Jugnot prononce un mot pour un autre ; son erreur sans grande importance déclenche son hilarité. Josiane lui emboîte le pas, et c'est bientôt tout le plateau qui est contaminé. Le réalisateur observe comme une espèce de tsunami de fous rires qui se répandent en cercles concentriques jusqu'au dernier figurant ! Une centaine de personnes ne parviennent plus à respirer. Leconte lui-même, la barre au ventre, incapable d'ouvrir les yeux, a l'impression qu'il va « claquer » ! Pour lui, « si le Guinness Book avait été là, il l'aurait authentifié comme le plus long fou rire du monde ! Un fou rire d'anthologie ». Les ex-Splendid connaissent d'autres occasions de se poiler lors du tournage, comme devant les énormes faux seins de Marie-Anne Chazel, qu'on cuit chaque matin au four avant de les étaler sur une table et de les coller sur son torse.

Malheureusement, le carton au box-office n'empêche pas les critiques de se montrer sévères avec *Les Bronzés 3*. Les copains mesurent alors à quel point tout le monde avait son idée de ce qu'aurait dû être ce troisième opus. Un film si attendu ne pouvait fatalement pas être à la hauteur du fantasme. D'ailleurs, les scénaristes avaient failli intituler le film *C'était mieux avant*, comme s'ils avaient anticipé le phénomène. Pour autant, les diffusions télévisées font de très grosses audiences… Depuis lors, les journalistes ne cessent d'interroger les acteurs sur un *Bronzés 4*. Si Patrice Leconte a un jour évoqué en blaguant « Les Bronzés à l'Ephad », en vérité, aucun n'a véritablement envie de se lancer dans un épilogue de la saga.

14

« Ils sont où les mecs du PS ? »

> « Josiane, il y a une chose assez remarquable
> chez elle, notamment dans ce milieu,
> c'est qu'elle, elle n'a jamais trahi sa classe sociale. »
>
> Serge MAGGIANI

Le 5 septembre 2006, Josiane Balasko est invitée par France 2 sur le plateau du journal télévisé de 20 heures de David Pujadas. Vêtue d'un tailleur gris foncé à fines rayures claires, lunettes rectangulaires sombres sur le nez, elle a la mine grave et déterminée de celle qui n'est pas venue pour amuser la galerie. Nous sommes en pleine crise de ce qui est devenu « l'affaire des Mille de Cachan ». Depuis trois semaines, les JT en chroniquent les rebondissements. Le 17 août, des familles ont été expulsées par des CRS d'un squat qu'elles occupaient depuis trois ans dans la ville du Val-de-Marne[1]. On dénombre alors environ cinq cents personnes délogées[2]. Le ministre de l'Intérieur Nicolas Sarkozy invoque des raisons sanitaires, tandis

1. Le squat se situait dans un Crous abandonné et en mauvais état.
2. L'expression « Mille » de Cachan est donc symbolique, les effectifs étant moindres.

que l'opposition de gauche voit dans cette éviction *manu militari* une manœuvre politique en vue des élections prochaines de 2007. Les expulsés se sont installés dans le gymnase de l'école Belle-Image de Cachan. Certains évoquent un « Sangatte de l'Île-de-France » tant les conditions de vie des réfugiés sont indignes…

Engagée

Si David Pujadas reçoit Josiane Balasko sur son plateau en cette soirée du 5 septembre, c'est parce que la comédienne est montée au créneau pour défendre les familles du gymnase. L'actrice commence par exposer la manière dont elle a été contactée par des membres de RESF (Réseau éducation sans frontières) qui, dit-elle, « font une sorte de résistance à l'expulsion des enfants des écoles ». Puis elle explique que ces familles délogées[1] possèdent en majorité des papiers en règle (une soixantaine seulement sont « sans papiers ») et travaillent au noir : « Ce ne sont pas des délinquants, ou des parasites ! Ils ne prennent pas le pain des Français, ils font des choses que d'autres n'accepteraient pas de faire », plaide-t-elle. La comédienne remarque au passage que « l'économie française fonctionne beaucoup par l'exploitation des gens qui travaillent au noir et n'ont aucun droit », ajoutant que « si on les régularise, ils vont payer des charges et ça rapportera au ministère du Budget ».

Le JT de France 2 convoque alors un contradicteur en la personne de Nadine Morano. La secrétaire nationale de

1. Issues pour la plupart de l'Afrique subsaharienne.

l'UMP est filmée en duplex d'un bureau au mur duquel on aperçoit la photo de Nicolas Sarkozy. Donnant à sa voix des accents paternes, elle entame sa prise de parole en passant de la pommade à l'actrice populaire (« Je sais que vous êtes une artiste, femme de cœur engagée »), puis lance : « Aujourd'hui, nous menons une politique d'immigration choisie et on ne veut plus voir les personnes mal accueillies vivre dans des squats ; il faut des règles pour une immigration responsable et humaine… » À ces mots, Josiane Balasko voit rouge. Elle rétorque du tac au tac à l'envoyée du ministre de l'Intérieur : « Humaine ? Des gens qui partent menottés sur le simple délit qu'ils n'ont pas de papiers, embarqués de force, séparés de leurs enfants… » La comédienne s'indigne de la manière dont, à son sens, Nicolas Sarkozy instrumentalise cette affaire en vue des élections. Elle fait valoir qu'en vérité, la France n'est pas en mesure d'expulser les 200 000 sans-papiers qui travaillent et participent à la richesse du pays. Et de conclure, pragmatique : « Samedi, 15 heures, place de la République, j'appelle à la manifestation les gens qui ne sont pas d'accord avec cette vision de la France ! Qui sont des gens *humains*, mais pas de la façon dont parle Mme Morano ! »

Le présentateur du JT, étonné, interpelle alors Josiane Balasko : « On vous sent passionnée, pourquoi vous engager maintenant ? » La comédienne rétorque : « Je suis un être humain comme tout le monde, quand on a fait appel à moi, j'ai été touchée… Je ne fais pas de la *pipolisation.* » L'actrice concède enfin que si elle peut parler au JT ce soir-là, c'est tout de même parce qu'elle est connue, concluant : « Ça, c'est la leçon de Coluche ! »

L'héritage de Coluche ?

Le hasard veut que le 29 octobre, quelques semaines après cette intervention très remarquée sur France 2, Josiane soit invitée à inaugurer la place Coluche, située dans le XIIIe arrondissement parisien, non loin du domicile de feu l'humoriste. Au micro, la comédienne s'adresse à son ami Michel disparu depuis vingt ans : « Ça te ferait marrer de voir ton nom sur une plaque… » Le même jour, elle estime sur France Inter que si ce dernier vivait encore, il obtiendrait certainement ses signatures pour les élections présidentielles et aurait ses chances d'être élu.

En cette année 2006, Josiane occupe ainsi le terrain médiatique pour défendre ses convictions de femme de gauche. Son engagement en faveur des Mille de Cachan est total, viscéral, et son intervention sur le plateau de France 2 marque la fin de ses réticences à s'occuper de politique. Coluche aimait à dire que son « boulot consistait à remuer la merde pour faire monter le fumet jusque là-haut, là où ils ne sentent rien ». Josiane applique désormais cette leçon[1]. Mais une autre personne sera déterminante dans son parcours de militante, c'est Valérie Lang.

1. Notons que, déjà en 1993, appelée par le chanteur Higelin, Josiane était venue soutenir avec le DAL l'occupation d'un immeuble du 41, rue René-Coty à Paris.

Militante

Au départ, la rencontre entre les deux femmes ne va pas de soi. Née en 1966, interprète sur les planches de Pasolini, Marivaux ou Hofmannsthal, Valérie Lang appartient au monde du théâtre subventionné dit « intello ». Longtemps compagne du metteur en scène Stanislas Nordey, elle a codirigé avec lui le théâtre des Amandiers de Nanterre et le théâtre Gérard-Philippe de Saint-Denis. Elle œuvre alors en faveur d'un « théâtre citoyen », cherchant à faire venir les habitants de ces banlieues limitrophes de la capitale, intimidés par la « haute culture ». Valérie est tombée dans la marmite à sa naissance puisqu'elle est la fille de Jack Lang. Avant d'être ministre de la Culture, ce dernier avait créé un fameux festival de théâtre à Nancy, puis avait dirigé le Théâtre national de Chaillot à Paris.

Comment la « petite princesse républicaine qui dit de grands textes » (comme la surnomme son ami l'écrivain François Jonquet)[1] a-t-elle rencontré Josiane Balasko, la comédienne de café-théâtre et réalisatrice de films grand public ? C'est précisément à la faveur de la crise des Mille de Cachan. Valérie Lang avait déjà milité pour les sans-papiers de l'église Saint-Bernard. Cette affaire, qui avait défrayé la chronique en 1996, a beaucoup de points communs avec la situation de Cachan : des sans-papiers qui occupaient une église du XVIIIe arrondissement de Paris s'étaient fait expulser *manu militari* ; des personnalités

1. Extrait de *Je veux brûler tout mon temps* (Paris, Seuil, 2018, p. 280), livre que François Jonquet consacre à Valérie Lang.

du monde artistique, dont Emmanuelle Béart, étaient venues les soutenir. Dix ans plus tard, Valérie Lang débarque à Cachan.

Si Josiane se trouve elle aussi au gymnase, c'est parce que Charles Berling l'a alertée et qu'elle a d'emblée accepté de monter derrière le scooter du comédien pour se rendre sur les lieux. Au premier abord, elle se méfie un peu de Valérie, l'imaginant juste comme « une fille à papa qui veut casser les couilles de son père ». Mais elle comprend vite que celle-ci n'est pas présente pour la frime et qu'elle est sincèrement impliquée pour aider toutes ces familles avec enfants en bas âge (parfois des nouveau-nés) qui disposent en tout de six douches et quatre WC… Les squatters réclament un logement décent pour lequel ils paieront volontiers, mais refusent de loger dans des hôtels insalubres et coûteux, dans lesquels ils craignent d'être séparés de leurs proches.

Il y a déjà six grévistes de la faim parmi les réfugiés du gymnase. Le maire PS de Cachan, Jean-Yves Le Bouillonnec, a paré au plus pressé en accueillant les familles dans cet espace, mais il subit des pressions pour récupérer les lieux avant la rentrée des classes. Josiane se retrouve ainsi au cœur de l'action : il faut convaincre le maire, plein de bonne volonté mais craignant un nouveau Saint-Bernard, de repousser l'expulsion. Avec Valérie Lang, Charles Berling, des membres de RESF (dont Richard Moyon), des membres du DAL[1] (avec Jean-Baptiste Eyraud) et des représentants des squatters, Josiane parvient à obtenir un délai auprès de Le Bouillonnec.

1. Droit au logement.

En sortant de la mairie, la comédienne aperçoit des nuées de journalistes venus faire leurs reportages. Elle se retrouve en première ligne. C'est à elle, la plus populaire, qu'on pose des questions. Josiane a mis le doigt dans l'engrenage, et la voilà propulsée comme le porte-parole de cette cause qui dépasse, elle le comprend, les familles de Cachan. Il s'agit de tout un système qui touche à l'intégration des travailleurs immigrés en France et au droit au logement décent pour tous.

Valérie Lang, rompue au militantisme, la coache, notamment pour son intervention au JT de France 2. Hasard du calendrier, le carton au box-office des *Bronzés 3* est intervenu quelques mois plus tôt[1]. La popularité de Balasko fait mouche. Et son pedigree de fille du peuple coupe l'herbe sous les pieds de ses contradicteurs qui ne peuvent la taxer de bobo hors sol. D'ailleurs, Nadine Morano s'est bien gardée de l'attaquer sur ce terrain-là…

Tandem

Après la manif du 9 septembre à laquelle Josiane a appelé les citoyens indignés, le combat continue afin de trouver des solutions durables pour les familles. Josiane et Valérie mettent au point une méthode. Grâce au carnet d'adresses du père de Valérie, elles cherchent des

1. Notons qu'à la même époque, Christian Clavier s'affiche ostensiblement aux côtés de Nicolas Sarkozy… Le grand écart entre les membres du Splendid ! Mais les « amis pour la vie » des *Bronzés 3* ne se fâchent pas, la politique ne sera jamais un sujet de discorde réel entre eux. La tolérance est de mise.

personnalités pour parrainer les enfants et les adultes afin de les protéger. La comédienne passe les coups de fil. La petite voiture de Valérie, une Smart, se transforme en bureau roulant. Elle est la clé qui ouvre les portes : « Bonjour, je suis Josiane Balasko ! » Après avoir fait un petit topo sur la situation, elle enchaîne sur un : « Ne raccrochez pas, je vous passe mon assistante ! » Valérie prend alors le combiné. Elle parvient à convaincre n'importe qui et ne lâche prise qu'au moment où « la proie » s'engage pour la cause. Josiane admire cette « technique du pitbull », imparable. Le duo infernal, formé dans le but unique de donner des papiers aux infortunés de Cachan, fonctionne parfaitement. Mais sans s'en rendre vraiment compte, les deux femmes sont aussi en train de vivre un coup de foudre amical. Le tandem improbable étonne leur entourage, dont Charles Berling qui assiste à l'éclosion de cette magnifique amitié comme celles qui se forment d'ordinaire dans l'enfance.

À Cachan, Josiane a aussi sympathisé avec le médecin urgentiste Patrick Pelloux. Popularisé pour avoir été lanceur d'alerte lors de la terrible canicule de l'été 2003, l'homme a été « recruté » pour vérifier l'état de santé des réfugiés. Il fera hospitaliser les grévistes de la faim… La première fois qu'il rencontre Josiane Balasko, il est impressionné par son énergie rayonnante et sa gouaille des faubourgs ! L'urgentiste se dit qu'il y a du Fréhel chez cette comédienne qui a poussé son coup de gueule à la télévision.

La cuisine de Josiane se trouve bientôt transformée en QG de RESF. Pour Valérie, c'est pratique, elle habite aussi à Pigalle, à cent mètres de chez sa nouvelle amie. Dans cette cellule de crise, on débat. La fille de Jack Lang fait venir des économistes qui éclairent Balasko, Berling, Pelloux et les leurs sur les fantasmes et les réalités de l'immigration au sein du système économique. On discute des stratégies à adopter pour que les médias continuent à parler des Mille de Cachan. Lors de ces conversations, Pelloux conseille d'éteindre les portables et même de retirer leurs batteries pour éviter tout espionnage, car l'occupation du gymnase de l'école Belle-Image a tourné à l'affaire d'État. Le ministre de l'Intérieur et son entourage craignent l'implication de toutes ces personnalités médiatiques, parmi lesquelles Balasko, tellement aimée des Français et véritable cheville ouvrière du combat de RESF, contrairement à certains qui viennent juste se montrer…

Le 6 septembre, Lilian Thuram et Patrick Vieira ont invité une soixantaine d'occupants du gymnase à assister gratuitement à un match de foot au Stade de France, initiative qui a fait grincer des dents à droite. Le 29 septembre, grâce au travail acharné de Josiane et Valérie, une cérémonie de parrainages est organisée au Bataclan avec quatre-vingts personnalités venues de divers horizons : des philosophes (Étienne Balibar, Jacques Rancière…), des écrivains (Daniel Pennac…), des chanteurs (Diam's, Joey Starr…), des acteurs (Isabelle Carré…). Les parrains signent une déclaration solennelle (« Je soussigné X déclare prendre sous ma protection Y, etc. »), qui n'a pas de valeur juridique réelle, mais une valeur symbolique opérante. Josiane l'appelle « l'assurance tous risques ». L'entreprise trouve son dénouement heureux début octobre. Après s'être méfiées des propositions de la préfecture qui ressemblaient à un piège, les familles du gymnase de Cachan acceptent les solutions trouvées par les associations militantes.

Quelques semaines plus tard, Josiane obtient de Nicolas Sarkozy des papiers pour un jeune Algérien homosexuel sur le point d'être renvoyé dans son pays où sa sécurité est compromise. La veille de Noël 2006, le ministre appelle la comédienne qui se produit alors sur les planches : « Ça y est, il a ses papiers… C'est un beau cadeau de Noël que je vous fais ! »

Bis repetita

Nicolas Sarkozy est élu président de la République en mai 2007. Cinq mois plus tard, des mal-logés en situation régulière décident, avec le soutien du DAL, de camper dans le IIe arrondissement – devant le numéro 24 de la « rue de la Banque », face à « la Bourse » –, tout un symbole ! Ces familles sont inscrites sur des listes d'attente pour un logement social depuis plusieurs années. Pour le moment, elles vivent dans des hôtels insalubres aux prix exorbitants. Ce système d'hébergement précaire institutionnalisé les déplace continuellement d'un habitat à un autre. Josiane est sensibilisée au problème depuis de nombreuses années. Si elle-même a vécu jadis avec sa famille dans l'exiguïté, plus tard, elle s'est intéressée aux hôtels miteux dans lesquels on logeait les immigrés. Dans *Ma vie est un enfer* (1991), elle se fait l'écho de ce scandale en imaginant l'un de ces hôtels tellement pourris qu'un incendie s'y déclare.

La revendication des dizaines de familles installées à partir du 3 octobre rue de la Banque est donc d'obtenir un logement décent et durable à un prix abordable. Jean-Baptiste Eyraud sait qu'il peut compter sur le tandem Josiane Balasko-Valérie Lang. Emmanuelle Béart se joint bientôt à elles. Un trio de choc ! Le DAL a l'idée de monter des tentes en les baptisant des noms des personnalités solidaires, en guise de bouclier symbolique. Christine Boutin, alors ministre du Logement, demeure intraitable et tente de décrédibiliser ces « personnalités très estimables dans leur métier mais incompétentes au sujet du logement » [*sic*]. Elle parle même de « meute » qui « doit lever le campement » ! Un bivouac aux allures de petit bidonville en plein cœur d'un quartier cossu de Paris, cela fait effectivement désordre…

Coup de gueule

De nouveau, les micros des journalistes se tendent vers Josiane Balasko. Elle assène alors : « Qu'est-ce qu'ils foutent, les mecs du PS ? Parce qu'on est seules. Elle est où, l'opposition ? C'est nous, l'opposition ! »

L'intervention de Josiane fait le tour des médias et rencontre un écho considérable. Les personnalités qui s'engagent politiquement reçoivent fréquemment des coups. Il arrive que leur carrière ait à en pâtir. À l'époque de l'église Saint-Bernard, Emmanuelle Béart avait vu une grande marque française de luxe rompre son contrat – plus assez glamour, la Béart ! Au moment des Mille de Cachan, Charles Berling a reçu quant à lui des menaces de mort et vu sa maison taguée d'inscriptions injurieuses. S'engager pour ces artistes est donc loin d'être une sinécure. Avec sa prise de parole aux accents à la Louise

Michel, Josiane Balasko s'expose. Mais, une fois de plus, son origine sociale semble lui donner une légitimité qui la protège de certains journalistes prompts à railler les actrices qui à leurs yeux jouent les dames patronnesses rendant visite à leurs pauvres[1]…

Pour autant, le pouvoir ne lâche pas prise. On assiste même à un durcissement : la police déloge les occupants de la rue de la Banque plusieurs fois de suite. Des interpellations parfois brutales ont lieu. Entre alors en scène une nouvelle protagoniste. L'autre actrice de *Trop belle pour toi*, Carole Bouquet, qui sort du restaurant de Gérard Depardieu, La Fontaine Gaillon, sis à quelques pas de la Bourse. Elle tombe sur le campement des réfugiés et s'en mêle. Alors que les policiers poussent pour déloger les occupants des trottoirs, Josiane Balasko, Valérie Lang, Emmanuelle Béart et la nouvelle recrue s'agrippent aux banderoles. Sortant de l'Élysée, le directeur du cabinet de la préfecture chargé de la protection des personnalités assiste sur son chemin à la scène et mesure l'impact médiatique désastreux pour le pouvoir en place.

Josiane, la militante la plus incisive, est invitée par Nicolas Sarkozy, mais elle est peu désireuse d'être photographiée sur le perron de l'Élysée. Des négociations sont néanmoins entamées et Christine Boutin est obligée de lâcher du lest : le 14 décembre, les associations

1. Toutefois, l'extrême droite s'en prend volontiers à Josiane Balasko, comme dans cette tribune d'*Agoravox* du 6 septembre 2006, intitulée « Angélique marquise des sans-papiers », et dans laquelle l'auteur se moque des bons sentiments de l'actrice qu'il compare au personnage à bonnet phrygien du célèbre tableau de Delacroix (*La Liberté guidant le peuple*, 1830). Cela dit, on peut voir dans cette raillerie un hommage bien involontaire à Josiane Balasko… !

soutenant les familles signent avec le ministère du Logement un accord dans lequel l'État s'engage à reloger les 374 familles dans un délai d'un an. Josiane aide aussi aux négociations du DAL avec le ministère pour mettre en place un meilleur contrôle de ces bâtiments où le 115 envoie les sans-abri.

Une amitié qui perdure

Pour Josiane et Valérie qui ont vécu cette bataille aux côtés des associations, c'est une victoire, même si elles savent que tout est loin d'être résolu. Ces longs mois de combat solidaire n'ont fait qu'approfondir leur amitié. Josiane est heureuse de découvrir auprès de Valérie des territoires qu'elle n'aurait probablement pas arpentés sans elle : des pièces « très intello » au théâtre de la Colline, des expos d'art contemporain… Valérie lui fait également rencontrer des artistes, car elle adore mettre en contact les gens qu'elle aime. C'est une passionnée. Passionnée par son métier de comédienne de théâtre dans lequel elle se donne corps et âme, passionnée aussi dans sa vie amoureuse, un peu chaotique. Elle se confie volontiers à Josy, sa voisine de quartier. La cuisine est toujours le centre névralgique de la maison, où l'on discute de tout à bâtons rompus. Josiane, apaisée depuis qu'elle partage sa vie avec le solide George, apporte sa stabilité émotionnelle à sa cadette de seize années, écorchée vive.

Si Marilou ne vit plus à la maison, Rudy est toujours là. À dix-huit ans, il se cherche encore. Hassan Gningué, le fils d'une des filles de Mme Boukhanef, est également souvent chez Josiane. Le père d'Hassan étant d'origine sénégalaise,

Rudy s'identifie volontiers à lui, qui a vingt-quatre ans ; il le considère comme son grand frère. Josiane a permis à Hassan d'installer dans sa maison un studio d'enregistrement pour la musique rap qu'il compose et interprète. D'ailleurs, elle a récemment retenu une de ses musiques pour sa pièce *Dernier rappel.* Hassan adore Valérie Lang pour son ouverture d'esprit et les discussions qu'il peut avoir avec elle sur les sujets les plus variés. Josiane prépare une cuisine familiale qui tient au « cœur et au corps », comme aime dire Hassan. À ces repas, on trouve aussi souvent Patrick Pelloux, resté proche de la comédienne.

Retrouvailles

Si Josiane aime accueillir dans sa maison du IXe de joyeuses tablées, en 2007, elle incarne à l'écran une aubergiste bien moins recommandable… C'est Christian Clavier qui a eu l'idée d'un remake du film de Claude Autant-Lara, *L'Auberge rouge*[1]. Il a demandé à Gérard Krawczyk de réaliser cette version en couleur et s'est donné le rôle de l'aubergiste autrefois tenu par Julien Carette, tandis que Gérard Jugnot joue l'homme d'Église jadis interprété par Fernandel, et que Josiane Balasko est la femme de l'aubergiste à la place de Françoise Rosay[2]. Rose et Martin, avec l'aide de leur fils adoptif débile, sourd et muet, ont

1. La première version de 1951 est adaptée d'une nouvelle de Balzac par Aurenche et Bost.

2. Actrice au physique imposant et à l'autorité naturelle, Françoise Rosay était abonnée aux personnages de maîtresses femmes, comme dans *La Kermesse héroïque* (Feyder, 1935) ou *Drôle de drame* (Carné, 1937).

l'habitude d'assassiner des clients de leur auberge isolée afin de les détrousser. Josiane s'est grandement amusée avec ses copains Jugnot et Clavier dans cette comédie horrifique et macabre qui a quelques affinités avec *Le père Noël est une ordure*. Son personnage d'aubergiste cupide est un monstre dont l'originalité tient à son amoralisme mêlé de bonhommie truculente. Au passage, un détail de *L'Auberge rouge* fait penser à la propre auberge que Josy a tenue avec sa mère et sa grand-mère dans l'Oise : lorsque Clavier demande à son fils de tuer le cochon domestique Pain d'épice pour nourrir sa mère, celle-ci comprend les réticences de son fils qui s'est attaché à la bête… !

C'est également à cette époque que Josiane a l'occasion d'expérimenter un tournage en anglais en dehors des frontières de l'Hexagone avec la Britannique Jan Dunn. En effet, après avoir vu *Gazon maudit*, cette réalisatrice militante lesbienne a voulu Josiane pour son film, *Ruby Blue*, tourné dans le Kent. Jack (Bob Hoskins)[1], dépressif depuis la mort de son épouse, est attiré par une mystérieuse Française qui vient de s'installer dans son voisinage. Il tombe amoureux de Stéphanie sans savoir qu'elle est transsexuelle. Pour contrer les clichés, la réalisatrice a choisi de faire de Stéphanie une Française coquette. Lorsque Bob Hoskins découvre sa véritable identité, il est effaré et décide de rompre. Il finira toutefois par se raviser et accepter sa différence. Seul film que Josiane ait jamais tourné en dehors de la France, *Ruby Blue* est présenté au Festival de Dinard en 2007, mais ne sort en salle qu'outre-Manche.

---

1. C'est lui qui incarne le détective dans *Qui veut la peau de Roger Rabbit* (Robert Zemeckis, 1988).

15

« On ne va pas me couper les ailes »

« Josiane sait ce qu'elle veut,
mais elle a suffisamment de finesse
pour accueillir les propositions,
elle ne s'arc-boute pas, elle n'a pas
de vanité mal placée, aucune suffisance.
C'est une intelligente, elle est ouverte
et suffisamment forte pour pouvoir écouter
les suggestions des autres : elle prend
si elle trouve ça bien, tout simplement. »

Nathalie BAYE

Vers la fin des années 1990, Josiane était tombée à la télévision sur un reportage rendant compte d'un nouveau phénomène de la société anglaise : des hommes « ordinaires » s'avéraient de plus en plus nombreux à vendre des services sexuels à des femmes. Intriguée, elle imagine un scénario qu'elle pourrait filmer outre-Manche : un *escort*, marié, mènerait une double vie avec une de ses clientes. Tandis que son idée chemine, elle va voir sur les planches Michel Blanc dans *Art*, la pièce de Yasmina Reza. Les deux vieux amis vont dîner après le spectacle et Michel lui apprend qu'il est en train d'écrire un scénario sur un *escort boy* à Londres ! Surprise par la coïncidence, Josiane ne lui parle pas de son propre projet et se dit : « Okay ! Je remets mon scénario dans ma culotte : on va pas faire le même film. »

Produit par Claude Berri avec Daniel Auteuil dans le rôle principal, le film de Michel Blanc, intitulé *Mauvaise passe*, sort sur les écrans en 1999. Le réalisateur a choisi de placer son personnage masculin au centre de l'histoire. Professeur de français en pleine crise conjugale, Auteuil s'exile à Londres et devient *escort* par hasard. L'argent facile et le pouvoir qu'il a sur les femmes lui font tourner la tête… Au dénouement, la morale est sauve : il cesse son activité sexuelle tarifée et sa nouvelle petite amie attend un enfant. En découvrant le film de son copain Michel, Josiane s'aperçoit que son projet à elle était très différent. Elle rédige donc une histoire pour le petit écran dans laquelle c'est une femme de cinquante ans qui est au centre de la dramaturgie. Judith est riche et se paie les services d'hommes plus jeunes qu'elle, cette fois-ci en France. C'est cette femme que Josiane interprétera et qui portera le regard du film.

Nouveau tabou

À son grand étonnement, lorsqu'elle présente le scénario de *Cliente* en 2002 aux producteurs et aux diffuseurs, Josiane se heurte à des réactions de rejet totalement épidermiques. On la regarde de travers en lui demandant avec effarement si cette histoire est autobiographique. Avec son habituel sens de l'humour, elle rétorque : « Non, pas encore ! » L'actrice n'aurait jamais imaginé cette unanimité négative. Claude Berri, pourtant le producteur de *Mauvaise passe*, lui lance sur un ton désapprobateur : « Enfin, Josiane, une femme qui pose de l'argent sur le comptoir… » Lorsque l'agent Jean-François de Marthod fait remarquer à Berri que lui-même n'a jamais fait mystère des relations sexuelles tarifées auxquelles il avait recours, le producteur se récrie : « Ah, mais ça, c'est différent ! » Le fameux double standard… Est-ce parce que Michel Blanc situait son film outre-Manche que son histoire d'*escort boy* apparaissait au producteur français moins dérangeante ?

Les décideurs jugent que la réalisatrice donne une « image dégradante » des femmes et que le film n'a aucune chance de passer en début de soirée. Parmi ces contempteurs, il y a des femmes qui n'expriment pas moins que les hommes leur répulsion pour le scénario. Une responsable de production d'une grande chaîne de télévision s'estime « dépossédée dans sa féminité » et juge qu'« elle aurait préféré être morte plutôt que de faire ces choses que la morale réprouve ». Même si cette réaction violente sidère Josiane, à la réflexion, elle remarque qu'une fois de plus, c'est une femme qui se fait la première gardienne de l'ordre machiste.

Tout le monde lui jette son scénario à la figure ? Cela signifie donc « que ça balance fort » et que le sujet est vraiment intéressant, Josiane en a l'intime conviction. D'autant qu'on ne lui oppose jamais aucun argument artistique ni aucune critique d'ordre technique. L'angoisse de la transgression d'un ordre établi est donc bien au cœur de ce refus viscéral et sans appel. Car, fondamentalement, dans nos sociétés, ce sont les hommes qui sont « les clients ». Tout se passe comme si en 2002, l'inversion des rapports de domination entre homme et femme que propose le scénario de *Cliente* choquait bien plus que la bisexualité et le ménage à trois de *Gazon maudit*[1].

Premiers romans

Josiane Balasko n'est pas du genre à se laisser intimider ni décourager. « Ils ne vont pas me couper les ailes », se promet-elle. Puisque la télévision et le cinéma ne veulent pas de son histoire, alors elle écrira un roman. Reprenant l'essentiel de son scénario, elle imagine une structure narrative dans laquelle chaque chapitre passe alternativement du point de vue de la cliente (Judith) à celui de l'*escort* (Marco) ou de son épouse (Fanny). Josiane aborde son sujet avec sérieux tout en ménageant un humour qui porte sa marque, avec son habituel sens de la formule. Ainsi, lorsqu'après un long moment de diète sexuelle, Judith se paie son premier rapport tarifé, voici ce qu'elle éprouve : « Une libération, comme lorsqu'on vous débloque un nerf. [...] Tout fonctionnait. La machine tournait impec. Pas une toile d'araignée, aucune sécheresse dans l'orgasme.

1. Le cinéma français des années 1930 avait pourtant déjà montré des femmes se payant des gigolos. Dans *Le Sexe faible* (Robert Siodmak, 1932), Pierre Brasseur fait le gigolo et Marguerite Moreno s'offre régulièrement les services de mâles plus jeunes qu'elle. Dans *Mademoiselle ma mère* (Henri Decoin, 1937), Danielle Darrieux trompe son ennui avec une armada de gigolos qu'elle emmène en boîte de nuit. Dans le drame *Entrée des artistes* (Marc Allégret, 1938), Claude Dauphin s'engage comme gigolo pour arrondir ses fins de mois… C'est vraisemblablement l'émancipation féminine de l'entre-deux-guerres et le phénomène de la « garçonne » qui avaient engendré la recrudescence de ces personnages masculins dans la fiction cinématographique.

J'imagine que pour un type qui se remet à bander après des années de flanelle, l'effet doit être le même. Un sentiment de détente, d'apaisement, le monde autour de vous vous paraît moins con et l'on se sent beaucoup plus indulgent[1]. » Lorsque Judith n'est plus très convaincue par le nouvel *escort* qu'elle s'offre, elle se ravise ainsi : « Je ne pouvais décemment le planter là. Et puis un orgasme est toujours bon à prendre, ne serait-ce que par respect pour toutes celles qui n'en ont jamais éprouvé de leur vie[2]. » En trois mois, Josiane boucle son premier roman qui sort en 2004 chez Fayard. C'est un succès : 100 000 exemplaires s'écoulent. Le public est moins bégueule que les décideurs de la télé, pour la plus grande satisfaction de Josiane !

Dans *Cliente*, Judith fait remarquer à sa sœur : « C'est plein d'histoires de cul dans les maisons de retraite… » À quoi Irène répond en riant : « Ben alors ! De quoi se plaint-on, ma grande ? Nos plus belles années sont devant nous[3] ! » Ce point de départ donne à Josiane une idée de scénario comico-rocambolesque. Elle pense à Alain Chabat pour le rôle de son antihéros qui va de Charybde en Scylla. Mais elle se rend bientôt compte que son histoire est trop chère à produire au cinéma. Et puisque ça lui réussit plutôt bien, l'actrice décide de se lancer à nouveau dans l'écriture d'un roman, qu'elle intitule *Parano express*. Son personnage principal, Antoine Meyer, a une mère veuve de soixante-six ans, qui refait sa vie avec un homme de trente ans, fabuleusement riche et authentiquement amoureux d'elle. Au cours de ses pérégrinations,

1. *Cliente*, Paris, « Le Livre de poche », 2005, p. 28.
2. *Ibid.*, p. 61.
3. *Ibid.*, p. 30.

Antoine échoue dans une drôle de maison du XXe arrondissement parisien qui se révèle un « bordel de vieilles », dit aussi « bordel pour gérontophiles avertis » !

Le héros de *Parano express* est donc confronté au tabou ultime de notre société : « C'était l'idée qui lui paraissait monstrueuse. Mais de quel droit ? L'image d'un vieillard délabré au bras d'une très jeune femme le faisait sourire, l'inverse lui donnait presque la nausée. Peut-être parce qu'il n'osait imaginer une vieille en train de jouir. Jouissaient-elles, d'ailleurs[1] ? » Josiane s'ingénie aussi à inverser les rapports traditionnels homme-femme avec son personnage d'artiste contemporaine qui fabrique des sculptures nommées *Tringleur*, dotées d'une « queue d'un mètre vingt dressée triomphalement vers le ciel ». Captivée par le corps d'Antoine, la plasticienne lui lance : « Enlève ton peignoir, ça casse les lignes[2] », puis de préciser : « Tu commences à entrevoir les rapports qui s'installent entre l'artiste et son modèle. Même si mon travail n'est pas réaliste, j'ai besoin d'un modèle… Ça me fait bander… Je veux dire : ça me fait scintiller les neurones[3]… »

Les péripéties du roman s'inspirent parfois de la vie de son autrice, comme ce mariage où l'amoureuse vomit sur son soupirant, sans qu'il prenne la poudre d'escampette… *Parano express*, un vrai *page turner*, sort en 2006 et se vend à 40 000 exemplaires.

1. *Parano express*, Paris, « Le Livre de poche », 2008, p. 98.
2. *Ibid.*, p. 81.
3. *Ibid.*, p. 83.

« Je suis ta cliente ! »

Forte du succès de librairie de *Cliente*, Josiane va pouvoir enfin réaliser son film. Mais après toutes ces années de rebuffades, elle comprend qu'il faut deux vedettes pour faciliter le montage financier. Nathalie Baye avait été épatée par la lecture du roman de sa copine et lui avait lancé au téléphone : « Si tu fais le film, je suis ta cliente ! »

Marilou essaie de dissuader sa mère de renoncer à interpréter Judith. À ses yeux, si Nathalie Baye est évidemment une excellente actrice, elle appartient trop à la catégorie des femmes exceptionnelles qu'on fantasme. La cliente incarnée par Nathalie Baye deviendrait une femme sophistiquée dont l'usage d'*escort boys* paraîtrait un phénomène plus marginal que si c'était le cas de la « femme normale » que Josiane Balasko incarne plus volontiers au cinéma. Mais Marilou oublie que Nathalie Baye a beaucoup interprété des *girls next door* dans ses films et qu'elle n'est pas Fanny Ardant ou Catherine Deneuve. Par ailleurs, Nathalie Baye – soixante ans au moment du tournage – a gardé sa silhouette de danseuse classique, sa formation initiale, et reste sexy. En faire la cliente du film permet d'évacuer l'idée chez le spectateur qu'elle est obligée de recourir à des *escorts*, faute de pouvoir encore séduire. Certes, Josiane Balasko a aussi des armes pour charmer les hommes, mais elle porte en elle le personnage qu'elle s'est inventée depuis le début de sa carrière, celui que les spectateurs ont en tête : la Lydie des *Hommes préfèrent les grosses*, la Colette de *Trop belle pour toi*. C'est-à-dire la femme qui parvient à séduire *en dépit* des normes assignées aux femmes. Si c'est Nathalie Baye qui incarne Judith, le recours à des gigolos devient un acte plus subversif : Judith pourrait facilement baiser gratis, mais elle préfère payer !

C'est décidé, Josiane donnera le personnage de Judith à Nathalie Baye. Marilou s'incline, elle sait que lorsque sa mère a pris une décision, elle ne revient jamais en arrière. Josiane endossera le rôle de la sœur de Judith (Irène), coproductrice de l'émission de téléachat présentée par Judith.

Renverser les clichés

Josiane trouve deux jeunes producteurs ouverts d'esprit pour son nouveau film, Cyril Colbeau-Justin et Jean-Baptiste Dupont. Avec Frank Joseph, coadaptateur du roman, elle se documente avant le début du tournage et visite des sites d'*escorts* en ligne. Frank Joseph va sur le terrain, gare du Nord, afin d'interviewer des « tapins » au sujet de leurs parcours personnels. L'enquête permet de vérifier que certains sont mariés, comme Marco.

La réalisatrice choisit Éric Caravaca[1] pour incarner son gigolo, envers et contre certains doutes qui s'expriment autour d'elle. On lui dit que son *escort* devrait avoir le physique spectaculaire d'un chippendale, tandis qu'elle souhaite un garçon qui soit beau mais « normal », et qui n'adopte pas les codes de la virilité triomphante. Josiane aime qu'Éric Caravaca apporte à son personnage une douceur qui tranche avec le cliché du gigolo cynique et sûr de lui.

Marilou endosse le rôle de la petite sœur de l'épouse de Marco, une ado en crise qui rouspète et fait claquer

1. Qui était un de ses partenaires dans *Cette femme-là*.

les portes. Un rôle pas très compliqué car l'adolescence rebelle de Marilou n'est pas bien loin. En outre, Josiane demande à son mari d'incarner Jim, l'Apache dont Irène tombe amoureuse, jouant ainsi avec la réalité et la fiction, avec des scènes montrant les deux tourtereaux filant le parfait amour. Jim s'oppose d'ailleurs aux clichés sur les Indiens que la chaîne de télévision veut lui imposer, tout comme George, très vigilant dans la vie contre toute assignation identitaire raciste.

Pour jouer l'épouse de Marco, Josiane choisit Isabelle Carré. Au début, Fanny ignore tout des activités clandestines de son mari. Lorsqu'elle découvre d'où vient la manne financière, elle est d'abord sous le choc et exige qu'il arrête tout. Mais elle s'aperçoit vite qu'ils n'arrivent plus à joindre les deux bouts et pousse finalement Marco à reprendre sa petite entreprise lucrative. C'est donc l'épouse qui devient le mac de son mari ! Avec sa voix juvénile, sa silhouette de brindille, ses cheveux blonds d'enfant, Isabelle Carré a tout de l'archétype de la femme fragile et candide, ce qui rend cette inversion des rapports d'autant plus piquante. Marco a d'autres clientes, dont une interprétée par Maria Schneider, la célèbre partenaire de Marlon Brando dans *Le Dernier Tango à Paris* (Bertolucci, 1972), d'ailleurs inquiète au départ que le rôle soit dénudé. Mais chez Balasko, elle est la femme mûre (habillée) qui se paye un jeune gigolo[1].

1. Pour rappel, Maria Schneider n'avait pas été prévenue par Bertolucci et Brando que son personnage se ferait sodomiser dans le film et elle fut traumatisée au moment du tournage. La « scène de la motte de beurre » fut un argument de vente pour ce long-métrage sulfureux et marqua l'image de Maria Schneider durablement aux yeux du public. Cf. *Tu t'appelais Maria Schneider*, par sa cousine Vanessa Schneider, Paris, Grasset, 2018.

Judith impose une dureté de femme de pouvoir éprouvée par la vie et à qui on ne la fait plus. Son divorce douloureux d'avec un mari joué par Richard Berry (encore lui !) l'a poussée à se mettre à l'abri des sentiments. Mais à force de fréquenter le doux Marco, elle voit son armure se fendiller. Pour autant, Josiane évite un dénouement convenu dans lequel la femme forte se rangerait gentiment. Elle continuera à avoir recours à des *escorts* et restera selon ses propres mots une « femme libre ».

Dans *Cliente*, Judith et Irène sont non seulement collègues de travail, mais aussi voisines de palier, à l'image de la proximité que vivent à la même époque Valérie Lang et Josiane Balasko. La belle relation qui unit les deux sœurs du film est comme l'écho de cette amitié sororale, mais aussi de la complicité qui règne entre Nathalie Baye et sa réalisatrice depuis le tournage d'*Absolument fabuleux*. Comme il n'est pas toujours facile d'être à la fois devant et derrière la caméra, Josiane demande parfois à Nathalie ce qu'elle pense de sa prestation d'actrice, quitte à refaire une prise si Nathalie le juge utile.

La fin du tournage de *Cliente* a lieu aux États-Unis, au fin fond de l'Utah, dans la ville de Moab qui est une porte d'entrée pour le Grand Canyon. L'équipe séjourne dans le « meilleur motel » de ce trou paumé. La nourriture qui y est servie est infecte, l'hygiène est assez approximative. Tandis que Nathalie désespère de trouver des légumes au supermarché du coin, elle constate, mi-amusée mi-horrifiée, que Josiane et George s'accommodent très bien de la situation, dégustant tous les deux dans leur chambre des chips et autre *junk food*... Le tournage a beau ne durer que quelques jours, pour Nathalie, le séjour semble interminable : elle a « envie de se flinguer » ! C'est fou comme elle se sent à la fois si proche de son amie Josiane, et si différente…

Lorsque *Cliente* sort enfin sur les écrans en 2008, après toutes ces années durant lesquelles Josiane a dû se battre pour l'imposer, la critique se montre plutôt favorable, soulignant l'acuité sociologique du film qui décrit non seulement l'évolution des rapports hommes-femmes, mais aussi la manière dont les riches sont de plus en plus seul(e)s et les pauvres contraint(e)s de monnayer leurs charmes. Mais le public n'est pas aussi nombreux que ce que la réalisatrice aurait pu espérer. Avec 703 272 entrées, tout se passe comme si le sujet continuait à rebuter les consciences. Une dizaine d'années plus tard, sa réalisatrice constate que le sujet de la prostitution masculine auprès des femmes est devenu quasiment banal dans les films ou les séries télévisées. Une fois de plus, elle était en avance…

Psy sur le petit écran

L'expérience de Serge Le Péron avec Josiane lui a donné envie de tourner de nouveau avec elle. Il écrit un projet de biopic sur Françoise Dolto (1908-1988) pour le grand écran, et pense d'emblée à elle pour incarner la psychanalyste française la plus connue dans le monde. Pédiatre de formation, cette dernière a promu la psychanalyse des enfants et a su la populariser dans les années 1960-1970 par ses émissions de radio. À ses yeux, Balasko s'impose non seulement en raison de son analogie physique avec Dolto, mais aussi en raison de sa personnalité. Le réalisateur estime en effet que la psy savait parler simplement de choses compliquées, sans aucun pédantisme.

Josiane est d'emblée emballée par le projet. Mais Gaumont, qui doit produire le long-métrage, fait traîner les choses… La productrice Sylvie Pialat rencontre alors chez TF1 Takis Candilis qui veut en faire un téléfilm. Serge Le Péron s'adjoint l'aide de thérapeutes, dont la propre fille de Dolto (Catherine). Le scénario est construit autour de deux cas d'enfants traités dans les années 1940, une époque où la psy doit se battre contre les préjugés de ses collègues, particulièrement les hommes. Josiane se prépare à son nouveau rôle historique en se documentant sur Dolto. Le Péron mesure le défi pour l'actrice qui doit, comme pour son incarnation de Duras, dépasser l'embarras de « ce corps en trop du personnage historique » si connu. Le réalisateur dirige Josiane de telle manière qu'elle montre la solidité de la femme ne cédant pas face aux esprits bornés, mais aussi la finesse de la psy sachant écouter et trouver le moyen de faire parler l'enfant emmuré dans son silence.

Le pari est gagné. L'accueil de *Françoise Dolto, le désir de vivre* (2008) est excellent. TF1 fait 7 millions de téléspectateurs, alors que la chaîne était dans une phase déclinante. Le film voyage, passant au French Film Festival de Richmond aux États-Unis, où Josiane présente aussi *J'ai vu tuer Ben Barka*. Les spectateurs américains y accueillent avec enthousiasme ces histoires mettant en scène des figures puissantes d'intellectuelles françaises.

Un monstre social

C'est à cette époque que Josiane reçoit par courrier un scénario envoyé par une certaine Mona Achache. Elle ne connaît pas cette jeune réalisatrice de courts-métrages et n'a pas lu *L'Élégance du hérisson*, le roman de Muriel Barbery que Mona Achache a adapté. Josiane oublie de parcourir le scénario… Heureusement, son agent a conscience de l'intérêt du projet et la relance. Finalement, emballée par l'histoire, l'actrice appelle Mona Achache pour la rencontrer. Lorsqu'elle voit débarquer chez elle la jeune femme d'une vingtaine d'années, elle a l'impression d'être face à une étudiante à peine sortie de la fac. Mais celle-ci montre une vraie détermination et Josiane aime sa façon de parler de son projet.

Sorti en 2006 en librairie, *L'Élégance du hérisson* est le deuxième roman d'une écrivaine discrète. C'est par le simple bouche-à-oreille des lecteurs qu'il se retrouve en tête des ventes[1]. Avant qu'il ne devienne ce phénomène éditorial, Mona Achache s'est passionnée pour cette histoire de rencontre improbable entre trois solitudes, celle d'une fillette surdouée à tendance suicidaire, d'un Japonais ultra-raffiné et d'une concierge d'immeuble lettrée. La jeune femme a convaincu Muriel Barbery d'acquérir les droits d'adaptation pour une somme raisonnable.

Le hérisson du titre, c'est la concierge que la fillette surdouée a su percer à jour : « Mme Michel, elle me fait penser à un petit hérisson. À l'extérieur, elle est bardée de piquants, une vraie forteresse ! Mais moi, j'ai l'impression qu'à l'intérieur, elle est aussi raffinée que ces petites bêtes faussement indolentes, farouchement solitaires et terriblement élégantes. » La gardienne d'immeuble passe ses

1. En 2015, pas moins de 2 millions d'exemplaires de *L'Élégance du hérisson* ont été vendus en France et 4 millions à l'étranger (avec des traductions dans 34 langues) !

journées à lire clandestinement Tolstoï, *L'Éloge de l'ombre* de Tanizaki, ou à regarder les films de Yasujirō Ozu... Pour l'incarner, Mona Achache pense immédiatement à Josiane Balasko, qui possède à ses yeux ce qu'il faut de force, d'intransigeance, mais aussi un rapport à la solitude et une délicatesse de regard sur l'autre qui correspondent au personnage de Renée. Si la concierge du *Hérisson* est un paradoxe vivant, ce n'est pas seulement parce qu'elle a cette rugueuse carapace qui dissimule une tendresse intérieure, mais aussi parce qu'elle est une créature anomique aux yeux de la société : une concierge cultivée ! Il y a de la « sorcière[1] » contemporaine chez Mme Michel : quinquagénaire à la mise sans apprêt, elle est célibataire sans enfants et possède un chat. Le monstre social camoufle soigneusement sa bizarrerie en « jouant » à la perfection son rôle de concierge conforme aux attentes des bourgeois de l'immeuble du XVIe arrondissement. Jusqu'au jour où un nouveau locataire, un certain M. Ozu, est attiré par elle et réussit à faire tomber son masque revêche en réveillant chez elle des sentiments amoureux.

Cultivée

Josiane vient d'un milieu populaire et n'a jamais cherché à gommer ses origines, mais dès ses débuts, elle s'est construit une espèce de carapace pour parer les coups. Ses choix de carrière peuvent faire croire qu'elle a surtout du goût pour la culture « populaire », alors qu'en

1. Telle que l'essayiste Mona Chollet en a brossé la typologie dans *Sorcières, la puissance invaincue des femmes*, Paris, La Découverte, 2018.

vérité, elle aime aussi les classiques. Lectrice des frères Goncourt et de Flaubert, elle a un intérêt particulier pour les correspondances d'écrivains qui permettent d'entrer dans l'actualité d'une époque. Elle adore Cocteau, ce génie touche à tout, et voue aussi une grande admiration au style de Colette, qui lui donne d'ailleurs quelques complexes. Cinéphile, elle revoit avec bonheur les classiques de Clouzot, Max Ophuls, ou ceux de Lubitsch et Billy Wilder. Elle aime bien sûr les arts plastiques, notamment David Hockney, Niki de Saint-Phalle, ou les Nouveaux Réalistes… Et lorsqu'elle se balade à la Fiac ou à Drouot, elle a l'œil. Bref, Josiane a une soif du beau. Mais tout comme Renée, elle a tendance à garder pour elle son jardin secret.

Si Mona Achache veut Josiane Balasko pour son film, c'est aussi qu'elle sait qu'il existe peu de comédiennes de son envergure assumant à ce point-là de se transformer physiquement et d'apparaître « brutes de décoffrage ». Comme à son habitude, Josiane propose une coiffure : des longs cheveux sombres mal peignés. Elle pense aussi que les poils de Renée doivent pousser librement comme un hérisson ! Ses sourcils ne lui paraissent pas assez étoffés, incompatibles avec cette concierge définie par l'abandon de son corps. Elle les rase donc et se fait poser des postiches chaque matin. Comme la concierge se fait le plus discret possible, Josiane travaille sur l'épure de son jeu, sur l'économie du geste. Elle se dépouille tout en laissant subtilement entrapercevoir une vraie richesse intérieure, puis lorsqu'elle tombe amoureuse de M. Ozu, un volcan souterrain de sentiments en ébullition.

Avec cette concierge qui se sent insignifiante et indigne du désir des hommes, Josiane renoue avec les personnages de ses débuts, la Lydie des *Hommes préfèrent les grosses* ou la Leah de *Ma vie est un enfer*. D'ailleurs, poussée par la petite fille surdouée à parler d'elle-même devant un caméscope, Renée s'exclame avec autodérision : « Je suis veuve, petite, laide, grassouillette, j'ai des oignons aux pieds et certains matins au réveil, j'ai une haleine de mammouth ! » À la sortie du *Hérisson*, l'actrice rappelle opportunément à la journaliste du magazine féminin *Elle* venue l'interviewer : « On vit dans une société où les apparences sont tellement importantes qu'on se demande parfois s'il n'y a que ça qui compte. Des filles se rendent malades pour trois kilos en trop. La dictature du physique pèse sur les épaules des femmes à un point que personne n'imagine. Ce film rappelle un truc tout bête : il faut aller au-delà, dépasser cette folie, c'est une question de survie[1] ! » *Le Hérisson* plaît aussi à Josiane parce qu'il proclame que tout le monde peut s'élever par la beauté, la littérature et l'art.

Mona Achache et son actrice font le tour du monde, accompagnées de George, pour présenter le film. L'éruption du volcan islandais Eyjafjöll bloquant le trafic aérien, ils doivent rester à Shanghai pendant une semaine. Mona observe, amusée, comment Josiane est obligée de modérer son mari qui fait des excès de nourriture. Tous deux dégustent aussi des plats si pimentés que Mona est incapable d'y goûter ! Parfois, Josiane et George s'engueulent, puis se rabibochent aussi sec, et la jeune réalisatrice est émue par l'amour qui unit ces deux-là.

1. *Elle*, n° 3312, 20 juin 2019, « Josiane Balasko dénonce la dictature du physique ».

16

Soixante piges et rayonnante !

« C'est une personne excessivement cohérente partout,
Josiane ! Sa cohérence lui permet d'aller
dans les directions les plus variées,
les plus incompatibles en apparence,
mais en fait elle est totalement rassemblée Josiane,
et ça fonctionne parfaitement bien. »

Didier VAN CAUWELAERT

Les amis du quartier sont toujours les bienvenus chez Josiane. Au petit déjeuner, on peut croiser Patrick Pelloux, qui adore les « œufs de George », sautés à la poêle comme une crêpe ! Quand George n'est pas là, Josiane s'y essaie, pour se résoudre en général à faire de vraies crêpes…

L'urgentiste aime aussi rendre visite à sa copine sur les plateaux. À l'époque du *Hérisson*, ça ne va pas fort, il vient de se faire plaquer par sa fiancée. Sur le tournage du film, les larmes aux yeux, il ressasse… Josiane, navrée, lui conseille de se concentrer sur le livre qu'il doit écrire ; mais lui s'en sent incapable. Alors, elle lui lance avec son franc-parler : « Tu me fais chier, je vais te foutre une claque ! » Pelloux acquiesce, sans imaginer que sa copine passera à l'acte. Mais Josiane ne se le fait pas dire deux fois : vlan ! Une vraie gifle. Le résultat est radical : les larmes de Patrick Pelloux cessent de couler *illico* et le choc lui remet les idées en place : « Putain, elle a raison ! » se dit-il. Il lui en est éternellement reconnaissant… À un autre moment, son appartement étant inhabitable pour cause de travaux interminables, Patrick Pelloux n'arrive pas à se concentrer pour écrire un nouveau livre. Josiane l'invite alors à se réfugier dans son salon, où il parvient enfin à noircir les pages. Pour lui, l'actrice est une grande sœur. Et une amie solide dans les combats qu'elle mène avec lui depuis les Mille de Cachan.

En 2009, justement, des travailleurs sans papiers occupent un immeuble vide du VIe arrondissement parisien, rue du Regard. Josiane les soutient, en compagnie de Valérie Lang et d'autres comédiens comme Juliette Binoche. À la fin de la même année, elle se prononce contre le débat sur l'identité nationale initié par Nicolas Sarkozy. Elle y décèle une manœuvre du ministre de l'Immigration Éric Besson et du gouvernement pour « caresser dans le sens du poil les gens du Front national ». Josiane, fille d'un immigré, n'a aucun doute sur son identité française et voit avec ce faux débat les ferments de la discorde dans le pays. « Qu'ils débattent tout seuls ! » lance-t-elle.

L'actrice va avoir soixante ans. Elle décide de célébrer dignement son anniversaire en organisant une fête dans une boîte de son quartier, La Nouvelle Ève. Le 15 avril 2010, les amis du Splendid sont bien sûr tous là, ainsi que Valérie Lang et Patrick Pelloux, sans oublier les partenaires de jeu et les réalisateurs qui font partie de sa vie. Hassan Gningué a écrit un hommage en forme de poème et le lui récite avec émotion... Avec Josiane, ils ont commencé à écrire une comédie musicale inspirée de *Roméo et Juliette*, avec des jeunes Noirs et Arabes des cités. Lors des séances d'écriture à deux, les idées fusent. Josiane tape sur le clavier de son ordinateur tout en fumant cigarette sur cigarette. Faute de temps, cette comédie musicale reste inachevée. Car, contrairement à la plupart des actrices de son âge, pour Josiane, le téléphone ne cesse de sonner. Les réalisateurs ont du mal à accepter de voir vieillir des femmes qui dans leur jeunesse ont été de grandes beautés. Josiane n'a pas ce problème. L'âge lui sied. Son embonpoint lui donne bonne mine. Et cela fait longtemps qu'elle ne se bat plus avec les kilos, aimant à dire en riant : « J'ai fait un régime pendant dix jours. Vous savez combien j'ai perdu ? Dix jours ! »

Sexy-génaire

Dans un vieux manoir transformé en hôtel, Michel (Philippe Darroussin) et son épouse Nadine (Judith Godrèche) viennent passer des vacances, accompagnés de la belle-mère Christiane (Josiane Balasko). Mais bientôt a lieu un crime. Tous les résidents du manoir sont suspects. Christiane se fiche pourtant pas mal de tout ce remue-ménage depuis qu'elle a été abordée dans le jardin par un client au physique de mâle alpha : « Vous avez déjà posé nue ? » lui demande-t-il, hypnotisé. « Oui, il y a longtemps », répond-elle, troublée. « Je sens des vibrations entre nous », conclut-il.

Avec Guillaume Nicloux, Josiane a l'habitude que ça déménage et le réalisateur ne déroge pas à sa réputation en lui proposant le rôle de Christiane dans *Holiday* (2010), comédie-choral en forme de Cluedo. L'amant que Nicloux « offre » à Josiane est interprété par Maxime Lefrançois, acteur à la musculature impressionnante, élu Mister Univers la même année que la sortie du film ! Après s'être envoyé en l'air avec la sexagénaire comblée, l'étalon énamouré présente le tableau qu'il a peint pendant le sommeil de Christiane : une nouvelle version de *L'Origine du monde* de Courbet, inspiré par sa dulcinée… Guillaume Nicloux n'a pas hésité à demander à son actrice de se montrer de dos, entièrement nue. « D'accord, mais ça sera la dernière fois que je montre mon cul au cinéma ! » Une nouvelle audace pour Josiane, consciente qu'il est exceptionnel qu'une femme de son âge – et de sa notoriété – soit sexualisée de manière aussi franche dans un film.

Josiane a convaincu Nicloux d'engager Valérie Lang pour incarner une des pensionnaires déjantées de l'hôtel, maîtresse sado-maso habillée de latex et munie d'un fouet. Après sa rupture douloureuse avec Stanislas Nordey, la comédienne a trouvé une metteure en scène, Christine Letailleur, avec laquelle elle travaille sur les planches régulièrement. Pourtant, rien n'y fait : Valérie reste inapaisée et anxieuse.

Alors, en 2011, Josiane offre à son amie un premier rôle dans la pièce qu'elle vient d'écrire, *La nuit sera chaude*, parodie de théâtre de boulevard. Quoi de mieux qu'un vaudeville pour secouer la morosité ? Valérie se glisse dans la peau de Dina, « peintre psychique » qui aime dessiner l'aura des gens en écoutant Mozart ou Schubert. Une nuit, alors qu'elle se trouve avec Francis, son amant-modèle du moment, une certaine Monique

(Josiane Balasko) sonne à sa porte : ronde, laide et vulgaire, Monique possède l'étonnant pouvoir de rendre les hommes fous de désir pour elle. Cette bête de sexe irrésistible, c'est une jolie revanche pour la Monique de *Ginette Lacaze* !

Les amis de Valérie n'en reviennent pas : la passionaria du théâtre public passe à l'ennemi en se produisant dans le privé au théâtre de la Renaissance. La comédienne qui était habituée à jouer des « grands textes » classiques doit tout à coup apprendre à ouvrir et fermer des portes et décrocher le combiné d'un téléphone, un nouveau registre dont elle n'est pas coutumière. Tourmentée et perfectionniste, elle s'implique pour être au mieux de son art dans ces simples gestes du quotidien. Et Josiane est ravie du résultat : Valérie se révèle très drôle dans *La nuit sera chaude*. La pièce tourne durant deux ans, ce qui permet à Josiane de jouer régulièrement aussi avec George qui fait partie de la distribution, tout comme le vieux complice soixante-huitard Daniel Berlioux. Josiane lui a écrit un rôle sur mesure de chaud lapin, lui qui a encore la réputation d'en être un, ce qu'il assume d'ailleurs avec décontraction.

Mère digne et indigne

Louise Bourgoin a grandi en se repassant maintes fois *Le père Noël est une ordure* et *Les Bronzés*. Elle est excitée à l'idée de se retrouver dans la peau de la fille de Balasko dans *Un heureux événement* (2011), réalisé par Rémi Bezançon[1]. Josiane y incarne une féministe fière

1. D'après le roman éponyme d'Éliette Abécassis, 2005.

d'avoir brûlé ses soutiens-gorge en Mai 68. Si Louise Bourgoin admire sa mère de cinéma, c'est aussi pour la liberté dont elle fait preuve dans son rapport à elle-même en tant que femme. Josiane se moque tellement de son apparence ! Elle se permet aussi de jurer, de dire des horreurs, sans se soucier du regard des autres. À ce point chez une actrice, Louise Bourgoin n'a jamais vu ça… Et puis, Josiane met tellement à l'aise dans le travail ! Elle n'a pas peur non plus d'improviser et commence souvent la scène par un grand éclat de rire, ce qui a le don de détendre tout le monde.

Durant le tournage, les acteurs sont perturbés par un détail qui n'en est pas tout à fait un : les toilettes sont situées directement dans la pièce où ils tournent. Agacée, Josiane lance sans ambages : « Et comment je fais pour chier ?! » Louise Bourgoin est épatée : jusque-là, quand elle connaissait une situation inconfortable, elle faisait profil bas. Josiane lui fait valoir qu'en tant que premier rôle, Louis Bourgoin est en position de force pour imposer des sanitaires décents au service des comédiens mais aussi des techniciens. La jeune actrice suit ses conseils. Elle gardera en mémoire cette anecdote apparemment triviale mais révélatrice des enjeux de pouvoir et du combat pour de meilleures conditions de travail sur un tournage[1].

Quelques temps après le tournage d'*Un heureux événement*, Josiane rejoint le plateau de *Maman* (2012) sous la direction d'Alexandra Leclère. La réalisatrice a écrit le scénario en s'inspirant de sa propre mère, pas

1. En 2011 sort aussi *Sport de filles*, réalisé par Patricia Mazuy, dans lequel Josiane incarne une aristocrate propriétaire de haras, aux côtés de Bruno Ganz et Marina Hands. Un nouveau rôle de femme à poigne.

particulièrement commode… Au départ, elle avait proposé le rôle à Catherine Deneuve, qui avait accepté puis s'était finalement récusée. D'autres actrices ont reculé devant ce personnage de marâtre superbement égoïste qu'elles jugent trop rugueux. Alexandra Leclère aborde avec ce film une question taboue : l'absence d'instinct maternel. Paulette ose le clamer à ses filles adultes : « J'ai jamais eu l'instinct, aucun plaisir, que des regrets ! » Elle revendique abruptement sa posture : « Votre mère a un cul et c'est grâce à lui que je viens de passer mes vingt plus belles années ! Parce que s'il avait fallu que je compte sur vous… » Alors, dans un geste désespéré, les filles de Paulette la kidnappent et la transportent dans une grande demeure isolée de la presqu'île de Crozon. Elles tentent de lui faire comprendre leur besoin d'amour. Mais Paulette se mure dans une attitude de refus. Elle semble si inaccessible à l'attendrissement et aux remords que ses filles lui attachent une ancre à la cheville. C'est dans ce lourd huis clos que la mère sera contrainte d'écouter la plainte de ses filles et que la cuirasse commencera à se fendiller.

Quand elle reçoit l'offre d'Alexandra Leclère, Josiane sait qu'elle n'est pas la première comédienne à qui ce rôle de monstre a été proposé, ce qui ne l'empêche nullement d'accepter en vingt-quatre heures. Pour se préparer, elle travaille la coiffure de Paulette et imagine un blond glamour. Alexandra Leclère est ravie du résultat qui apparente dans certains plans sa comédienne à Gena Rowlands. Pour incarner les filles de Paulette, elle a engagé Mathilde Seigner et Marina Foïs.

Certaines scènes se révèlent difficiles à tourner. Un moment, une des filles doit donner une grosse volée à sa mère. Mathilde Seigner a très peur de faire mal à Josiane

Balasko. Celle-ci lui explique qu'il ne faut surtout pas être crispée, puis joint le geste à la parole, lui montrant comment on donne une « claque de théâtre » qui sonne fort et qui reste inoffensive. Alexandra Leclère s'exclame alors : « Josiane, vous pouvez me gifler aussi ? Je voudrais retrouver comment c'était lorsque ma mère le faisait… » Josiane s'exécute. La réalisatrice en redemande ! Josiane décline, faisant remarquer qu'« il ne faut pas abuser des bonnes choses ». La réalisatrice avoue à Josiane qu'elle est la mère qu'elle aurait aimé avoir ! En attendant, elle voit que Mathilde Seigner est complètement crispée et anticipe qu'elle va déguster. Effectivement, la gifle part, les yeux de Josiane tournent sous le choc, elle se contient tout de même pour garder son sérieux. À la fin de la prise, elle éclate de rire nerveusement ! Elle sait aussi se faire pince-sans-rire, comme ce jour où, assise sur la terrasse de la maison bretonne, elle est éclairée par une belle lumière naturelle. Tout en offrant son profil dans une pose très star, elle lance à Alexandra Leclère : « Là, c'est mon plan Catherine Deneuve… »

2012 est une année cinématographique très riche pour Josiane. *Mes héros* d'Éric Besnard lui offre aux côtés de Gérard Jugnot un rôle diamétralement opposé à celui de *Maman* : une mère généreuse, qui n'hésite pas à porter secours à une femme battue, puis à cacher chez elle un enfant noir sans papiers. « Olga a mal au monde » et fait de la résistance contre la politique de son pays. Comme aux yeux d'Éric Besnard, Josiane Balasko renvoie une impression de puissance par son apparence et l'énergie qu'elle dégage, il trouve passionnant de montrer derrière des fissures « la fragilité de la femme forte ». Au départ, le réalisateur voulait la vieillir physiquement pour qu'elle ressemble davantage à sa propre mère, l'inspiratrice du personnage. Mais la comédienne tique, elle n'a pas envie de subir des séances quotidiennes de maquillage. Plus profondément, à ses yeux, il n'y a pas besoin de masque pour jouer la comédie. En se faisant une tête différente, il y aurait certes une « performance » et un César à la clé, mais cela ne l'intéresse pas. À la fin des prises, elle demande souvent à Éric Besnard : « Est-ce que tu veux que je coupe les tranches plus fines ? » Le réalisateur aime la manière dont elle « sait varier la molette à l'intérieur du nuancier de couleurs… avec une palette à 360 degrés ».

Le tournage de *Mes héros* donne envie à Éric Besnard d'offrir à Josiane un rôle de la trempe de ceux que Simone Signoret endossait. Il prend donc son stylo pour lui tailler un personnage « entre *La Veuve Couderc* et *L'Armée des ombres* », imaginant une histoire se déroulant à la Libération. Mais, faute de financements, il ne parvient pas à faire aboutir son projet. Un remake du *Chat* de Granier-Deferre avec Balasko et Jugnot remplaçant les Signoret et Gabin de la version de 1971 rencontrera les mêmes obstacles financiers…

Le rythme soutenu des tournages et de la promotion des films n'empêche pas Josiane de continuer à s'engager quand elle le juge essentiel. C'est le cas au moment du dépôt de la loi au Parlement français pour le « mariage pour tous ». Dans une vidéo diffusée sur les réseaux sociaux, elle explique posément les raisons de son engagement : « Je suis hétéro, je suis pour le mariage homosexuel. Je suis pour que cette loi passe. Je ne pense pas que ça va remettre en cause *les bases de notre société* comme certains le disent. Je pense que ça donnera à beaucoup de gens un espoir, d'abord de reconnaissance que l'amour homosexuel est un amour comme les autres. Beaucoup de mes amis que j'aime et avec qui j'ai travaillé seront contents, même s'ils ne se marient pas. [...] Je pense que cette loi va leur apporter une dignité dans ce qu'ils vivent et dans ce qu'ils ressentent. » Elle conclut son allocution en appelant « les hétéros » comme elle à soutenir le projet de loi. Certains continuent pourtant à croire depuis *Gazon maudit* que Josiane Balasko est gay !

17

Des deuils

« Leur amitié avec Valérie, c'était magnifique.
Elles partageaient des choses
qu'elles n'auraient pas dû partager,
elles étaient transgressives l'une par rapport à l'autre,
c'était un couple impossible au départ. »

Charles Berling

Josiane n'est pas passée derrière la caméra depuis *Cliente*. Elle aimerait bien travailler de nouveau avec Michel Blanc. Par le passé, il avait écrit une comédie dans le style de *To Be or not to Be* de Lubitsch, qu'ils adorent tous les deux. Sur fond de montée du nazisme dans les années 1930, il aurait interprété un pianiste classique et Josiane, une chanteuse beuglante, censée scander : « *Ein volk, ein reich, ein parfoum !* » Mais ce film en costume avait été jugé trop cher par le producteur Christian Fechner.

Zazie aux cheveux gris

Josiane revoit une autre comédie américaine loufoque, cette fois réalisée en 1952 par Howard Hawks : *Monkey Business* (en français : *Chérie, j'me sens rajeunir !*). Cary Grant et Ginger Rogers y boivent une potion de jouvence qui les fait régresser et se comporter comme de jeunes garnements[1]. En regardant ce film désopilant, elle songe que ces rôles ont dû être formidables à jouer. C'est ce qui lui donne l'envie d'écrire le scénario de *Demi-sœur*.

Elle imagine le personnage de Nénette, une sexagénaire qui a l'âge mental d'une fillette de six ans. À la mort de sa vieille mère, Nénette est placée dans une maison de retraite dont la directrice n'est pas très tolérante : pas question qu'elle y apporte sa tortue domestique. Désespérée, la sexagénaire fugue et se met en tête de retrouver son père qu'elle n'a pas connu, car elle est le fruit d'une relation adultérine. Elle apprend que celui-ci est décédé depuis longtemps, mais qu'il a un fils, pharmacien de province. Nénette parvient à retrouver son demi-frère Paul. Ce dernier n'a aucune envie qu'une retardée mentale débarque dans sa vie. Autant Nénette n'est qu'amour et candeur, autant Paul est atrabilaire, misanthrope et égoïste. Le genre de duo antinomique que Josiane affectionne.

La réalisatrice s'est-elle inspirée pour *Demi-sœur* de sa propre vie, quand, à la mort de son père, elle découvrit qu'elle avait un demi-frère en Yougoslavie ? Pas

1. Le film compte aussi Marilyn Monroe dans un rôle secondaire savoureux.

consciemment en tout cas. Elle ne s'est jamais allongée sur un divan, sauf sur celui de Marc-Olivier Fogiel à la télévision[1]. En fait, elle n'a jamais traversé une telle mauvaise passe qu'elle ait éprouvé le besoin de ce genre de longue introspection. Même si elle a connu des coups durs, Josiane n'a jamais été entravée dans sa capacité à créer.

Ce qui l'intéresse davantage que de s'interroger sur les résonances autobiographiques de *Demi-sœur*, c'est le défi de jouer cette âme d'enfant dans un corps d'adulte. Un défi d'autant plus important qu'elle est quasiment de tous les plans du film, contrairement aux deux précédents opus qu'elle a tournés comme réalisatrice. Pour composer son personnage, Josiane choisit une coupe au bol à la Zazie, celle qu'elle avait elle-même au même âge ! Tout en gardant ses nouveaux cheveux gris. Au début, elle a peur de tricher. Peur d'être caricaturale ou de ne pas réussir à retrouver les postures et l'énergie de l'enfance. Elle souhaite faire passer ses émotions par son seul visage. Nénette boude, pique des petites colères, mais elle est surtout une boule d'amour pur dont l'innocence serre parfois le cœur. Pendant le tournage, Michel Blanc admire sa performance et lui lance en forme de boutade : « On n'a pas joué comme ça depuis le cinéma muet, Josiane ! » Il est enthousiasmé par son propre rôle car il a l'occasion de déployer une grande palette de sentiments : le pharmacien taciturne et odieux connaît à la faveur de la prise involontaire de stupéfiants un long épisode de joie de vivre et d'empathie.

1. Dans l'émission héritière de celle fondée par Henry Chapier (diffusée en mars 2015 sur France 3).

Josiane a également concocté un personnage sur mesure pour George Aguilar : sur son chemin, Nénette rencontre un groupe de musiciens punks dont un Indien d'Amérique qui se prend de sympathie pour la simplette. La réalisatrice donne un petit rôle à Kader Boukhanef, le « frère de lait » de son fils Rudy. Enfin, Valérie Lang est de la partie : elle interprète la directrice de la maison de retraite de Nénette. Un vrai film de famille !

Au montage, Josiane est surprise de ne pas se reconnaître : Nénette lui semble vraiment une créature à part entière. Avec *Demi-sœur*, elle explore une fois de plus la question du « corps inadéquat » et la manière dont la société accepte, ou pas, la différence. Hélas, le film ne rencontre pas son public. C'est, de tous les longs-métrages qu'elle a réalisés, celui qui fait le moins d'entrées en salle. Pour elle, c'est une grande déception, d'autant qu'elle éprouve beaucoup de tendresse pour ce huitième film. Elle y a mis tant d'énergie que cet échec commercial la dissuade de passer de nouveau derrière la caméra. Et puis, au départ, si elle est devenue réalisatrice, c'était pour s'offrir la possibilité de jouer des rôles intéressants, consistants, des personnages qu'on ne lui proposait pas. Or, à ce stade de sa carrière, Josiane est très demandée. Actrice, c'est sa vocation première. Tant qu'elle est désirée par les réalisateurs et réalisatrices, elle se sent comblée.

Valérie

À l'époque du tournage de *Demi-sœur*, ça ne va pas fort pour Valérie Lang. Passionnée, engagée à corps perdu dans tout ce qu'elle entreprend, elle ne supporte pas l'injustice qui règne dans le monde. C'est ce qui l'a conduite vers ce militantisme politique dans lequel elle a embarqué un jour Josiane. Depuis des années, elle couche sur le papier ses idées sur la vie, le théâtre, le monde tel qu'il va. Vers l'âge de trente ans, elle écrit : « Je me suicide parce que quoi que je fasse, théâtre ou marchande de tableaux, je pense que le monde va mal – si mal que je suis déprimée par la multitude d'humiliés et d'humiliations, de souffrance –, que, dans ce royaume de l'argent, seul l'intérêt guide les consciences. Et je me suicide parce que j'ai honte de faire partie de ce monde[1]. » Le 24 avril 2013, alors qu'elle vient d'avoir quarante-sept ans, on décèle une masse anormale dans son cerveau. C'est un cancer déjà avancé. Josiane est effondrée. Elle se rend tous les jours chez son amie et espère un miracle. Mais Valérie, elle, semble résignée…

Avec d'autres proches, Josiane entoure Valérie le plus possible en passant ses soirées chez elle et en restant parfois dormir sur place. Le 22 juillet 2013, Valérie Lang s'éteint. Quatre mois ont suffi pour emporter la meilleure amie de Josiane. Celle-ci éprouve soudain l'impression d'un immense vide. Leur puissante amitié aura duré sept ans. Aux yeux de beaucoup, les deux femmes formaient un duo surprenant. Charles Berling leur reconnaît pourtant un point commun, « leur goût profond de la vérité ». En 2016 est rendu un hommage à Valérie Lang au Festival d'Avignon. En compagnie de proches de la comédienne défunte, Josiane lit des extraits de ces textes de Valérie Lang que Stanislas Nordey a ressemblés

1. *Corps de bataille*, Paris, Les Solitaires Intempestifs, 2016, p. 30.

sous le titre *Corps de bataille*. Parmi ces feuilles volantes retrouvées par son ancien compagnon, ces mots : « La colère, c'est la colère qui me meut depuis toujours, être contre pour construire et me déterminer[1]. »

Valérie Lang restera à jamais dans le cœur de Josiane. Sur son profil Facebook demeure en bannière, immuablement, le portrait photographique de son amie disparue.

Toujours engagée

Josiane poursuit le combat contre ce qu'elle considère comme des injustices. L'élection de François Hollande à la présidence de la République, pour lequel elle s'était engagée en 2012, la déçoit. En octobre 2013, notamment, elle condamne avec RESF l'expulsion vers son pays d'origine de Leonarda, collégienne kosovare de quinze ans. Manuel Valls, ministre de l'Intérieur, est demeuré inflexible : la famille a été déboutée de ses demandes d'asile et la jeune fille scolarisée en France depuis cinq années est cueillie par des agents de police lors d'une sortie scolaire en bus dans le Doubs. Le procédé particulièrement humiliant et traumatisant choque l'opinion publique, et Josiane s'identifie d'autant plus volontiers à Leonarda que son propre père, Ivan, vient de la même région d'Europe de l'Est.

La rencontre avec George a évidemment aiguisé chez Josiane l'intérêt pour les Indiens d'Amérique et la reconnaissance de leurs droits[2]. Sur les réseaux sociaux, elle

1. *Ibid.*, p. 17.

2. George Aguilar est membre fondateur et directeur du « Pocahontas Reframed : Native American Storytellers Film Festival », un festival de

ne manque jamais d'attirer l'attention sur les injustices qu'ils subissent, qu'ils vivent en Amérique du Nord ou en Amérique latine. Le père de son époux, aujourd'hui défunt, a travaillé pour General Motors à Flint (Michigan). À cause du plomb rejeté dans l'eau par l'industrie, la ville est empoisonnée. À l'époque où George lui-même y résidait, il déplorait la chute de ses cheveux par poignées[1]. Il arrive au couple de participer aux États-Unis à des manifestations contre le désastre écologique, comme celle qui eut lieu dans le Dakota contre l'extraction du gaz de schiste.

En 2014, Josiane est interrogée sur Europe 1 au sujet de *Rendez-vous en terre inconnue*, une émission de France 2 dans laquelle des people français sont invités à rendre visite quelque temps à une peuplade lointaine et exotique afin de découvrir une « autre culture ». Balasko répond sans ambages qu'elle ne participera jamais à une telle entreprise : « Je ne me sens pas d'aller, moi, privilégiée, riche, connue, voir des gens qui vivent cul nu et qui n'ont rien, et de jouer avec les *bons sauvages*, et après montrer mes larmes en disant : c'est formidable ! C'est une forme d'indécence que je n'aime pas. »

---

cinéma créé en 2017 à Richmond (en Virginie) pour promouvoir les films qui abordent la question des Amérindiens.

1. Michael Moore a consacré un documentaire à la ville de Flint dans *Roger et moi* (1989).

De grands moments

En 2014, Josiane se voit proposer un premier rôle pour le petit écran dans *La Loi de Barbara*, où elle peut explorer une profession qu'elle n'avait jamais endossée jusque-là, celle d'avocate. Dans cette mini-série de France 3, elle donne sa mesure sous la forme de plaidoiries semblables à des morceaux de bravoure. *La Loi de Barbara* rencontre un gros succès d'audience[1].

La même année, Josiane commence à jouer sur les planches une nouvelle pièce de son cru, *Un grand moment de solitude.* Elle imagine y mettre en scène un nouveau héros contemporain de l'engagement politique : le lanceur d'alerte. Inspiré de Julian Assange et Edward Snowden, l'Américain Jimmy Bobcat (interprété par George Aguilar, *of course* !) est un fameux hacker à qui l'on doit la mise en ligne d'informations secrètes de la NSA, du MI6 et de la défense russe, mettant au grand jour la surveillance systématique de millions de personnes. Après avoir fait la satire des psys dans *Ma vie est un enfer* et *L'Ex-femme de ma vie*, Josiane en remet une couche avec sa nouvelle pièce, car Jimmy est caché chez un psy (Simon) atteint d'une agoraphobie qui l'empêche de quitter son domicile. Ces angoisses datent d'un épisode de prise d'otage dans un hôtel : « Tout le monde au mur, et ils font le tri des clients. […] On est trente dans un jacuzzi

1. Josiane choisit de ne pas rempiler après les trois épisodes, et c'est son ami Gérard Jugnot qui endosse le rôle avec *La Loi d'Alexandre*. Puis de nombreuses vedettes reprendront le flambeau, dont Victoria Abril ou Richard Berry.

pour douze ! Trois jours [...] à mijoter dans un bain de merde... [...] Une sorte de cauchemar excrémentiel. »

Simon est en thérapie chez une psy (Brigitte), elle-même atteinte d'un drôle de TOC qui consiste à accumuler les buffets chez elle, au point qu'elle ne parvient plus à pénétrer dans son domicile. C'est George qui a donné à Josiane cette idée car il a un goût particulier pour les buffets qu'il aime chiner dans les brocantes, encombrant dangereusement leur logis ! La psy, dotée d'un solide appétit comme sa créatrice, est interprétée par Josiane elle-même, tandis que Simon est incarné par Kader Boukhanef. Comme à son habitude, Josiane remanie la pièce au fur et à mesure des répétitions et même des représentations, ce qui épate Kader, peu habitué à cette souplesse issue du café-théâtre.

Un jour, ce dernier subit un accident et doit se faire remplacer le temps de sa rééducation intensive. Lorsqu'il faut jouer la pièce à Paris au théâtre de la Renaissance, le directeur des lieux exige la présence sur scène de son remplaçant. Josiane, royalement fidèle, déclare : « C'est Kader ou je pars ! » Comme le directeur refuse, elle prend sa pièce et attend que son comédien soit remis d'aplomb pour reprendre *Un grand moment de solitude* à La Michodière. Ému, Kader mesure la rareté d'un tel geste.

Pétainiste

En février 2015, Josiane se prononce résolument contre une nouvelle disposition de Manuel Valls, des tests osseux pour vérifier l'âge des jeunes migrants. Un matin, Alexandra Leclère, avec laquelle elle a tissé depuis

Maman une belle relation complice, lui propose un nouveau film. « Tu veux bien jouer une concierge facho ? Qui a choisi comme sonnerie de téléphone *Maréchal nous voilà !*. Et dont le chat s'appelle Jean-Marie ? » interroge la réalisatrice. « Ah ! J'adore ! » s'esclaffe Josiane.

Alexandra Leclère sait que rien n'amuse plus Josiane que de jouer des personnages qui sont à son opposé, comme dans *Papy fait de la résistance* où elle interprétait une collabo. Dans *Le Grand Partage* (2015), la comédienne va donc incarner Bernadette, un monstre de cynisme sans complexe. La réalisatrice a imaginé une fable sociale loufoque et décapante, où le gouvernement socialiste décrète la réquisition des logements bourgeois des beaux quartiers lors d'un hiver particulièrement rigoureux. Les habitants des vastes appartements haussmanniens devront partager avec les pauvres, très souvent d'origine africaine. Évidemment, le sujet du mal-logement touche Josiane qui se bat depuis des années avec le DAL. Aussi, quelle blague pour elle de jouer la concierge qui prend frénétiquement les mesures de sa loge afin de vérifier qu'elle n'est pas éligible au « grand partage », avant de lancer : « Salauds de pauvres ! »

Dans ce film-choral (Karin Viard, Didier Bourdon, Valérie Bonneton, Michel Vuillermoz, Anémone, Jacky Berroyer, Firmine Richard, Patrick Chesnais…), il arrive souvent que Josiane soit au second plan, mais sur le plateau, elle n'est pas du genre à s'économiser, ce qui épate Alexandra Leclère. Celle-ci a écrit elle-même les dialogues en sachant qu'énoncées par Josiane Balasko, ces horreurs seront de toutes évidences du énième degré. Bernadette a l'idée d'organiser un ingénieux trafic de sans-logis, consistant à libérer les bourgeois de leurs émigrés à demeure en les envoyant en périphérie dans des squats surpeuplés. La bobo ancienne militante de l'église Saint-Bernard (Valérie Bonneton) accepte de tirer parti de ce « deal ». Au téléphone, un autre bourgeois a recours à ses services : « Allô, oui… une dame avec un chien… Quelle race ?… Non, la dame, pas le chien… » dit tranquillement l'abjecte gardienne ! Au dénouement, Bernadette rencontre un coiffeur africain avec lequel elle se trouve plus que des affinités. On la découvre métamorphosée au contact de son amoureux, radieuse avec sa robe africaine bariolée et ses petites tresses serrées à la Bo Derek.

À sa sortie, un certain nombre de critiques font la fine bouche devant la satire qui n'épargne personne, ni les patrons de droite et leurs femmes oisives, ni les intellos bobos hypocrites.

Productrice

Le spectateur attentif aux génériques des films avec (ou de) Josiane Balasko peut observer qu'elle est depuis longtemps (co-)productrice – sous le sigle au début des « Films Flam » et depuis plusieurs années de « Josy films ». Josiane n'a jamais effectué réellement le travail d'une productrice exécutive ou déléguée : coproduire, pour elle, est une manière de se rémunérer en participation, comme le font beaucoup d'acteurs. Le manque d'esprit pratique de Josy, sa difficulté à gérer un planning en avance, son absence de goût pour la paperasse, tout cela ne l'a jamais prédisposée à s'acquitter réellement des tâches que requiert le métier. Ce qu'elle aime essentiellement, c'est jouer et écrire. Elle préfère donc déléguer à d'autres, particulièrement à son avocate Brigitte Richard, tous ces travaux qui ne la passionnent pas du tout.

Pour autant, lorsque Diane Kurys lui propose d'incarner à l'écran une productrice de choc dans *Arrête ton cinéma !*, elle accepte d'autant plus volontiers que celle-ci, nommée Brigitte Ceausescu, est un nouveau monstre particulièrement gratiné. Le film est adapté du roman autofictionnel de l'actrice Sylvie Testud, *C'est le métier qui rentre*[1], dans lequel la comédienne relate avec dérision son expérience cuisante comme réalisatrice en raison d'une relation déplorable avec ses producteurs (un frère et une sœur). Sylvie Testud (rebaptisée « Sibylle ») joue son propre rôle, et le frère et la sœur producteurs deviennent des productrices : Brigitte (Josiane Balasko) et Ingrid (Zabou Breitman). Celles-ci ne sont pas que collègues, elles sont aussi en couple. Manipulatrices, tyranniques, versatiles, Brigitte et Ingrid finissent par mener Sibylle droit dans le mur.

Diane Kurys donne à Josiane une allure de femme mûre très lookée qui évoque la Cruella des *101 Dalmatiens* : cheveux blancs avec coupe dans le coup, lunettes rouges, rouge à lèvres écarlate, elle porte quasi invariablement une chemise imprimée léopard. Dans le couple qu'elle forme avec Zabou Breitman, c'est elle la dominante. En outre, elle terrorise ses employés et les humilie à tout bout de champ. Si elle est odieuse, elle est pourtant indéniablement charismatique. La gageure est de faire accepter que Sibylle, la réalisatrice novice, puisse être sous le joug de cette productrice abjecte. Pour que le film fonctionne,

1. Paris, Fayard, 2014.

le spectateur doit s'identifier à la novice et c'est grâce à l'aura de Josiane Balasko que la fascination de Sybille pour Brigitte est rendue crédible.

Pour fabriquer le personnage de la productrice monstrueuse, Diane Kurys a exploité la *persona* de Josiane. Quand Balasko a des origines croates, Brigitte est roumaine et exprime volontiers sa nostalgie pour ses racines. L'homosexualité de Brigitte se nourrit de toute évidence de la mémoire des spectateurs de *Gazon maudit.* Même phénomène pour son côté femme à poigne. Lorsqu'elle ordonne à la scénariste de changer son texte, elle lui lance : « T'en fais des filles qui ont pas froid aux yeux, qui ont des couilles ! C'est plus moderne ! » Brigitte hérite enfin de l'image de femme engagée de Balasko. Dans une séquence, elle est mise en scène telle une passionaria en pleine harangue : « Notre soif de cinéma est restée intacte et nous ne plierons jamais devant un système devenu obsolète ! Ce serait abandonner notre bien le plus précieux : notre indépendance, notre dissidence, notre insoumission, notre insubordination ! C'est ça, notre liberté ! Les conditions vont être difficiles, je sais que je peux compter sur vous ! » Et de conclure, le poing levé : « Vive le cinéma ! » Le spectateur peut difficilement ne pas penser à la Josiane Balasko réelle, à la femme engagée pour les sans-papiers et les mal-logés. Le contraste avec la nature profondément tyrannique du personnage de Brigitte est d'autant plus gonflé…

Avec *Arrête ton cinéma !* et le rôle monstrueux de Brigitte Ceausescu, Josiane va loin dans la dérision de son personnage de femme de pouvoir. Et ce n'est pas parce qu'elle est perçue comme *gay friendly* par le public qu'elle a rejeté l'idée d'incarner une lesbienne d'une méchanceté rare ; d'ailleurs, son image sert le film. C'est en partie grâce à Balasko que Diane Kurys peut être « politiquement incorrecte » sans verser pour autant dans l'homophobie.

18

Femme rompue… au bonheur

> « Quand on rencontre Josiane, elle rayonne
> par son intelligence, par sa beauté,
> elle envahit l'espace ! C'est une femme
> qui est vivante par rapport à tous ceux
> qu'on rencontre qui sont déjà morts
> alors qu'ils pensent qu'ils sont vivants. »
>
> Patrick PELLOUX

En 2013, Marilou Berry avait décroché le rôle de l'héroïne de la bande dessinée de Pénélope Bagieu, *Joséphine*, adaptée au cinéma par la réalisatrice Agnès Obadia. Lorsque cette dernière se désiste pour réaliser le second opus intitulé *Joséphine s'arrondit* (2016), c'est Marilou elle-même qui la remplace derrière la caméra, tout en gardant le premier rôle féminin du film. Ainsi, à trente-deux ans, la jeune femme s'inscrit dans les pas de sa mère qui trente ans plus tôt avait elle-même sauté le pas de la réalisation avec *Sac de nœuds*. Marilou s'était initiée plus jeune à la réalisation en enchaînant les stages. Elle demande toutefois quelques conseils à sa mère expérimentée, qui ne lui en donne qu'un : « Même si tu ne sais pas bien ce que tu veux, fais comme si tu étais sûre de toi. Il faut rassurer tout le monde sur le plateau. »

Mère et filles

À cette époque, Marilou n'est pas encore mère et met beaucoup de ses propres angoisses dans le scénario (coécrit avec Samantha Mazeras), puisque Joséphine tombe enceinte et que sa future maternité la plonge dans un maelstrom de questions existentielles. Elle réfléchit alors au fait que tout le monde a peur de « devenir ses parents » : « Il arrive parfois qu'on dise ou fasse quelque chose et qu'on ait un mouvement de recul : on se dit, putain ! C'est typiquement le genre de truc que je m'étais juré de ne jamais faire ! »

Pourquoi ne pas engager sa propre mère pour incarner celle de l'héroïne en crise ? Marilou imagine une séquence où la jeune femme enceinte se retrouve devant le miroir de sa salle de bains. Tout à coup, c'est le visage de Josiane Balasko qui se substitue au sien ! Cette scène fait beaucoup rire la mère et la fille. Le « trucage » est extrêmement simple : Josiane se place sous le lavabo et se lève au moment où Marilou se baisse.

Cela dit, Marilou ne s'agace pas lorsqu'on lui dit qu'elle ressemble à Josiane. D'abord, aime-t-elle à remarquer, c'est un fait, elle ne peut le nier. Si elle ressemble également beaucoup à son père, la plupart des gens l'ignorent parce qu'il n'est pas aussi connu[1]. Dans *Joséphine s'arrondit*,

1. Philippe Berry s'est éteint à Paris le 5 septembre 2019 à l'âge de soixante-trois ans.

Marilou a d'ailleurs envie de la présence d'un personnage de plasticien, en forme de clin d'œil à son père, et demande à Victoria Abril de l'incarner. L'actrice de *Gazon maudit* accepte volontiers le petit rôle dans lequel elle peint dans son atelier, entièrement nue !

La même année sort également sur les écrans *Retour chez ma mère*, un film d'Éric Lavaine dans lequel Josiane incarne la mère d'Alexandra Lamy et de Mathilde Seigner, une veuve joyeuse qui cache à ses filles sa liaison avec le voisin du dessus. Le réalisateur estime qu'avec ses rondeurs, l'actrice dégage une sensualité qui se prête très bien à une vie sentimentale et sexuelle épanouie. Tout au long du film, cette sexagénaire est de fait visiblement enfin heureuse à un âge où la société considère pourtant que les femmes doivent accepter que les égarements du cœur, de l'esprit et de la chair soient révolus. Le contraste avec ses filles frustrées est saisissant et *Retour chez ma mère* semble dire que pour atteindre le bonheur sentimentalo-sexuel, il faut attendre la retraite !

Le succès en salle de cette comédie (2 millions d'entrées) fait bien sûr plaisir à Josiane. Mais elle aurait aimé tourner avec Patrice Leconte *Mamie Loto*, qui aurait dû commencer en mars 2016. Inspiré de l'histoire vraie d'Yvette Bert, septuagénaire condamnée par la justice pour avoir organisé des loteries illégales dans le nord de la France, ce film social dans une veine à la Ken Loach aurait permis à l'actrice d'incarner un personnage à « l'humanité formidable » selon les mots du réalisateur. Patrice Leconte se réjouissait de pouvoir tourner avec Josiane en lui offrant enfin un rôle principal. Il avait écrit le personnage afin qu'elle puisse être « un bulldozer, une fonceuse qui n'a peur de rien », mais aussi « une femme plus sentimentale, plus profonde, avec ses moments de solitude et d'abandon ». Trois mille figurants ont passé le casting, trois cents ont été retenus… Hélas ! Les distributeurs sont rebutés par cette comédie sociale qui n'est pas formatée de bout en bout comme une franche rigolade : au dénouement, délaissée par tout le monde et poursuivie par le fisc, mamie Loto se laissait mourir le 24 décembre… Le père Noël était vraiment une ordure ! Josiane est très déçue que ce film prometteur ne voie pas le jour, d'autant que la véritable mamie Loto avait déclaré qu'elle était contente que ce soit Balasko qui joue son rôle.

« Où est Chahbi ? »

Josiane n'avait jusque-là jamais mis en scène un humoriste lorsque la jeune Amelle Chahbi la contacte. Née à Paris de parents émigrés marocains, elle a été révélée dans le Jamel Comedy Club et trace son chemin depuis déjà quelques années lorsqu'elle obtient un second rôle dans *Joséphine* aux côtés de Marilou Berry. Quand son producteur Richard Kayat l'interroge pour savoir par qui elle aimerait être mise en scène dans son nouveau seule-en-scène, Amelle Chahbi lance le nom de Balasko comme une sorte d'idéal auquel elle n'ose pas tout à fait croire.

Après avoir visionné des sketchs d'Amelle, Josiane accepte volontiers et arrive même en avance au premier rendez-vous. Elle lui demande sans cérémonie de monter sur le plateau et de lui montrer ce dont elle a envie de parler dans son spectacle. Avec Josiane, on ne mollit pas, ça démarre sur les chapeaux de roues ! Elle donne rendez-vous à l'humoriste dès le lendemain pour poursuivre le travail, et le jour où la salle n'est pas disponible, elle invite Amelle à répéter à son domicile afin de ne pas perdre de temps.

La metteuse en scène insiste sur le fond, sur ce qu'Amelle veut dire au-delà du simple objectif de faire rire le public. La jeune humoriste est surprise de la manière dont son aînée est informée de ce qui tourne sur les réseaux sociaux, de ce à quoi les nouvelles générations s'abreuvent et qu'elle observe durant ses nuits d'insomnie. Il arrive aussi lors d'une pause aux répétitions qu'Amelle entende de loin Josiane passer discrètement un coup de fil pour s'enquérir de la façon dont le dossier d'un sans-papier avance.

Lorsque la jeune humoriste révèle à son entourage avec qui elle travaille son nouveau spectacle intitulé *Où est Chahbi ?*, tout le monde s'exclame : « Oh là, là, la chance ! » Amelle a l'impression qu'en acceptant de la mettre en scène, Josiane lui donne « un peu de son *power*, de son épaisseur ! ». Elle profite aussi de certains conseils que lui transmet son aînée, comme ce jour où elle se contraint à aller à une soirée qui l'assomme : « Écoute-moi bien, ne te force jamais à faire quelque chose qui te déplaît, qui t'ennuie. Tu gagneras beaucoup de temps dans ta vie ! » Amelle a tendance à boire ses paroles… Avant de la rencontrer, elle croyait Josiane « sans filtre », mais elle la découvre paradoxalement très pudique. Cette réserve lui rappelle celle de sa famille maghrébine où l'on n'a pas l'habitude d'exprimer facilement ses émotions.

Simone de Beauvoir

Une autre femme qui a l'âge d'être sa fille contacte Josiane la même année, Hélène Fillières. Celle-ci a joué dans de nombreux films d'auteur (chez Jacques Doillon, Pascal Bonitzer, Claire Denis…) et a incarné de 2006 à 2014 la cheffe de la mafia corse de la série télévisée *Mafiosa*. Après la réalisation d'un premier long-métrage en 2013, elle veut s'essayer à la mise en scène théâtrale avec un texte de Simone de Beauvoir de 1967, une des trois nouvelles de *La Femme rompue*. Il s'agit d'une femme mûre qui se retrouve un soir de réveillon esseulée, brisée d'avoir perdu sa fille suicidée. Elle laisse libre cours à sa révolte contre la société dans un long et âpre monologue au style à la fois littéraire et parfois ordurier, d'une contemporanéité étonnante. Lorsque Hélène Fillières a découvert le texte de Beauvoir, le nom de Josiane Balasko s'est imposé. Elle voit en elle un modèle de liberté, d'authenticité et de force. Une femme qui ne prend pas de pincettes et qui ne se laisse pas marcher sur les pieds.

C'est une bonne surprise pour Josiane lorsque la quadragénaire qu'elle ne connaît pas personnellement lui propose ce texte original et peu connu dans l'œuvre de la célèbre auteure du *Deuxième Sexe*. Josiane adore s'aventurer dans des zones inédites et expérimenter de nouveaux rivages, or le monologue de *La Femme rompue* lui en offre superbement l'occasion. D'autant qu'il est prévu aux Bouffes du Nord, un théâtre parisien à l'image « intello », éloigné des salles de théâtre de boulevard auxquelles Josiane est habituée.

Invitée par Josiane à passer à son domicile pour parler du projet, Hélène découvre une femme pudique ; mais lorsqu'elles évoquent le personnage de *La Femme rompue*, Josiane est tout de même amenée à parler d'elle-même. Elle confie à sa future metteuse en scène que beaucoup craignent son caractère et son autorité de cheffe de famille, tandis qu'au fond, elle est une sensible qui a sa part de fragilité. Hélène Fillières comprend bien où la comédienne veut en venir car ces propos font écho à sa propre situation. Femme de haute taille à la carrure solide, elle est souvent perçue comme « dure et froide », alors qu'elle est ultra-sensible. Par ailleurs, Hélène Fillières n'est pas loin de considérer Josiane comme son « moi idéal » ! Elle qui a toujours été mince et dans le contrôle de sa silhouette, elle éprouve de l'admiration pour les rondeurs de Josiane dont la féminité, à ses yeux, « déborde ».

Ring

C'est d'ailleurs cet enjeu du corps qui guide l'idée de la mise en scène de *La Femme rompue*. Hélène Fillières veut bloquer Josiane Balasko allongée sur un canapé durant une heure, comme pour souligner à quel point ce corps en impose. Pour Josiane, un des défis est de mémoriser ce long monologue. Lors des répétitions, la metteuse en scène a l'impression que le texte de Beauvoir était comme destiné à Josiane Balasko. La « femme rompue » tonne, fulmine, éructe : « Les cons ! […] Je n'en ai rien à foutre d'eux […] je suis une forte nature ils ne m'auront pas. » Elle raconte sa solitude, l'enfant qu'on lui a retiré, l'autre qui s'est suicidé. Le flux de paroles est écrit sans virgules : « J'étais propre pure intransigeante. Dès l'enfance j'ai eu ça dans le sang : ne pas tricher. […] Je suis propre je suis vraie je ne joue pas le jeu [...] Pauvre paumée que j'étais à vingt ans trop naïve trop pudique. C'était émouvant cette gaucherie j'aurais bien mérité qu'on m'aime... [...] Je m'en torche... » Les mots s'entrechoquent comme des uppercuts. L'actrice boxe avec eux sur le ring de son canapé qui n'est pas loin d'évoquer celui d'un tableau de Francis Bacon. Elle se laisse docilement diriger par Hélène Fillières, acceptant que son tee-shirt remonte pour découvrir sa chair. Elle comprend que la metteuse en scène la mette en garde contre un ton de voix trop gouailleur, et qu'elle lui demande de faire de cette heure de monologue un long cri de douleur... Elle prend chaque jour un immense plaisir à dire ce texte puissant aux accents paroxystiques mais aussi féministes, tant ils pointent crûment l'aliénation que la société fait subir aux femmes.

À la première de décembre 2016, c'est un tonnerre d'applaudissements, le public des Bouffes du Nord est conquis. L'actrice se redresse, quitte le divan pour saluer les spectateurs. Rincée par la performance, elle est profondément heureuse d'avoir relevé ce nouveau défi avec succès. La critique s'intéresse de près à cette pièce qui embarque Josiane Balasko assez loin de là où on l'attendait. Invitée par les médias, elle est interrogée sur son rapport à Simone de Beauvoir, dont elle est devenue une fervente lectrice depuis qu'elle s'est lancée dans ce spectacle. Elle a particulièrement dévoré sa correspondance avec l'écrivain américain Nelson Algren, son amant durant de nombreuses années[1]. Peut-être s'identifie-t-elle à cet

1. De 1947 à 1964 (publiée chez Gallimard, « Folio », 1999). Cet amour est aussi évoqué dans *Les Mandarins* (1954).

amour transatlantique, elle qui est tombée amoureuse de George… Les journalistes interrogent aussi Balasko sur son rapport au féminisme. Josiane reste réticente, toujours méfiante des mots en -isme. Dans un entretien donné au quotidien *L'Humanité*, elle concède néanmoins qu'elle est une « féministe instinctive[1] ».

Des gens du cinéma qui n'avaient pas nécessairement l'habitude de venir voir Josiane sur les planches se déplacent pour *La Femme rompue*. Hélène Fillières fait venir ses amis « auteuristes ». Des idées naissent dans l'esprit de plusieurs d'entre eux : Josiane va bientôt recevoir de nouvelles propositions de cinéastes qui n'auraient pas fait appel à elle avant, à l'instar de Pascal Bonitzer[2]. Claire Denis n'avait pas attendu *La Femme rompue* pour admirer l'actrice. Pourtant, quand elle vient féliciter Josiane dans les loges des Bouffes du Nord, elle ose enfin lui proposer quelque chose qu'elle n'osait pas avant, tant elle trouvait Josiane intimidante. Dans *Un beau soleil intérieur* (2017), comédie douce-amère coécrite avec Christine Angot, Juliette Binoche est une artiste paumée en quête d'amour, et Josiane sera une galeriste intello, femme de pouvoir charismatique. Lors du tournage, c'est elle qui a l'idée que son personnage pourrait légèrement draguer Binoche, en instillant ainsi une ambiguïté intéressante.

Pour autant, Josiane n'abandonne pas un cinéma plus populaire. La même année sort sur les écrans *Les Nouvelles Aventures de Cendrillon* (Lionel Steketee).

1. 26 décembre, 2016, propos recueillis par Marie-José Sirach.

2. *Les Envoûtés*, 2019 (Josiane y incarne une directrice de maison d'édition). Par ailleurs, avec *La Femme rompue*, elle part en tournée durant quatre mois en province, en Belgique et en Suisse.

#MeToo

C'est Marilou qui « pistonne » sa mère pour jouer dans cette parodie de conte de fées ! Avec les « nouvelles » aventures de Cendrillon, le scénariste Daive Cohen dépoussière l'histoire de Perrault dont il propose une version qui s'accorde mieux aux aspirations contemporaines. Un récit cadre permet de mettre à distance le discours traditionaliste du conte du XVIIe siècle. Une baby-sitter (Marilou Berry) raconte à un petit garçon le conte à sa sauce féministe : elle imagine une Cendrillon capable de se battre tel Bruce Lee, qui n'attend pas passivement son prince charmant et qui prend le pouvoir. Cendrillon est incarnée dans le récit enchâssé par la même Marilou, et c'est Josiane qui interprète la marâtre[1]. Mère et fille se délectent à jouer ces personnages de belle-fille et marâtre qui s'insultent à l'écran : « Bon, on va arrêter de mentir, t'as une sale gueule ! » balance la marâtre, tandis que Cendrillon tacle : « Ma belle-mère ? Ah, la pute ! » Mais la violence n'est pas que verbale, la marâtre donne un violent coup de tête à Cendrillon – petit clin d'œil au célèbre coup de boule de *Gazon maudit*.

Le film sort en octobre 2017, au même moment qu'éclate l'affaire Weinstein à Hollywood. Surgit alors une vague de libération de la parole des femmes concernant les violences commises à leur encontre. Le hashtag MeToo devient le cri de ralliement de ces révélations sur les réseaux sociaux et le phénomène touche massivement

1. La production avait d'abord pensé à Chantal Lauby, mais celle-ci n'était alors pas disponible.

la France. Josiane est interrogée à ce sujet par les journalistes lorsqu'elle fait la promotion des *Nouvelles Aventures de Cendrillon*. L'actrice exprime son soutien à cette libération de la parole, et souligne aussi la nécessité d'apprendre aux femmes à oser se défendre, y compris physiquement par « une bonne dégelée » ! Il se trouve que c'est Harvey Weinstein qui avait distribué *Gazon maudit* aux États-Unis, comme beaucoup d'autres films français. Josiane l'avait rencontré à cette occasion et avait pu mesurer comment le magnat terrorisait son entourage en se rendant odieux, sans imaginer qu'il s'était rendu coupable de viols.

« Mamie-clope »

La même année, Josiane devient grand-mère. Marilou vit depuis quelque temps avec Alexis, un artiste de rue qui se fait appeler « le Diamantaire ». Il a commencé par coller dans les rues de Paris des diamants peints incrustés de miroirs et poursuit son œuvre en fabriquant aussi des objets de grande taille, toujours en référence au diamant. À trente-cinq ans, la jeune femme annonce à sa mère sa grossesse en jetant un paquet de café de la marque « Grand-Mère » sur la table de la cuisine. Il faut l'aide de George qui saisit l'allusion pour que Josiane comprenne à son tour ! Elle est très émue.

Les mois de grossesse ne sont pas faciles pour Marilou, qui n'en fait pas mystère sur les réseaux sociaux. Elle souhaite en effet briser les tabous en faisant valoir que l'expérience est loin des images véhiculées par les papiers glacés. Comme c'est lors de la pré-production de *Quand on crie au loup*, son second film comme réalisatrice, que

Marilou s'est aperçue qu'elle était enceinte, elle a décidé de modifier son personnage en fonction de son physique. Au moment du tournage, elle en est à son septième mois et décide « d'y aller à fond » en se rajoutant des bourrelets sur le ventre, faisant de son personnage une « grosse dame, extravagante, sale et vulgaire », une vraie méchante comme dans les contes de Roald Dahl. En digne fille de sa mère, Marilou se met en scène en « monstre » et s'amuse à jouer avec son corps[1].

En novembre 2018, elle donne naissance au petit Andy. Le prénom a été suggéré par Philippe Berry, un prénom sans chichi qui fait penser à la chanson de l'amie Catherine Ringer (« Andy, dis-moi oui ! »), avec laquelle Marilou a passé du temps lorsqu'elle était enfant. Face à Andy, Josiane se sent tout à coup pleine de doutes sur sa capacité à retrouver les bons gestes avec un bébé. Elle mesure aussi que, désormais, le temps est compté pour profiter de son petit-fils car ses soixante-dix ans approchent. Or, elle est loin de ralentir le rythme de ses activités professionnelles… C'est même tout le contraire, Josiane a l'impression de n'avoir jamais autant travaillé.

Filmé dans le secret

Parmi ses nouveaux projets, celui avec François Ozon lui tient particulièrement à cœur. C'est après l'avoir vu dans *La Femme rompue* que le réalisateur l'a contactée

1. Marilou Berry sollicite Gérard Jugnot pour son second film. Expérience qui touche l'acteur des *Bronzés*, heureux de jouer sous la direction de la fille de son amie Josiane, qu'il a pour ainsi dire vue naître.

pour son nouveau film, *Grâce à Dieu* (2019). Il lui demande de signer une clause pour garder secret le véritable scénario de son film. En effet, le sujet dérange l'Église catholique, et le tournage dans la ville de Lyon pourrait être interdit. Inspiré de faits réels, *Grâce à Dieu* retrace le combat patient et courageux d'hommes victimes dans leur enfance d'un prêtre pédophile, le père Preynat. Ils veulent qu'éclate enfin la vérité et que les responsables ne restent pas dans l'impunité. Le titre du film fait référence au discours prononcé par le cardinal Barbarin[1], alors archevêque du diocèse de Lyon, lors d'une conférence de presse en 2016, où il lâchait : « Grâce à Dieu, les faits sont prescrits. »

Ozon confie à Josiane le rôle d'Irène, la mère d'Emmanuel (Swann Arlaud), l'une des victimes de Preynat. Cette femme s'en veut de ne pas avoir su voir à l'époque la détresse de son fils. Devenu adulte, Emmanuel est incapable de se reconstruire. C'est Irène qui le pousse à s'engager à faire reconnaître son préjudice aux côtés d'autres hommes jadis abusés (Melvil Poupaud, Denis Ménochet, Éric Caravaca…). Contrairement aux autres protagonistes issus de la bourgeoisie, Emmanuel et sa mère sont d'extraction sociale modeste. Josiane doit faire passer l'émotion contenue de son personnage de femme simple, foncièrement discrète, peu habituée à prendre la parole, mais dont l'amour pour son fils lui insuffle une énergie et un esprit d'initiative insoupçonnés.

1. Le cardinal Barbarin sera relaxé en janvier 2020 mais choisira malgré tout de démissionner de son poste en mars de la même année. L'ancien prêtre Preynat a été condamné à cinq ans ferme de détention et renvoyé de l'état clérical en 2019.

François Ozon n'a pas dissimulé les noms des protagonistes, ce qui lui vaut des menaces d'interdiction de la sortie en salle de *Grâce à Dieu* le 20 février 2019, alors que le jugement judiciaire définitif n'a pas encore été prononcé. Le réalisateur obtient finalement gain de cause et la sortie a lieu à la date prévue. La critique se montre très élogieuse, le film avait d'ailleurs déjà obtenu le grand prix du jury à la Berlinale quelque temps avant. *Grâce à Dieu* rencontre un bel écho médiatique et ouvre des débats dans la société civile. Des victimes, restées longtemps silencieuses, se sentent encouragées à parler. La semaine de sa sortie en France, le pape François organise un sommet de plusieurs jours consacré aux abus sexuels sur mineurs dans l'Église catholique. Josiane est souvent invitée par les médias à parler du film d'Ozon et sa remarquable interprétation lui vaut une nomination aux Césars 2020 comme meilleure actrice dans un second rôle.

Au cœur de la cité

Depuis des années, Josiane est très régulièrement sollicitée pour signer des pétitions : lutte contre le dérèglement climatique, aide aux migrants victimes de la pauvreté ou de régimes autoritaires, lutte contre la chasse… Elle en signe un certain nombre, quand bien même elle se fait peu d'illusions sur leur efficacité. Elle préfère d'ailleurs aux déclarations de principe les pétitions ciblées sur des actions précises débouchant sur du concret.

En novembre 2018 a commencé le phénomène des Gilets jaunes. Quand certains de ses confrères ou consœurs pestent contre ceux qui bloquent les ronds-points, Josiane estime au contraire que la majorité d'entre eux sont des femmes et des hommes sincères, dont la situation économique s'est tellement dégradée qu'ils sont dans un état de réel désespoir. Elle n'a pas oublié d'où elle vient. À ses yeux, en semant le désordre dans le pays, les Gilets jaunes appliquent la fameuse leçon de Coluche, « Remuer la merde » pour que le sommet de l'État cesse de feindre d'ignorer les problèmes.

En mai 2017, Josiane avait soutenu le PCF aux législatives, en particulier Maxime Cochard dans la 10e circonscription de Paris. Si elle ne se dit pas communiste, elle vote pour les personnes qu'elle estime honnêtes et qui travaillent sur le terrain. En mai 2019, elle récidive en appelant à choisir les communistes aux européennes. Elle enregistre même un clip de campagne pour la liste menée par Ian Brossat, qui l'a sollicitée. Certains l'interpellent sur les réseaux sociaux : « Comment pouvez-vous soutenir des communistes, vous dont le père a fui le bloc de l'Est ?! » Josiane essaie d'expliquer que son père a quitté son pays pour des raisons économiques et non idéologiques ; et puis, si elle n'est évidemment pas nostalgique de l'URSS, elle n'a pas de mauvais souvenirs de ses séjours en Yougoslavie dans les années 1960-1970. Mais les réseaux sociaux ne sont pas le lieu de la nuance et de la subtilité…

À un âge où la plupart des gens sont à la retraite, Josiane est pour ainsi dire sur tous les fronts. Non contente d'enchaîner les tournages de films et de téléfilms[1], elle écrit aussi des nouvelles entre deux sessions de jeu vidéo, auxquelles elle est accro ! Avec son agent

1. Dont la grosse série en costume *Le Bazar de la charité* (produite par TF1-Netflix), qui se passe à l'époque de l'invention du cinéma.

littéraire Lilas Seewald, elle peaufine ses textes en les oralisant pour en vérifier la justesse stylistique – la méthode Flaubert du « gueuloir[1] ». Intitulé *Jamaiplu*, le recueil de nouvelles sort en mars 2019. « Quel est le point commun entre une jeune femme qui parle aux animaux, une vie de chien, un scénario mortel, un enfant trop curieux, des fantômes rigolards, des zombies très affectueux, un goûter entre filles et un extraterrestre élevé en pot ? Réponse : Josiane Balasko ! » C'est elle-même qui a conçu cette quatrième de couverture percutante mettant l'accent sur l'éclectisme des histoires. Mais ces textes d'inspiration diverse en apparence ont un autre point commun que leur auteure : à chaque fois, ce sont des marginaux, d'ordinaire privés de parole, qui sont mis en scène. Depuis près de cinq décennies, c'est bien la marque de fabrique de Josy : donner une voix à ceux qu'on n'entend pas, aussi bien en prenant la plume, qu'en mettant en scène ou en interprétant des personnages. Et si possible, sur le ton de la comédie, car il est à ses yeux préférable de parler avec légèreté de choses graves, plutôt que l'inverse. Après *Jamaiplu*, Josiane se lance dans la rédaction d'un roman d'anticipation sur fond de crise écologique. Elle se dit souvent qu'elle serait plus productive si sa passion pour les jeux vidéo de stratégie en ligne ne l'occupait pas autant. Il faut dire que chaque matin, elle y consacre trois heures ! Ses compagnons de jeux virtuels seraient bien

---

Elle y interprète la bourgeoise Mme Huchon, un personnage riche et ambigu. Gros succès d'audience.

1. Rappelons que l'auteur de *Madame Bovary* disait ses textes à voix haute dans une pièce qu'il appelait son « gueuloir ».

étonnés s'ils découvraient que derrière un « pseudonyme de mec » se cache Josiane Balasko[1]…

En mars 2019, Bertrand Blier fête ses quatre-vingts ans chez lui à Paris. Le réalisateur a invité tous ceux qui comptent pour lui. Josiane en fait partie, il la considère même comme une des femmes les plus intéressantes qu'il ait rencontrées dans sa vie. D'ailleurs, il aimerait encore réaliser un film avec elle, à la tonalité très dramatique. Parmi les invités se trouve Jean Dujardin qui a tourné avec Blier dix ans plus tôt *Le Bruit des glaçons*. Fan du Splendid, nourri au lait des films culte dans lesquels Balasko a joué, Dujardin ne s'attendait pas à ce que cette actrice à la réputation de bulldozer soit si réservée ce soir-là. En la regardant assise dans un coin du salon, si discrète, il ne peut s'empêcher de se demander : « Mais qui est cette femme[2] ?! »

---

1. Josiane est très tôt devenue accro de ces jeux, dès l'apparition de « Space Invaders ».

2. Propos recueillis par l'auteure auprès de Jean Dujardin en mars 2019.

Conclusion

« Baiser le système »

> « On ne la réduit pas Josiane,
> elle est toujours ailleurs,
> elle a plus de territoires qu'on ne pense. »
>
> Claire Denis

La petite Josy en a fait du chemin, depuis la communale où elle portait sa coupe à la *Zazie dans le métro*. Il est loin le temps où elle dessinait sur les nappes en papier du bistrot de la Poste d'Ivan et Fernande. Loin le temps où elle partageait son lit avec Mémé-Violette, faute de place dans les chambres de bonne de la rue Bleue… L'amour inconditionnel de cette famille popu a été sans aucun doute un socle solide pour se construire, même si la disparition prématurée de son père a jeté une ombre sur l'adolescence de Josiane. Une adolescence où il a fallu se montrer robuste pour affronter l'adversité auprès d'une mère un peu dépassée. Une adolescence où il a fallu aussi se forger une carapace pour parer les vexations des moqueurs parce qu'elle n'avait pas un physique de sylphide. Dès l'enfance, Josiane a su qu'elle devrait se battre deux fois plus pour réaliser ses rêves. Sa formidable énergie, sa détermination et son talent ont fait d'elle ce qu'elle est devenue, l'une des actrices les plus aimées du cinéma français.

Jeune comédienne, alors qu'on lui prédisait de rester cantonnée à jamais aux seconds rôles, elle a déjoué les pronostics et hissé son nom en première position des génériques. Puisque l'industrie du cinéma est verrouillée par un ordre machiste qui n'accepte que les jeunes premières au physique normé, Josiane comprend qu'elle doit « baiser le système » [*sic*] de l'intérieur et façonner une nouvelle héroïne de cinéma. *Les hommes préfèrent les grosses* est l'acte de naissance éclatant de cette subversion. De *Nuit d'ivresse* à *Trop belle pour toi* en passant par *Ma vie est un enfer*, elle impose son personnage novateur tour à tour drôle et émouvant. Hors normes. Puisqu'elle a le don d'échafauder des histoires et de rédiger des dialogues percutants, l'actrice ne restera jamais passivement à attendre les rôles. Elle se les crée. Et puisque certains de ses copains du Splendid sont passés derrière la caméra, elle aussi décide de le faire, avec talent et une audace toujours renouvelée.

Alors qu'elle s'entendait dire qu'elle ne sortirait jamais de son emploi de « grosse rigolote », Josiane Balasko s'est évertuée très rapidement à explorer bien d'autres rivages. Fille de Mai 68, elle incarne dès *Les Bronzés* « la femme libérée » bien ancrée dans son époque, puis continue à interpréter des rôles de femmes sexuellement émancipées au-delà de la cinquantaine, dans un registre loufoque ou dramatique. Parallèlement, l'actrice endosse des figures de femmes puissantes qui ne se laissent pas marcher sur les pieds, que ce soit dans des comédies ou dans des films graves. Engagée contre les injustices sociales, elle interprète à l'écran des personnages proches de ses combats. Si sa gouaille des faubourgs et son allure l'ont assimilée aux yeux du public à une « femme du peuple », elle n'en a pas moins été capable d'être parfaitement crédible dans le rôle de grandes bourgeoises (parfois guindées), et de se glisser dans la peau d'une écrivaine mythique (Duras) ou d'une célèbre psychanalyste (Dolto).

Combien d'acteurs ont-ils reculé devant un rôle de monstre qui, pensaient-ils, allait leur aliéner le public en donnant d'eux une mauvaise image ! Combien d'actrices, au nom précisément de leur *féminité*, ont-elles eu peur d'accepter ce type de rôles ? Oser jouer le monstre, c'est passer outre. C'est casser les codes et transgresser un ordre social en affirmant une liberté souveraine. Un « monstre » est ce que l'on exhibe – *montre*[1] – parce qu'il est différent. Le monstre, c'est souvent ce qui ne veut pas rentrer dans le moule, ce qui excède par sa liberté. De la « femme puissante » au « monstre », il n'y a qu'un pas aux yeux de beaucoup. De la « femme libérée » à la « femme libidineuse » effrayante, la distance est de même ténue dans l'ordre machiste, où l'on n'hésite pas à faire de la femme une anomalie lorsqu'elle n'obéit pas à ce qui est censé être son apanage : décence, mesure, discrétion, bon goût… S'il engendre l'effroi, le monstre peut aussi être une remarquable machine à provoquer le rire. Josiane Balasko a le goût du travestissement et de la caricature, et sa carrière est émaillée de ces personnages monstrueux qu'elle s'est délecté à composer : la « Gigi Ortega », l'Edina d'Ab' fab', la « Poison », le « Hérisson », la « Ceausescu »…

1. Du latin *monstrare*.

Hétéro et homo. Prolo et bourgeoise. Communiste et facho. Mère idéale et marâtre. Et encore : dame patronnesse, institutrice, inspectrice des impôts, secrétaire, flic, criminelle, psy, paysanne, concierge… Avec ses rôles au théâtre et au cinéma, façonnés par elle-même ou offerts par d'autres, Josiane Balasko s'est patiemment forgée un antidestin. « Je suis inclassable », déclare-t-elle volontiers, d'autant plus lorsqu'on la taxe de « rebelle », mot réducteur à ses yeux.

La comédienne, comme le dit si bien la cinéaste Claire Denis, fait du bien aux femmes, à toutes les femmes. Pas seulement aux femmes qui lui ressemblent physiquement ou qui ont la même origine sociale qu'elle, mais aussi à celles qui, apparemment, n'ont rien en commun avec elle. Parce que Balasko, elle s'en fout. Parce que Balasko, elle est libre. Comme le reconnaît l'actrice Louise Bourgoin, « elle vieillit extrêmement bien, avec une vraie beauté. Pas comme ces femmes qu'on considère comme périmées parce qu'elles ont été tellement belles et fragiles, qu'âgées, ça ne tient plus, et que c'est presque pas supportable de les voir. Josiane, on a envie de la voir vieillir ».

Mais les femmes ne sont pas les seules à reconnaître en Josiane Balasko une figure inspirante. Les hommes aussi l'admirent. Son ami, l'auteur de thrillers Philip Le Roy, s'est même inspiré d'elle pour son roman *L'Origine du monde*[1] : « J'ai essayé de construire dans ce roman une

1. Philip Le Roy, *L'Origine du monde*, Paris, Cherche Midi, coll. « Thrillers », 2015. Le point de départ de ce roman est l'Ancien Testament. Selon l'auteur, génération après génération, les copistes ont falsifié le sens de la Genèse en effaçant la place prépondérante d'Ève au profit de celle d'Adam, fondant la société occidentale sur un mythe dévoyé. Une communauté réfugiée en Inde est consciente de cette falsification. Elle tente

société idéale, et une femme (Gigi) y est en charge de la culture. J'ai imaginé Gigi d'après Josiane en la faisant parler comme elle ; j'ai même fait du mari de Gigi un Amérindien. Pour moi, Gigi est indispensable à cette communauté idéale ! » Didier van Cauwelaert n'en finit pas de louer l'actrice qu'il a dirigée au cinéma[1] : « Elle ne cesse d'embellir et de rayonner davantage – le chemin inverse de beaucoup. »

À soixante-dix ans, toujours sollicitée par de nombreux réalisateurs, Josiane Balasko poursuit avec une belle gourmandise sa carrière de comédienne, sans cesser, entre les tournages, de taper sur son clavier d'ordinateur ses histoires qui lui font « scintiller les neurones » [*sic*], comme sa dernière pièce, *Un chalet à Gstaad*, satire sur les super-riches exilés fiscaux…

« Ma mère ? Elle est incapable de se tourner les pouces », remarque en souriant Marilou.

---

de s'édifier sur d'autres bases plus justes en rendant aux femmes le rôle qui aurait dû être le leur depuis toujours.

1. *J'ai perdu Albert*, 2018.

Remerciements

Pour écrire ce livre, j'ai eu la chance de rencontrer des proches de Josiane Balasko et des artistes ou personnalités qui ont travaillé avec elle, afin de recueillir leurs témoignages.

Je remercie ainsi chaleureusement pour le temps qu'ils m'ont généreusement accordé : Victoria Abril, Mona Achache, George Aguilar, Jacques Attali, Sylvie Audcœur, Clémentine Autain, Nathalie Baye, Charles Berling, Daniel Berlioux, Marilou Berry, Rudy Berry, Éric Besnard, Bertrand Blier, Kader Boukhanef, Louise Bourgoin, Christophe Bourseiller, Amelle Chahbi, Marie-Anne Chazel, Sophie Chemineau, Christine Dejoux, Claire Denis, Jean-Baptiste Eyraud, Hélène Fillières, Jean-Paul Gaultier, Hassan Gningué, Catherine Hiegel, Gérard Jugnot, Bruno La Brasca, Martin Lamotte, Laura Laufer, Didier Lavergne, Alexandra Leclère, Patrice Leconte, Thierry Lhermitte, Serge Le Péron, Philippe Le Roy, Serge Maggiani, Jacques Monnet, Richard Moyon, Bruno Moynot, Philippe Nahoun, Guillaume Nicloux, Patrick Pelloux, Jean-Marie Poiré, Marianne Sergent, Lilas Seewald, Didier van Cauwelaert et Jean-Jacques Zilbermann.

Et, bien sûr, je remercie infiniment Josiane Balasko, sans qui rien n'aurait été possible !

Enfin, je remercie de tout mon cœur Jérôme pour son soutien indéfectible.

Table

Achevé d'imprimer par
Corlet Imprimeur
14110 Condé-en-Normandie

Réalisation : Nord Compo à Villeneuve-d'Ascq
Dépôt légal : octobre 2021
ISBN : 979-10-210-3651-2
N° d'édition : 4658
N° d'impression : 21090629
Imprimé en France